跨境电商经济发展研究

朱志辉 著

西北工业大学出版社
西 安

【内容简介】 本书围绕"跨境电商经济发展"这一主题，由浅入深地阐述了跨境电商的特征、作用、理论依托与发展历程，系统地论述了跨境电商的平台、模式、体系，诠释了跨境电商发展策略、跨境电商物流发展、跨境电商物流供应链管理，基于多维视角探索了跨境电商赋能经济发展的路径、数字经济时代背景下跨境电商发展，以期为读者理解与践行跨境电商经济发展提供有价值的参考和借鉴。本书适用于跨境电商理论研究者，也适用于从事跨境电商相关行业的专业人员。

图书在版编目(CIP)数据

跨境电商经济发展研究 / 朱志辉著. —西安：西北工业大学出版社，2024.9. — ISBN 978-7-5612-9367-6

Ⅰ．F724.6

中国国家版本馆 CIP 数据核字第 2024KV7301 号

KUAJING DIANSHANG JINGJI FAZHAN YANJIU

跨 境 电 商 经 济 发 展 研 究

朱志辉　著

责任编辑：付高明	策划编辑：倪瑞娜
责任校对：李阿盟	装帧设计：高永斌　李　飞

出版发行：西北工业大学出版社
通信地址：西安市友谊西路 127 号　　邮编：710072
电　　话：(029)88491757，88493844
网　　址：www.nwpup.com
印　刷　者：西安五星印刷有限公司
开　　本：787 mm×1 092 mm　　1/16
印　　张：13.875
字　　数：249 千字
版　　次：2024 年 9 月第 1 版　　2024 年 9 月第 1 次印刷
书　　号：ISBN 978-7-5612-9367-6
定　　价：68.00 元

如有印装问题请与出版社联系调换

前　言

在经济内外环境日新月异的过程中,跨境电商这一新的贸易模式开始兴起,展现出良好的发展前景和多元的发展方向,一定程度上丰富了我国对外进出口贸易的结构体系,也逐渐成为发展速度最快的新领域。

跨境电商可认为是电子商务与外贸相互结合形成的新贸易模式,不同交易实体在这个特定的贸易模式中组织参与一系列的国际商业活动:首先,凭借实物买卖来实现货物的跨境交易;然后,依托跨境物流线路和系统来完成货物的配送和交付。跨境电商有助于加快贸易的全球化发展进程,是实现世界经济一体化发展的先决条件。跨境电商的兴起与发展,在推动世界经济发展方面发挥了不可替代的重要作用,有着不容忽视的战略价值和发展意义。跨境电商的出现消除了不同国家和地区之间的贸易壁垒,让无国界贸易成为现实,加速了世界经济的发展,也给世界商贸的内容和结构带来了质变和量变。就企业来讲,跨境电商能够为其提供不同的经贸合作方式。这不仅对企业与国际市场的接轨是有利的,还能在一定程度上帮助企业实现自我资源的整合与分配,是促进各方市场主体互利共赢的有效路径。作为消费者,跨境电商的出现满足了消费者的差异化购物需求,让消费者可以在不同时间、不同地点选购心仪的商品,或接受不同的信息服务。跨境电商的发展对B2B、B2C等对外贸易平台有着较强的依赖性,并借助这些贸易平台来实现企业与国内外市场的有效关联和深入互动。这一模式打破了传统国际贸易模式的边界和约束,简化了进出口贸易的中间流程,让买卖双方可以在外贸平台上快速完成交易。这一模式不仅有助于缓解货物的进出口压力,还能节约货物的进出口时间和交易成本。

现如今,网络信息技术在世界范围内得到广泛的发展和应用,促使数字经济逐渐演变为一种新兴的社会经济形式。时至今日,世界上的诸多国家和地区逐渐意识到发展数字经济对于本国或地区经济建设的重要性,于是它们争相探讨数字经济的发展方向、过程和趋势,这些都为全球经济结构的转型与变革带来了强大的动力,也为数字经济在全球范围内的兴起与发展奠定了基础。数字经济的发展对跨国公司的经营和管理产生了深刻的影响,也在某种程度上加快了全球数字贸易的发展脚步,给跨境电商的健康发展带来了极强的驱动力。不得不说,跨境电商在某种意义上反映着国际贸易的数字化发展程度和水平。与其他贸易方式和类型相比,这种贸易模式有着独有的特征和性质,比如发展速度快、极具潜力和强大的带动作用等。随着跨境电商的快速发展,其逐渐成为促进我国外贸经济发展的"助推器",对我国外贸经济的健康发展产生了强力的推动作用。因此,我们需要对数字经济环境下的我国跨境电商的发展方向、目标和存在的问题等展开深入的研究,通过对问题本质和原因的剖析来提出行之有效的解决方案,为我国跨境电商的发展指明正确的方向,这些研究实践活动有着非常重要的理论价值和现实意义。

鉴于此,本书围绕"跨境电商经济发展"这一主题,由浅入深地阐述了跨境电商的特征、作用、理论依托与发展历程,系统地论述了跨境电商的平台、模式、体系,诠释了跨境电商发展策略、跨境电商物流发展、跨境电商物流供应链管理,基于多维视角探索了跨境电商赋能经济发展的路径、数字经济时代背景下跨境电商发展,以期为读者理解与践行跨境电商经济发展提供有价值的参考和借鉴。

本书适用于跨境电商理论研究者,也适用于从事跨境电商相关行业的专业人员。

著 者

2024 年 3 月

目　　录

第一章　跨境电商概述 …………………………………………………… 1
　　第一节　跨境电商的特征和作用 ……………………………………… 1
　　第二节　跨境电商的理论依托 ………………………………………… 5
　　第三节　跨境电商的发展历程 ………………………………………… 14

第二章　跨境电商的平台、模式与体系 ………………………………… 18
　　第一节　跨境电商的平台 ……………………………………………… 18
　　第二节　跨境电商的主要模式 ………………………………………… 27
　　第三节　跨境电商的支撑体系 ………………………………………… 44
　　第四节　跨境电商综试区评价体系 …………………………………… 50

第三章　跨境电商发展策略 ……………………………………………… 54
　　第一节　跨境电商的营销战略 ………………………………………… 54
　　第二节　跨境电商客户关系管理策略 ………………………………… 59
　　第三节　跨境电商的品牌策略 ………………………………………… 65

第四章　跨境电商物流发展 ……………………………………………… 70
　　第一节　跨境电商物流概述 …………………………………………… 70
　　第二节　跨境电商物流行业的发展 …………………………………… 89
　　第三节　跨境电商出口物流方式 ……………………………………… 90
　　第四节　跨境电商进口物流方式 ……………………………………… 97

第五章　跨境电商物流供应链管理 ·· 121
第一节　邮政与物流专线 ·· 121
第二节　商业快递与集货物流 ·· 124
第三节　海外仓与边境仓 ·· 132
第四节　第三方物流与第四方物流 ···································· 133
第五节　保税区与自贸区物流 ·· 135

第六章　跨境电商赋能经济发展路径的多维探索 ·························· 138
第一节　跨境电商赋能实体经济发展的机制与路径 ······················ 138
第二节　跨境电商平台赋能中小企业国际化的机制 ······················ 143
第三节　跨境电商赋能共同富裕的发展路径 ···························· 152
第四节　跨境电商赋能边境地区经济发展的路径 ························ 156
第五节　跨境电商赋能区域经济发展的路径 ···························· 174

第七章　数字经济时代背景下跨境电商发展 ······························ 185
第一节　我国跨境电商企业受数字贸易壁垒的影响 ······················ 185
第二节　数字经济时代背景下跨境电商供应链优化 ······················ 193
第三节　数字经济时代背景下跨境电商企业竞争力提升 ·················· 205

结束语 ·· 211

参考文献 ··· 213

第一章　跨境电商概述

第一节　跨境电商的特征和作用

一、跨境电商的含义

跨境电商的全称是跨境电子商务,指通过电子商务平台达成交易、进行结算,并通过跨境物流送达,完成交易的一种国际商业活动。

在我国,跨境电商特指跨境电商零售出口(不含进口),具体是指出口企业通过互联网向境外零售商品,主要以邮寄、快递等形式送达的经营行为,也就是跨境电商企业对境外消费者的出口。根据中华人民共和国海关总署〔2014〕12号文件规定,跨境电商在海关的监管方式代码为9610。跨境电商的含义具体体现在以下三个方面。

第一,买卖双方分属不同关境。关境的全称是海关境界,也可以称作税境。它是指实施同一海关法规和关税制度的境域,是一个国家或地区行使海关主权的执法空间。一般情况下,关境等于国境,但不是绝对的。鉴于此,买卖双方分属不同关境,可以通俗地理解为商品销售是要"过海关"的。

第二,需要通过跨境物流送达。商品过海关需要通过跨境物流递送才能最终达成交易,因此它属于一种国际商业活动。

第三,跨境电商有各种不同分类。跨境电商主要有两种形式:第一种是B2C模式,也就是企业对个人;第二种是C2C模式,即个人对个人。其中,前者指各个跨境企业根据个人买家需求,提供的线上服务与相应商品,借助跨境电商平台进行交易,同时,应用跨境物流运送商品,完成交易的跨境商业活动。后者指各个关境的个人商家,根据个人买家的要求,实施线上服务,售卖商品,借助第三方电商平台,推送相关信息,个人买家来挑选,从而下单付款,个人商家再借助跨境物流企业,完成商品交易的跨境活动。

二、跨境电商的特点

跨境电商,不仅包含了电商的特点,还具有国际贸易的特质,其复杂性比较突出,集中体现在以下层面:物流与信息流以及资金流等密切融合,无论缺乏哪一方面,都会对跨境电商造成不良影响,并且若各方面之间缺乏有效衔接,也会影响跨境电商活动的推进;程序复杂,相关制度与法律不健全,电商是一种新型的国际贸易模式,其税收与通关等法律制度还不完善;引发风险的因素多,极易被国际环境、各个国家政策所影响。从整体来看,跨境电商的特点主要如下。

1. 直接性

跨境电商可依托外贸 B2B、B2C 等平台来关联境内外的企业和市场,在买卖双方之间完成直接交易。

2. 高频度

跨境电商与其他电商运营模式相比,在交易方式和交易规模等方面有着明显的优势。跨境电商可简化市场交易的过程,能够实现商品的即时采购。对比传统外贸业,跨境电商的交易频率相对较大,是目前比较常见的电商运营模式之一。

3. 小批量

跨境电商的商品交易批量相对较小,在某些情况下可能只涉及某一类或某一件商品。这一特点使得跨境电商的消费面有所扩张,在平台销售门槛方面更加开放,从而实现商品的灵活交易,这是传统外贸交易模式不具备的优点和特征。

4. 高盈利率

跨境电商由于采用点对点交易,跳过一切中间环节,所以看似最终售价降了不少,但盈利率却比传统外贸行业高出几倍。

5. 非中心化

跨境电商是在互联网的基础上发展起来的,因此,其对网络具有很强的依赖性,其有非中心化、全球性的特点。跨境电商发展的前提,是虚拟的网络空间,摒弃了传统交易模式中的地理这一层面,其中,制造商甚至能够掩盖其具体位置,而客户对此也不十分在意。比如,爱尔兰一家规模不大的公司,就借助全球各个国家人们都能够登录的网页,售卖自己的产品,客户只要与网络连接,就能与该公司进行交易。

6. 可追踪性

在跨境电商展开的整个过程中,卖方与买方之间的交流、物流、订单以及付款等,都有详细的记录,客户能够迅速追踪订单当前的状况,查看订单物流信息。比如,对于进口商品,我国面向跨境电商企业,构建了一套有效的管理体系,有利于追溯源头,管理交易过程,同时,还有全面的检验等环节。这样不仅有助于优化通关效率,还能够确保进口商品的品质。

7. 无纸化

跨境电商在实际操作时,运用最多的方式就是无纸化操作,以前的纸质交易被计算机通信记录取代,各个企业主要通过发送电子信息进行交流。电子信息通过字节进行传递与存储,这让信息的接收、传送变成了无纸化模式。

8. 多边化

在跨境电商中,资金流、商流以及信息流等,已逐步向多边发展转变,主要表现为网络结构。跨境电商借助 A 国的交易平台,利用 B 国的支付平台,通过 C 国的物流平台,进行跨境贸易活动。其由链条时代向网络时代转变,规模小的企业对跨境大企业的协调的依赖性减弱,逐步创建了动态连接的特定生态体系。依托于跨境电商生态圈,中小微企业之间可以不断达成新交易,不断以动态结网的形态组织贸易,也可以不断分享各类商务知识和经验。未来跨境电商的制高点是"基于云和数据的全球电商生态圈",中小企业能够便利地获取跨境贸易所需要的各种服务,从而不断积累数据和信用。

9. 透明化

为了让企业与企业、最终消费者与企业之间达成交易,跨境电商充分利用了一些服务平台,并且通过电商交易的助力展开了一系列交易活动。在实施跨境电商模式的过程中,贸易活动可以借助的电子化合同、规范化凭证等,通过网络就可以及时传送,凸显了跨境电商贸易信息的透明化,降低了因信息不对称导致的风险危机。

同时，其还弱化了传统贸易中一部分中间角色，让全球贸易供应链的扁平化越来越突出，为消费者与生产商创造了共赢的格局；此外，还促使全球贸易门槛不断降低，让全球贸易主体呈现多元化的态势。

三、跨境电商的流程

大致来看，跨境电商出口的流程为：出口商/生产商将商品通过跨境电商企业（平台式或自营式）进行线上展示，在商品被选购下单并完成支付后，跨境电商企业将商品交付给境内物流企业进行投递，经过出口国和进口国的海关通关商检后，最终经由境外物流企业送达消费者或企业手中，从而完成整个跨境电商交易过程。在实际操作中，有的跨境电商企业直接与第三方综合服务平台合作，让第三方综合服务平台代办物流、通关商检等系列环节的手续。也有一些跨境电商企业通过设置海外仓等方法简化跨境电商部分环节的操作，但其流程仍然以上述框架为基础。跨境电商进口的流程除方向与出口流程的相反外，其他内容基本相同。

由此可以看出，跨境电商兼具一般电子商务和传统国际贸易的双重特性，其贸易流程比一般电商贸易流程要复杂得多，它涉及国际运输、进出口通关、国际支付与结算等多重环节，也比传统国际贸易更需考虑国际展示和运营的电子商务特性。跨境电商在国际贸易领域也发挥着越来越重要的作用。

四、跨境电商的作用

跨境电商发展至今，它改变了整个国际贸易的组织方式，概括来说其主要作用有以下几点。

1. 促进贸易要素多边网状融合

随着全球范围内互联网技术、物流、支付等方面的迅猛发展与逐步完善，基于大数据、云计算等信息技术的提升与挖掘，国际贸易中的商品流、信息流、物流、资金流等要素在各国间的流动变得更为合理和有效。跨境电商使各国间实现优势资源有效配置，提升购物效率和购物体验。消费者在 A 国的购物平台可以挑选来自全球的优质商品，选定后可以在 B 国的支付平台上结算，并选择 C 国的物流公司运输。跨境电商促进了贸易要素的配置从传统的双边线状结构向多边网状融合的方向演进。

2. 缩减国际贸易的贸易链条

传统国际贸易一般采取多级代理制,贸易链条较长,流通环节占用的利润较多,留给品牌、销售和金融等产业后端环节的利润相对较少,影响了产业的发展。跨境电商作为一种新型国际贸易组织模式,重塑中小企业国际贸易链条,实现多国企业之间、企业与小型批发商之间、企业与终端消费者之间及消费者之间的直接贸易,大幅缩减了贸易链条,提升了企业整体的盈利能力和竞争力。

3. 提升国际贸易组织方式的柔性

近年来,国际贸易的组织方式发生了较大的变化,它已由过去以大宗集中采购、长周期订单、低利润运营的刚性组织方式逐渐向小批量、高频次、快节奏的柔性组织方式转变。跨境电商在信息、技术方面的优势使它比传统国际贸易更具灵活机动性,也使企业或消费者能够按需采购、销售或者消费,多频次的购买成为可能。

4. 扩充国际贸易的交易对象

传统国际贸易的交易对象多以实物产品和服务为主,其品类扩展往往受限。但随着跨境电商的迅速发展,以软件、游戏、音像等为代表的虚拟产品由于不涉及物流配送,交易瞬间完成,正成为跨境电商新一轮贸易品类的重要延伸方向。但虚拟产品的知识产权保护、海关监管的缺失、关税的流失等问题也为跨境电商虚拟产品贸易的发展带来了新的挑战。

第二节 跨境电商的理论依托

一、分工理论

1. 导入案例

一家雇了 10 个人的生产别针的小工厂,每天却能生产出约 12 磅(1 磅 = 0.45 千克)的别针,每磅有 4 000 多枚中号别针。因此,这 10 个人每天能够制作出 48 000 余枚中号别针,也就是说每人每天制作出 48 000 枚中号别针的十分之一,即 4 800 枚中号别针。但如果他们是分开来独立地工作,而且他们中间没有任何人曾受过这方面的专门训练,那么他们每人一天肯定做不出 20

枚,甚至一枚也做不出来。

而这样的效率这个小工厂是如何做到的呢?它把别针的生产流程分为18种操作,分由不同的专门工人担任。一个人抽铁线,一个人拉直,一个人切截,一个人削尖线的一端,一个人磨另一端,以便装上圆头。要做圆头,就需要有两三种不同的操作。装圆头,涂白色,乃至包装,都是专门的职业。

(选自亚当·斯密的《国富论》)

2. 分工理论与分工网络的形成

分工是指生产过程中的专业化,被视为人类社会发展的基础。围绕这一命题,经济学家已经做了大量研究工作,形成经济学中的分工理论。古典经济学家认为,分工和专业化是规模经济产生的主要原因,亚当·斯密曾用别针制造厂的例子来说明专业化和分工所带来的报酬递增现象。他把劳动分工作为提高劳动生产率,从而增加国民财富的一个重要原因。斯密认为"分工受市场范围的限制",只有当某一产品或服务的需求随着市场范围的扩大增长到一定程度时,专业化的生产者才能出现和存在,并且随着市场范围的进一步扩大,分工和专业化的程度也将不断提高。斯密的经济理论逻辑是,交通状况决定着市场广狭,市场广狭限制着交换能力,交换能力又限制着劳动分工的程度,劳动分工的程度决定了一国的劳动生产力,一国的劳动生产力又是国民财富多寡的主要决定因素。

1928年,经济学家杨格发表了题为《收益递增与经济进步》的经典性论文,将斯密的分工思想做了进一步的发展,形成了后人所称的"杨格定理"。

通过大量关于分工组织的试错实验,人们可以获得更多关于分工组织的制度性知识,从而选择更有效的分工网络,改进交易效率,提高分工水平,使专业化知识得到积累和孵化,实现技术进步和经济增长。上述分工及其演进过程可以用图1-1表示。

图1-1中共有4家企业,每家企业需要4种产品。在开始的时候,由于企业的生产规模都比较小,专业化水平低,自身积累也很少,没有办法支付高昂的交易费用,每家企业的生产结构都一样,生产率也没太大差别,这样其自身需要的4种产品都需要自己生产,交易的产品为0;这在交易效率低下时会是最优组织和均衡。随着时间的流逝,企业逐渐积累了一定的资金和专业技术,一方面在内部形成自身在某方面的技术优势,另一方面也能够支付一定的交易费用,交易效率上升,这样企业在比较交易带来的收益和交易费用之后就

会选择从图1-1(a)所示的自给自足跳跃到如图1-1(b)所示的部分分工,每家企业生产3种产品,交易2种产品,这时每个企业的专业化水平上升,出现了2个市场,生产集中度也随之上升;初步的分工促使企业加快发展速度,在技术积累和资金积累达到更高程度的时候,企业就会选择从图1-1(b)所示的部分分工到更进一步的如图1-1(c)所示的部分分工,即每家企业生产2种产品,结构内交易3种产品;一旦由分工带来的专业化收益超过现有结构决定的交易费用,完全分工最终必然会实现,分工网络必然会进化到图1-1(d)所示的完全分工,也就是每个企业生产1种产品,交易4种产品。这样,分工网络逐步形成。

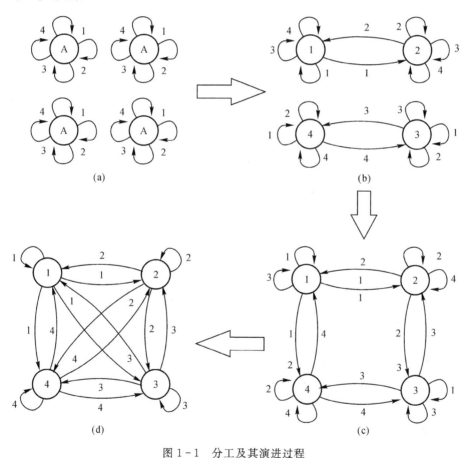

图1-1 分工及其演进过程

(a)自给自足 $n=0$;(b)部分分工 $n=2$;(c)部分分工 $n=3$;(d)完全分工 $n=4$

注:n表示交易的产品种数。

二、协同理论

(一)导入案例

打火机是传统产品。20 世纪 50 年代,欧洲是世界打火机市场的主宰。到了 20 世纪 60 年代,日本、韩国等地的打火机以价格优势迅速取而代之,逐渐垄断了国际市场。到了 20 世纪 80 年代后期,温州打火机开始进入国际市场。

温州是目前世界上最大的打火机生产基地之一,温州打火机企业集群同样经历了一个萌芽、成长、成熟、升级的过程。

1. 萌芽阶段

温州打火机业起源于 1987 年,温州鹿城五金厂金朝奎等人在上海师傅的帮助下研制组装出利用电池和变压器点火的电子明火打火机,开办了鹿城打火机厂。由于打火机产品供不应求,然后沿亲缘和近邻关系向外扩散,形成了几家打火机厂。

2. 成长阶段

1989—1990 年,打火机企业数量不断增多,达到 500 多家,开始形成企业集群,打火机配件市场、销售市场开始形成。但产品基本上都是靠外购零配件组装,核心部件(高压陶瓷电子器件)都是从日本 TDK 公司进口,技术和利润受到限制,产品单一,集群内部分工开始起步。

3. 成熟阶段

通过学习和研究打火机生产技术,取得了关键性的技术突破。由于打火机外壳压铸技术的引入,能够生产各种形状的外壳,形成了产品差异化。打火机点火装置中的高压陶瓷电子器件的试制成功,替代了日本 TDK 公司的产品,从而实现了打火机中高科技核心部件的国产化。防风点火关键零件(铂金丝)的研制成功,标志着打火机关键技术全部突破,打火机产品及点火电子器销往世界各地。打火机的完整产业链构建完成,依靠低成本优势挤垮了国内其他地区企业。1992 年,拥有 2 000 多名职工的上海打火机厂倒闭。温州打火机行业的兴起,开始引起日本企业的关注,1994 年,日本广田株式会社打火机生产设备引入温州,打火机产量迅速增加。1996 年,广田公司停止打火机的生产,转到温州贴牌生产,韩国和欧美等知名打火机厂家纷纷到温州寻找贴牌生产厂家。

生产技术进一步成熟,部分企业依靠管理在行业内脱颖而出,国际产业转移也基本完成。从集群的特点看,内部的分工协作体系也进一步完善。

4. 升级阶段

以 2001 年欧盟持续性决议法案为标志,温州打火机业进入迎接国际规则挑战阶段。1994 年,美国实行持续性决议法案,温州打火机全部被逐出美国市场,集群的发展经历了短暂的衰退。欧盟在 2001 年制定了抵制中国打火机的 CR 法规,即加装防止儿童开启装置的规定。2002 年 6 月 28 日,欧盟宣布对中国等国家的打火机实施反倾销调查,给温州打火机企业敲响了警钟,集群内企业面临迎接国际挑战,重新洗牌。目前,CAD、CAM 技术在集群内广泛应用,产品进一步差异化,而且部分企业产品工艺品化。整个集群形成了关系紧密的相关零配件和原材料配套网络。

打火机虽小,价格也不高,却拥有世界范围的大市场。温州打火机企业集群中的企业规模普遍不大,任何一家企业自身的竞争能力都十分有限,但形成企业集群后,各个配套环节和分工体系非常完善,形成了极强的集群整体竞争力。温州打火机企业集群自组织协同运作网络如图 1-2 所示。

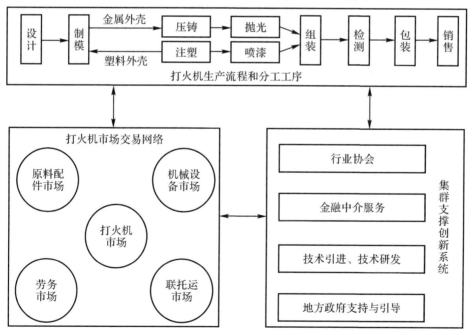

图 1-2 温州打火机企业集群自组织协同运作网络

温州打火机企业集群系统的成功根源在于其社会化分工基础上的自组织协同运作机制。在温州打火机企业集群中,生产分工细密,打火机上的数十个零配件、一些加工环节以及相关服务行业和机构上的分工形成了专业化基础上的完整的产业链,创造了高效率的企业集群协作体系。集群内从事各个领域生产和经营的企业不断进行技术创新,寻求降低成本、提高质量的方法,关键技术难关相继攻克,不但替代了进口技术,而且带动了这些技术相关产业的发展。

(二)协同理论概念

德国著名物理学家哈肯(H. Haken)在研究激光现象的本质和规律时首次提出了协同的概念,为协同理论的形成与发展奠定了基础。在他看来,一个完整的系统包含着若干个相互关联和相互作用的子系统,这些子系统相互制约且又相互协作,是影响系统各项功能得以发挥的关键因素。协同论可以用来解释系统自组织现象的本质、意义、思想、原则以及方法。按照这一理论的观点,系统之所以表现出一定的有序性,主要来自各种系统要素的相互关联和相互协同,是系统有序结构构建与运行的必然结果。每一个系统都包含着大量的子系统,这些子系统通过协同作用来体现系统的各项功能和基本属性。

三、比较优势理论

(一)导入案例

假设世界上只有两个国家:英国和葡萄牙。只有两种产品:呢绒和酒。生产1单位的呢绒,英国需要投入100单位劳动,葡萄牙则需要投入90单位劳动;生产1单位酒,英国需投入120单位劳动,葡萄牙需要投入80单位劳动。投入不变的情况下共生产出2单位呢绒和2单位酒(见表1-1)。

表1-1 英国和葡萄牙的生产成本表

项目	分工前		分工后	
	呢绒	酒	呢绒	酒
英国的劳动投入	200	240	220	—
葡萄牙的劳动投入	180	160	—	170
总产量	2	2	2.2(220/100)	2.125(170/80)

英国在生产酒和呢绒上的劳动投入都比葡萄牙多,但生产呢绒所投入的劳动约是葡萄牙的 1.1 倍(=100/90),酒却是 1.5 倍(=120/80),表明英国在两种产品的生产上都处于绝对劣势,但是呢绒上的生产效率比酒要高,也就是说在生产呢绒上具有比较优势。从机会成本角度看,英国生产 1 单位的呢绒需要放弃 100/120 单位的酒,生产 1 单位酒需要放弃 120/100 单位的呢绒,生产呢绒的机会成本小;而葡萄牙生产 1 单位呢绒需要放弃 90/80 单位的酒,90/80 大于 100/120,因而英国在生产呢绒上具有比较优势。

从葡萄牙的角度来看,生产呢绒的投入是英国的 90%(90/100),酒约是 67%(80/120),说明葡萄牙在两种商品的生产上都具有绝对优势,但是在酒的生产上具有更大的优势,也就是葡萄牙在酒的生产上具有比较优势。从机会成本角度看,葡萄牙生产 1 单位的酒需要放弃 80/90 单位的呢绒,生产 1 单位呢绒需要放弃 90/80 单位的酒,生产酒的机会成本小,而英国生产 1 单位酒需要放弃 120/100 单位的呢绒,80/90 小于 120/100,因而葡萄牙在生产酒上具有比较优势。

现在让英国和葡萄牙进行分工,各自生产自己具有比较优势的产品,英国生产呢绒而葡萄牙生产酒,英国可以生产出的 2.2(220/100)单位的呢绒,葡萄牙可以生产 2.125(170/80)单位的酒。这样分工生产的结果使两种产品产量都高于分工前。

假定英国以 1 单位的呢绒换取葡萄牙 1 单位的酒,那么英国可以多消费 0.2 单位的呢绒,而葡萄牙可以多消费 0.125 单位的酒。

结论:实行国际分工使两国可增加各自具有比较优势的产品的产量,通过贸易增加了两国的国内消费量,双方都有利。

意义:任何一个国家无论经济上强或弱,无论它处于什么发展阶段,都可以确定自己具有比较优势的产品,安排生产,进行贸易,使贸易双方都可以用同样的劳动耗费,得到比分工前更多的产品。

思考:在现实生活中,国际贸易大多是由多个国家参加的,相互之间交换多种产品,在这种复杂的环境下,比较优势是否还起作用?

第一种情况:多个国家,两种产品的贸易。

在多个国家都生产两种产品的情况下,贸易模式取决于各国各自的价格优势。假设 5 个国家参加国际贸易,各国生产 1 单位产品的成本见表 1-2。

表1-2　5个国家的生产成本表

项目	甲国	乙国	丙国	丁国	戊国
X产品	5	4	3	2	1
Y产品	1	1	1	1	1
相对成本 C_X/C_Y	5	4	3	2	1
出口或出口	进口X产品，出口Y产品	进口X产品，出口Y产品	不参加贸易	进口Y产品，出口X产品	进口Y产品，出口X产品

如果市场上，X产品的相对价格是3Y，那么，丙国由于国际市场相对价格等于国内市场相对价格，因此不会参加贸易，甲乙丁戊四国都获得了比自己生产更便宜的产品，因而获得了利益，可以看出，只要各国产品的国际相对价格和国内相对价格有差异，各国就可以从国际贸易中获利。

第二种情况：两个国家，多种产品的贸易。

在两个国家进行多种产品贸易的情况下，各国的贸易结构和流向仍然取决于比较优势，假设两国生产各种产品的成本见表1-3，比较优势见表1-4。

表1-3　两国的生产成本

项目	A产品	B产品	C产品	D产品
甲国	10	10	20	20
乙国	10	5	4	2
相对劳动生产率 $C_Z/C_甲$	1.0	0.5	0.2	0.1

表1-4　两国生产的比较优势

项目	A产品	B产品	C产品	D产品
甲、乙两国的工资率之比是0.15	甲国	甲国	甲国	乙国
甲、乙两国的工资率之比是0.6	甲国	乙国	乙国	乙国

假设甲国的工资率是 $W_甲$，乙国的工资率是 W_Z，则甲国某产品的生产成本是 $W_甲 C_甲$，乙国某产品的生产成本是 $W_Z C_Z$。如果 $W_甲 C_甲 < W_Z C_Z$，即 $W_甲/W_Z < C_Z/C_甲$，则甲国具有生产该产品的比较优势。

如果甲、乙两国的工资率之比是0.15，则甲国在生产产品A、B和C上具有比较优势,乙国在生产产品 D 上具有比较优势,因此甲国出口产品 A、B、C,而乙国出口产品 D。

如果甲、乙两国的工资率之比是 0.2,则甲乙两国在生产产品 C 上都没有比较优势,都可以生产产品 C。甲国在生产产品 A 和产品 B 上具有比较优势,乙国在生产产品 D 上具有比较优势,因此甲国出口产品 A 和产品 B,而乙国出口产品 D。

如果甲、乙两国的工资率之比是 0.6,则甲国在生产产品 A 上具有比较优势,乙国在生产产品 B、C、D 上具有比较优势,因此甲国出口产品 A,而乙国出口产品 B、C、D。

假如两国的规模大小相似,如果一国比另一个国家大得多,在两国分别集中生产一种商品后,小国集中生产的产品无法满足两国的消费需要,那么完全的国际分工在大国和小国之间无法发生,大国只能进行不完全分工。

两个国家在专门生产本国具有比较优势商品的同时,生产的机会成本也不断递增。到两国同一商品的相对价格相同时,这种分工就会停止,贸易也在这一价格水平上达到均衡。通过互利贸易,两国的最终消费水平会大于贸易前的消费水平。

比较利益可以分为交换所得和分工所得。一国在国内资源配置不变,产出不变的情况下,按国际市场价格同另一国交换一部分产品获得的福利水平的提高是交换所得,这是产品在消费领域的重新配置所得;一国在对本国资源按照比较优势进行重新配置得到的福利水平提高是分工所得,这是资源在生产领域的更有效配置所得。

如图 1-3 所示,在封闭的条件下,一国在 A 点生产和消费,假设由于某种原因,即使存在贸易的条件下该国也不能生产 X 商品,而只能在 A 点生产,即该国和其他国家发生贸易,但并不改变生产结构。此时该国可以按世界价格 P_w 同其他国家交换 Y,最终在 I 上的 T 点消费,该国的福利水平得到提高。该国从 A 点到 T 点的福利水平的提高就是交换所得。

如果情况发生变化,该国可以分工生产 X 产品,该国的生产点即 B 点,该国可以按照世界价格 P_w 用更多的 X 商品去和其他国家交换更多的 Y,最终在 E 点消费,从 T 到 E 点的福利水平提高就是分工所得。

比较优势理论假设国际贸易没有交易成本,国与国之间的贸易模式只取决于各国的比较优势。在现实生活中进行国际贸易会发生各种交易成本,而且这些交易成本通常比国内贸易的交易成本高。国际贸易中的交易成本指由于各国文化、历史、制度等方面的差异,以及由各国贸易政策的实施带来的交易成本,这些交易成本将会削弱比较优势,甚至导致比较优势消失。

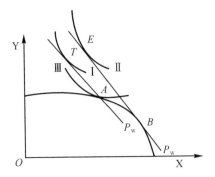

图1-3 在封闭和贸易条件下一国的生产和消费情况

结论:考虑交易成本与不考虑交易成本的情况相比,降低了国内生产的专业化程度,减少了贸易规模和贸易利益,只要交易成本不高于国际贸易带来的利益,各国仍按照比较优势进行分工和交换,参加贸易的各国仍可以获得高于封闭状态下的福利水平。

(二)比较优势理论概念

比较优势理论在某种意义上可认为是绝对成本理论的延伸和拓展。按照比较优势理论的观点,一个国家与另一个国家相比在两种商品的生产和销售方面表现出绝对劣势,但受到劣势程度和优势程度不同的影响,处于劣势的国家在劣势较轻的商品生产和销售上还是表现出一定的比较优势。如果两个国家在商品生产和出口等方面拥有一定的比较优势,那么两国都可以通过贸易来创造额外的利益。简而言之,两国可根据比较优势理论来展开国际贸易,按照"两利取重,两害取轻"的贸易原则来实现两国的协同发展。

第三节 跨境电商的发展历程

近年来,跨境电商迅猛发展,主要的影响因素有消费者个性化需求的发展导致传统外贸发展增长缓慢,小件跨境电商迅速发展;经济全球化趋势日益明显,国际贸易自由化和便利化加快;我国国内电子商务的迅猛发展延伸到了国际市场,从而使跨境电商商业模式迅速成型;各国政府都把跨境电商作为经济发展的引擎,并出台各种支持政策。在此,我们回顾一下我国跨境电商的产生和发展。

1999年阿里巴巴的成立,标志着国内供应商通过互联网与海外买家实现了对接,成为我国出口贸易互联网化转型、探索跨境电商的第一步。在二十多年的发展中,我国跨境电商经历了从信息服务到在线交易,再到全产业链服务三个主要阶段。

一、第一阶段(1999—2003年)

这一阶段从1999年阿里巴巴成立开始,一直持续到2004年敦煌网上线。这是我国跨境电商发展的起步摸索阶段,主要是将企业信息和产品放到第三方互联网平台上进行展示,以便让更多的海外买家了解到国内供应商的信息,促进交易量的增长。

由于互联网发展水平和其他因素的限制,跨境电商在这一阶段的第三方互联网平台,主要是提供信息展示服务,并不涉及具体交易环节。这时的跨境电商模式可以概括为线上展示、线下交易的外贸信息服务模式,本质而言只是完成了整个跨境电商产业链的信息整合环节。

当然,这一模式在发展过程中也衍生出了一些其他信息增值服务,如竞价推广、咨询服务等内容。至于平台的盈利模式,主要是向需要展示信息的企业收取一定的服务费,本质上是一种广告创收模式。

本阶段最典型的代表是1999年创立的阿里巴巴。它是服务于中小型外贸企业的国内最大的外贸信息黄页平台之一,致力于推动中小型外贸企业真正地走出国门,帮助它们获得更广阔的海外市场。

1970年成立于深圳的环球资源外贸网,也是亚洲较早涉足跨境电商信息服务的互联网平台。此外,这一时期还出现了中国制造网、韩国EC21网、Kelly Search等诸多跨境贸易信息服务的互联网平台。

二、第二阶段(2004—2013年)

以2004年敦煌网的上线为标志,国内跨境电商迈入了新的发展阶段。在此阶段,各个跨境电商平台不再只是单纯提供信息展示、咨询服务,还逐步纳入线下交易、支付、物流等环节,真正实现了跨境贸易的在线交易。

与第一阶段相比,跨境电商第二阶段才真正体现出电子商务模式的巨大优势:通过互联网平台,不仅实现了买卖双方的信息对接,还使信息、服务、资源等得到进一步的优化整合,有效打通了跨境贸易价值链的各个环节。

B2B平台模式是这一阶段跨境电商的主流形态,即通过互联网平台,将外贸活动的买卖双方(中小企业商户)进行直接对接,以减少中间环节、缩短产业链,使国内供应商拥有更强的议价能力,获得更大的效益。

同时,第三方平台也在这一阶段实现了创收渠道的多元化:一方面,将前一阶段的"会员收费"模式改为收取交易佣金的形式;另一方面,平台网站还会通过一些增值服务获取收益,如在平台上进行企业的品牌推广,为跨境贸易提供第三方支付和物流服务等。

三、第三阶段(2014年至今)

国内电子商务经过十几年的深耕培育,已经逐渐走向成熟。同样,跨境电商也随着互联网发展的深化以及电子商务整体业态的成熟完善逐渐走向成熟。2014年,被称为"跨境电商元年",2015年更是集中爆发。

跨境电商逐渐呈现出以下几个方面的特征。

第一,随着电商模式的发展和普及,跨境电商的主要用户群体,从势单力薄的草根创业者,逐渐转变为大型工厂、外贸公司等具有很强生产、设计、管理能力的群体,这使得平台产品由网商、二手货源向更具竞争力的一手优质产品转变。

第二,这一阶段,电商模式由C2C、B2C模式转向B2B、M2B模式,国际市场被进一步拓宽,B类买家形成规模,推动了平台上中大额交易订单的快速增加。

第三,更多大型互联网服务商的加入,使跨境电商3.0服务全面优化升级,平台有了更成熟的运作流程和更强大的承载能力,外贸活动产业链全面转至线上。

第四,移动端用户数量飙升,个性化、多元化、长尾化需求增多,生产模式更加柔性化、定制化,对代运营需求较高,线上线下的配套服务体验不断优化升级。

四、跨境电商发展的趋势

从跨境电商的发展现状来看,其在未来进出口贸易中将会占据更加重要的地位,多批次、小批量的外贸订单需求会越来越高。

目前,国内跨境电商发展前景主要呈现出以下三种趋势:

(1)跨境电商在我国进出口贸易总额中所占的比例会越来越大。伴随着经济全球化的进程以及世界网络普及率的提升、国际物流水平的进步、网络支付环境的改善,跨境电商仍然会不断地发展壮大。

(2)目前我国的跨境电商主要是以出口业务为主,随着我国消费者对海外商品的需求逐渐增长,跨境电商进口的比重也会随着逐渐增长。

(3)多批次、小批量的外贸订单需求会不断地上升。同时企业对企业的长期稳定订单的比例会不断下降。企业与国外最终消费者之间的订单逐渐发展成为跨境电商的主要组成部分。

第二章　跨境电商的平台、模式与体系

第一节　跨境电商的平台

一、跨境电商平台定义

跨境电商的模式主要有两种,一是自建跨境电商平台,二是入驻跨境电商第三方平台。目前,自建跨境电商平台的企业规模达到 5 000 多家,而在各类跨境电商第三方平台开展业务的企业已经超过 20 万家。

跨境电商第三方平台即电商销售平台,是卖家展示产品和买卖双方进行交易的场所。第三方平台是指为买卖双方自主交易提供信息流、资金流和物流服务的中间平台,不参与物流、支付等中间交易环节,其盈利方式是在交易价格的基础上增加一定比例的佣金。

由于发展时间长、知名度高、流量大,第三方平台往往侧重于平台自身的建设和交易安全维护,销售主要在第三方卖家和买家之间进行,平台维护交易安全,确保交易公平,保证买卖双方利益,同时从中收取佣金。

跨境电商第三方平台,是互联网时代下的产物,相比传统贸易方式,有着巨大的优势和市场活力,现已成为对外贸易的新锐力量,也推动跨境零售出口成为新的外贸交易增长点。当前,跨境出口领域具有代表性的平台有亚马逊、eBay、全球速卖通、Wish 等。

二、跨境电商平台分类

按交互类型划分,跨境电商平台主要分为 B2B、B2C、C2C 三种模式。

1. B2B 跨境电商平台

借助网络的优势与作用,让不同企业之间进行交易与合作的平台,即 B2B

跨境电商平台。换言之,就是各个地方的企业,借助该电商平台,来销售产品与服务,从而完成交易活动。现阶段,该跨境电商平台涉及的订单,通常金额大,其在电商市场上的地位不容小觑。阿里巴巴国际站、敦煌网、环球资源网等,都是我国规模较大的 B2B 跨境电商平台。

2.B2C 跨境电商平台

借助先进的网络技术,针对买卖双方,建立专门的交易平台,这就是 B2C 跨境电商平台。通过该平台,企业可以向消费者提供自己的商品与服务,平台借助营销展示、支付结算与物流等服务取得收益。较之传统贸易企业,B2C 跨境电商平台具有自己的特色:前者主要根据国外消费者的特征,通过网络零售,向国外消费者提供商品与服务;后者则借助网络,在电商平台上推送一些商品信息,各个国家的客户可以借助电商平台,挑选各个国家的商品,这精简了以往批发商等中间环节,提升了国际交易的便利性与有效性。B2C 跨境电商平台主要包括沃尔玛、亚马逊、Wish、eBay 以及全球速卖通等。

3.C2C 跨境电商平台

为不同个体之间交易提供便利与服务的平台,就是 C2C 跨境电商平台。在该平台中,个人是主要卖家。较之以往的海外代购,该平台的优势非常显著,也就是说,平台会认真展开审核工作,为交易各方提供可靠保障,不断增强交易各方之间的信任,此外,还能顺应各消费者的要求。现在,该平台倾向于跨境进口贸易,主要涉及海蜜全球购、淘宝全球购、美丽说 HIGO、洋码头以及淘世界等。

三、数字化业务赋能跨境电商平台

(一)数字化技术在跨境电商平台的应用

20 世纪末,互联网通信技术产生,随后迅速发展,引发了一场互联网热潮,跨境电商在此背景下产生,深刻改变了人们的生活方式和国际贸易活动。之后,各类数字化技术也不断出现,与互联网技术不同的是,数字化强调的是联系,注重利用数据实现业务的整合,打通各部门或区域之间的壁垒,使数据可以自由流通。数字化技术可以为跨境电商企业赋能,从而有效实现资源整合和价值共创。近年来,新兴数字化技术不断涌现,如区块链等逐渐被应用到生活及贸易中的各方面,不断改变着人们的生活及生产活动。2021 年 6 月,中国工业和信息化部指出要将区块链与互联网、大数据、人工智能等信息技术深度融合,在各领域实现普遍应用,而这也为我国跨境电商的未来发展指明了方向。

跨境电商平台作为贸易中介,是进出口企业、消费者、监管者等所依托的中心,具有重要地位。各种数字化技术的应用,更是使平台进一步得到优化发展。如大数据技术的运用可以实现精准营销,搭建智慧物流体系,及时发现并解决问题,有效提升跨境电商全链路效率。跨境电商平台通过利用网上海量数据分析用户画像,进而为不同的消费者提供具有针对性的营销方案。此外,可以利用大数据技术建立全球智慧物流,减少物流时间,提升配送时效,从而进一步提升客户满意度。大数据技术还可以为各类市场主体提供精准化及多样化的技术支持,从而实现对进出口业务的全流程、全场景监控。而区块链技术的应用可以为跨境贸易构建安全的商流、物流和信息流体系,并将存储的信息提供给交易流程涉及的各个部门,如海关、税务、商务等。各种数字化技术的应用可以有效助力跨境电商各环节的发展,提升跨境电商整体的交易效率和服务质量。

(二)数字化业务赋能跨境电商平台发展路径

1. 加强跨境电商平台数字化技术的升级应用

(1)数字化营销。跨境电商企业的成功不仅仅需要注重产品质量,同时也需要重视对产品的营销推广。传统的营销方式,如发放优惠券、站内广告推荐等已经不能满足消费者需求,而大数据技术的应用使数据在跨境电商中发挥了更大的作用。跨境电商平台能否有效利用大数据技术,实现对平台上各种数据资源的合理有效利用,从而为跨境电商企业提供精准的数字化营销推广方案,是跨境电商整体发展的关键。数字化精准营销的实现可以具体从以下几个方面展开。

首先,充分发挥大数据技术在跨境电商平台中的作用。大数据是指以数据集为研究对象的一项综合性技术,是传感量测技术、信息通信技术、计算机技术、数据分析技术与领域技术的结合,具有体量大、类型多、速度快和价值大的特征[1],已被广泛应用至商业、金融、交通、能源、医疗等诸多领域。而预测

---

① 刘世成,张东霞,朱朝阳,等.能源互联网中大数据技术思考[J].电力系统自动化,2016,40(8):14-21+56.

作为大数据技术的重要应用,可以通过与其他领域的结合达到理想的预期效果,如可将该技术与跨境电商相结合,从而有效识别目标群体,实现对客户需求偏好的预测。从最初的浏览平台网页、搜索商品、添加购物车、收藏商品,再到支付订单、售后评价等,用户在跨境电商平台的所有操作都会留下海量的数据。在这种情况下,跨境电商平台就可以对这些数据进行存储和分析,进而进一步深入地了解用户的消费需求、行为习惯及偏好,并向其推荐满足用户个性化需求的产品。在此基础上,跨境电商平台就可以根据特定的目标用户设计个性化的产品、包装等,并进行广告的精准投放,实现个性化营销,提升客户的满意度。同时,对于用户来说,可以减少搜寻商品的时间,增加交易的成功率。

其次,跨境电商平台应打造多元化的营销场景。一方面,跨境电商平台应举办多样化、高频率的会展,近几年,我国政府积极推进线上展会的开展,如2020年6月,成功举办线上广交会,跨境电商平台也应积极举办相关行业的会展,吸引跨境电商中小企业参加,使中小企业能根据平台上的大数据实现双方需求的匹配,从而以更低的成本、更快的速度实现数字化的精准营销。另一方面,跨境电商平台应根据供需双方的需求及文化地域等特点,定期举办采购节,不仅为不同需求的买方提供个性化、差异化的营销方案,还为卖方提供了更多的产品展示机会。如阿里巴巴每年九月举办的采购节,不仅大大提高了交易量,还为商家节约了履约成本。

(2)数字化支付。区块链具有去中心化、集体维护、高度透明、去信任、匿名等特征,可以更好地化解共享经济过程中的信息不对称、交易成本高及陌生人信任等难题[①]。目前,区块链技术已被应用至诸多领域,如医疗、教育、金融、文娱等领域,而将区块链与跨境电商相结合,可以有效解决跨境电商在支付领域的相关问题,促进中国跨境支付的发展,保障资金的安全。

点对点传输及智能合约是区块链的核心技术,可用于跨境支付领域,帮助跨境电商建立高效的跨境支付体系。其中,点对点传输方式并不是将数据集中于几台服务器,而是依靠系统内部各个节点的计算能力。由于该技术具有去中心化的特点,所以每个节点都可存储数据,从而保证区块链系统不会因单个节点出现问题而受到影响。而智能合约特性则是利用加密技术等手段在系统内部设置相应的规则,无须经交易双方同意,区块链系统会自动默认完成交易,避免资金交易延迟问题,提高系统内部运作的效率。跨境支付相比于境内

---

① 丁宝根,赵玉,彭永樟."区块链+跨境电商"变革的现实性、限度性与政策建议[J].当代经济管理,2020,42(1):64-70.

支付而言,面临着汇率变动的问题,会影响跨境支付的稳定性。而此时,可以利用区块链技术创造一种数字货币,该数字货币可被不同国家都接受,从而解决跨境支付面临的汇率变动问题。

具体的操作步骤如下:首先,买方向包含跨境电商平台的区块链系统发送支付申请;其次,区块链系统收到支付请求后,会先向买方提供客户的相关数据,再通过系统内部货币转换机制将支付金额变换为电子货币支付给卖方,并且卖方可将电子货币换成需要的货币形式;最后,要发挥各类技术,如智能合约对区块链系统的内部支撑作用。此外,对于跨境电商平台来说,需要进一步加强平台支付软件建设,完善跨境支付体系。一方面,为保证客户身份的真实性及交易的安全性,平台在为双方提供结算等服务时,必须采取实名认证,并及时记录交易的全过程。同时,平台也应加强与银行、政府、公安的合作,防止他人对支付系统的非法入侵,保障支付安全与消费者的合法权益。另一方面,随着数字人民币的发展,跨境电商平台应鼓励支持跨境电商支付领域试点数字人民币,推动建立多方位的跨境支付体系,促进其朝着规范化、高效化方向发展。而大数据、人工智能技术的应用,可以使平台加强对交易全链条的监控,实时掌握交易信息,从而提高交易资金流转的透明度。

(3)数字化物流。跨境物流作为跨境电商重要的一个环节,运输效率的高低会直接影响消费者的购物体验。完善的物流体系不仅可以使企业提高运输效率、节省物流成本,而且高质量的物流服务可以加深客户对产品及品牌的好感度。在数字化时代下,跨境物流要想取得长久良好的发展,需要统筹利益各方,如跨境电商企业、平台等,走数字化发展之路,并形成长期的高效合作关系,合力解决成本、效率、线路规划等物流问题。

对于跨境电商平台来说,同样需要应用数字化技术提高物流的整体服务能力。

首先,跨境电商平台应利用人工智能技术,搭建智慧物流体系。人工智能技术的本质是信息通信技术,其实现需要依托移动互联网、云存储、并行计算等实现海量数据的生成处理[1]。在整个跨境电商物流链条上,各服务商在运作过程中会留下大量数据,平台可利用人工智能技术对这些数据进行分析,建立一个可对物流数据进行管理的数字化物流作业系统,实现跨区域、跨文化的国际物流合作。同时,跨境电商平台还可与物流企业合作,共同推进无人机运

---

① 蔡跃洲,陈楠.新技术革命下人工智能与高质量增长、高质量就业[J].数量经济技术经济研究,2019,36(5):3-22.

输、智能快递柜的应用,建立符合国外需求的智慧物流配送体系,提升跨境物流在海外的物流配送服务能力。

其次,跨境电商平台还可通过整合物流企业提供的数据,发挥平台数据集聚的优势,将物流需求方和供给方有效对接起来,实现供需匹配。同时,跨境电商平台通过对数据的分析,可为物流企业提供拼箱方案,将部分商品装入有空余的集装箱,降低集装箱的空置率,从而实现对闲置空间的合理利用,促进物流运输的集约化。

最后,跨境电商平台应加强自身的物流信息化建设,搭建物流信息系统,及时记录、跟踪、反馈物流信息,将线下商品的移动同步更新到线上的信息系统。同时安排专门的人员实时监控,发现问题及时反馈到线上的信息系统,并告知需求双方,及时解决问题。跨境电商平台对于物流的及时跟进及反馈可以有效帮助物流企业避免在物流跟踪及相关售后服务上的问题。此外,通过对平台的监控,可以帮助发货量少的商家发现空余的运输箱柜,主动拼柜,从而为商家解决商品量少、运输成本高的问题。

(4)数字化通关。海关监管质量的高低会直接影响跨境电商整体的通关效率。当前,中国海关监管仍然面临着商品质量追溯体系的不健全、海关监管效率低下等方面的问题。而区块链技术去信任、去中心化等特点使其在完善业务、提升效率等方面具有显著优势,且由于技术的不断发展,我国已将其应用至跨境电商海关监管领域,提升海关监管的水平。

不可篡改特性作为区块链的核心技术之一,能有效保障数据的安全性和真实性。跨境电商整个环节涉及的主体众多,且交易频繁,因此信息在传递过程中会存在诸多安全隐患,而区块链技术的应用能防止数据被篡改,有利于海关追溯产品信息,实现对产品的质量监控。同时,跨境电商平台拥有各主体的数据,而大数据技术的应用使得这些数据被充分的利用。若海关需要查询某货物的信息,如运输时间、方式、报关单号等,则只需要通过识读图形进入自己有权查询的数据库中。但是对于涉及到交易主体隐私的信息,则必须由区块链中被授予阅读权限的主体进入查看。因此,在这种情况下,跨境电商平台可以与海关进行合作,打造"全链路溯源系统",为商品发放电子"签证",借助区块链技术的不可篡改特性实现商品采购、物流等信息的全链路溯源[1],从而使跨境电商交易的货物处于全方位监管之下。

---

[1] 匡增杰,于倜.区块链技术视角下我国跨境电商海关监管创新研究[J].国际贸易,2021(11):51-59.

2. 加大跨境电商平台贸易标的的覆盖范围

(1) 扩大跨境电商平台货物贸易产品类别。当前,我国跨境电商平台进行交易的产品类别主要以实体货物为主,本书第一章通过分析主流跨境电商平台上的产品类别,发现各大平台上产品的种类具有极大的相似性,多为我国具有优势的轻加工业与电子制造业,产业结构不全面,阻碍了跨境电商业务范围的进一步延伸。因此,为了丰富产品种类,提高产品的品牌效应,扩大跨境电商对不同行业的影响范围,应该从水平和垂直两个方向对跨境电商平台进行改进。

从水平方向上来看,跨境电商平台应该涵盖可进行贸易的全部实体货物产品,从轻加工业、电子制造业拓展至其他行业,使更多传统企业可以依靠平台开展国际贸易。同时,跨境电商平台应具有更新周期快速的功能,能不断地随着环境的变化而做出相应的调整改变。尤其在应对突发事件时,跨境电商平台更应及时调整产品类目的更新,以应对风险挑战。

从垂直方向上来看,部分产业由于自身重量大、对物流和安全条件要求高等自身的局限性,不适合直接在综合类跨境电商平台上进行交易,此时就应针对某些特定的领域打造专属的跨境电商平台,如农业、医疗器械等领域。这样不仅能使原来在线交易困难的产品通过跨境电商平台完成交易,而且还可保障产品质量和服务水平,满足特定行业的需求。

(2) 增加跨境电商平台服务贸易产品类别。尽管我国跨境电商的产品种类日益丰富,但这些产品类别都主要集中在传统的实体货物商品,很少涉及服务产品。随着各种技术的发展,使得服务贸易开始重视线上业务的拓展,而不仅仅局限于线下交易。而近些年,跨境电商平台的迅速发展及经验的累积,已为服务贸易线上发展提供了强大的可能性。

首先,对于服务产品来说,无形性和高附加值的特点,会导致其在国际贸易中遇到文化、政治等各种壁垒的阻碍。服务贸易商在提供服务产品时,不仅需要了解贸易国的市场需求、行业特点等与产品有关的客观情况,而且还需要熟悉贸易国的文化、政治等因素,更好地契合当地需求,但是这样就提高了本国服务提供商的成本。在这种情况下,跨境电商平台为服务产品售至全球提供了一个好的渠道,能有效降低文化差异对服务贸易企业的影响。一方面,更多的服务产品通过跨境电商平台进行线上交易,双方通过互联网在不同地区完成交易,就会节省流通环节;另一方面,跨境电商平台将服务双方置于同一场所,易于双方交流,使得交互性更强。且跨境电商平台对于大数据等技术的使用,更便于及时汇集和反馈不同国家的产品、市场、文化、政治等环境信息,减少买卖双方的贸易摩擦。

其次,利用跨境电商平台交易服务产品可以提升贸易效率。在贸易前期,平台将汇集贸易双方的信息,并根据双方各自需求为其提供相关信息,这就会使得双方避免信息差,进而降低因信息不对称问题而导致的各方面风险,促进交易合理化。而在贸易中期,可通过利用平台数字化的通关方式向用户传输物化的服务产品,降低流通成本。在贸易后期,传统的服务贸易由于具有产销同步的特点,使得消费者往往处于劣势,如事先不了解服务产品的具体特征等,但跨境电商平台可提供售后服务业务,打消消费者顾虑,从而提升企业的用户粘性,营造良好的口碑。

最后,跨境电商平台能产生长尾效应。长尾效应是指市场上的某一产品可以满足大多数消费者的需求,但还存在着部分消费者不被满足的情况,而此时,这些尾部个性化的零散需求通常就会为一部分中小企业提供独特的发展空间。而跨境电商平台的发展使中小企业更多地关注产品质量、生产经营本身。对于传统的服务贸易产品,如电子书等,服务贸易商就可通过跨境电商平台开拓服务产品的尾部市场,为不同国家的用户提供个性化的产品,满足不同区域用户的异质性需求。

3.搭建全链路跨境电商综合平台

(1)加强数字技术应用,使平台服务贯穿贸易各环节。全链路跨境电商平台作为新型贸易中介,与传统贸易中介存在显著差距,平台将电子商务与国际贸易有机结合起来,冲击了传统的贸易模式和国际贸易格局,在整个产业链系统中发挥着核心作用。在跨境电商产业链系统中,主要包括跨境电商平台企业、制造企业、贸易商、采购商、物流公司、金融机构等主要市场主体,分别参与"货物流、资金流、信息流、商流"等多个环节[1]。各个市场主体相互配合,同时又被跨境电商平台紧密地联系在一起,相互影响,形成一个共享资源、共担风险、共创价值的网络系统。

全链路跨境电商平台作为综合性平台,不仅提供商品展示、客服咨询、在线交易、售后服务,而且还提供物流、支付、报关、金融征信等服务,实现交易与

---

[1] 王晓红,夏友仁,梅冠群,等.基于全链路跨境电商的数字化新外贸研究:以阿里巴巴国际站为例[J].全球化,2021(3):35-54.

服务的一体化。平台使跨境电商企业直接对接终端消费者,减少了传统国际贸易过程中的诸多环节,扩大了利润空间,提升了企业的运作效率,从而激发跨境电商行业的活力。对于生产制造商来说,根据各类数字技术,平台可以整合买方需求,同时将其反馈给生产制造商。生产制造商通过平台反馈的需求数据,了解终端消费者的需求,在此基础上,及时调整产品的设计、功能、生产数量等,使生产与需求实现有效对接。同时,生产制造商还可根据数据预测产品需求,动态调整库存需求,降低库存大量积压的风险。对于第三方服务商来说,第三方服务企业嵌入全链路跨境电商平台,通过与跨境电商生产企业合作,获取贸易链条上的各类贸易信息,并为其提供与自身相关的各种服务。例如,金融服务提供商在为跨境电商中小企业提供贷款时,可以根据平台上提供的关于企业销售情况、信用评级、企业规模等各种信息,评估、规避风险。总之,全链路跨境电商综合平台将为贸易过程中的各个环节提供更加高效、优质的信息服务,从而使跨境电商企业更加专注于产品本身。

(2)构建面向多边市场的跨境电商平台。跨境电商平台往往是面向单一市场,隐含着不确定风险。无论是对跨境电商平台来说,还是对其他相关企业,都会产生不好的影响。而全球数字贸易平台不是面向单一的市场,而是面向多个国家和地区,且能通过使用数字化技术,不断优化服务。因此,未来跨境电商平台应朝着数字贸易平台方向转变,在发展时面向多边市场,规避单一市场带来的风险。

首先,面向多边市场平台的构建会使平台聚焦国外不同市场的各类信息,增强调动和整合信息的能力。对于跨境电商中小企业来说,平台上的信息可以满足其"走出去"的各类数字化诉求,促使其不断调整产品研发、生产经营、服务创新,以适应不同市场的需求。其次,跨境电商平台面向多边市场有效预防了风险。最后,多边平台可为买卖双方提供全球市场和更便捷的服务,进而有利于吸引更多地区的卖家入驻,形成一个良性循环。目前,随着发展中国家新型基础设施的建设,我国跨境电商的合作者不仅仅包含欧美发达国家,中国与非洲、东南亚、拉美地区的合作需求也在扩张,推动着我国跨境电商早日实现"全球买,全球卖"的愿景。

(3)整合平台数据信息,满足消费者个性化需求。在传统国际贸易中,生产者与消费者的信息通常不是及时互通的,消费者的需求传递至生产者往往存在一定的滞后性,这就导致生产者为了满足大多数消费者的需求,提供的产品和服务通常是标准化的,不能满足少数用户的特定化需求。进入电子商务阶段后,贸易的中间环节被大大缩减,此时电商企业可直接对接消费者,但是此时由于技术和市场的限制,还未有效做到供需的真正匹配。而随着大数据、区块链、5G等各类新型基础设施的建设以及在全链路跨境电商平台的应用,跨境电商企业能依托平台的全球商品供应资源,迎合全球不同区域消费者的异质性需求。在跨境电商向全球数字贸易跨越的过渡阶段,全链路跨境电商平台通过利用数字化技术不断地记录、整合、分析数据信息,生产者通过平台反馈的信息生产产品,满足消费者的个性化需求。以需求促进生产可以对买卖双方都产生了良好的作用:对于卖家来说,不仅使产品特性更加具有针对性,而且有利于开拓国际市场,扩大销售范围,提升产品的知名度;对于买家来说,个性化产品不仅满足了其独特需求,形成对产品的高质量评价,还无形之中又会对商家起到良好的宣传营销作用。

第二节 跨境电商的主要模式

一、跨境电商的交易模式

1. 海外代购模式

这一模式是许多人都了解的模式,也是大家比较熟悉的跨境网购概念,指的是国外的卖家,为境内买家购买海外商品,在跨境物流的运作下,把买家所需产品发送到家的方式。最大限度引导那些满足相关条件的第三方卖家入驻平台,这是海外代购平台的工作核心,但平台不会对销售、采购、物流环节进行直接干预。加入该平台的卖家,会依照买家的订单,采购客户所需商品,借助跨境物流把商品配送到买家手中。海外代购平台,选取的是跨境C2C平台路线,代购平台取得收益的方式是向平台中的卖家收取增值服务费、入场费以及交易费等,而卖家则要具备跨境贸易能力。海外代购模式的突出优势表现在:客户流量大,海外商品类型多样,客户选择的空间大。不足之处是:客户可能会质疑平台中卖家的真实资质,因此,C2C海外代购平台亟须解决的一个问题,就是交易信用环节。并且,这一代购模式在跨境供应链上处于发展初期,想要构建自己的优势是非常困难的。京东国际、美国购物网以及淘宝全球购等,都是其主要卖家。

2.直发/直运平台模式

电商平台在该模式下,一般不用产品库存,主要是向厂商提供客户订单,然后厂商根据客户订单,通过零售这一方式将产品发送给买家。直发/直运平台的一些收益,主要通过零售价与批发价的差额赚取。因为供货商是厂商、品牌商,所以,该模式属于典型的B2C模式。通常其跨境供应链发展比较迅速,发展空间广阔。在发掘供货商时,直发/直运平台通常直接与信任的国外供应商商谈,签署零售供货协议;在物流这一层面,一般会与一些国家的物流系统达成合作,或者自己建立国际物流体系,如洋码头。该模式的不足之处是:招商比较慢,初期缺乏流量;早期要耗费许多资金;直接向供货商提供客户信息;关联多个环节,不利于解决贸易纠纷问题;商品类型有限,价值高才能运用。其商家主要有苏宁全球购、天猫国际、跨境通、一帆海购网以及海豚村等。

3.自营 B2C 模式

垂直型自营、综合型自营,都属于自营 B2C 模式。其中,综合型自营跨境 B2C 平台,具有良好的跨境供应链管理能力,其物流应对策略也比较先进,供应商管理方案齐全,有充足的储备资金。但是这一模式的业务,会被行业政策所影响,其商家主要包括1号店的"1号海购"、亚马逊。垂直型自营跨境 B2C 平台,在挑选自营品类的过程中,会倾向于特定的范畴,如服饰、食品与化妆品等。相对而言,其供应商具有良好的管理能力,但是初期离不开充裕的资金助力,其主要商家有莎莎网、中粮我买网以及寺库网等。

4.导购/返利模式

该模式相对较为轻松,可以通过商品交易、引流这两个部分进行理解。其中,引流部分,主要指借助海购社区论坛、导购信息、海购博客、商品比价、客户返利等,获取一部分流量;商品交易部分,即顾客借助链接,向海外代购者等下单,由此进行全球购物活动。为了让货源更加充足、拓展产品类型,此类平台一般会与海外 C2C 代购模式相结合。因此,通过交易关系看,该模式就是集代购 C2C 模式、海淘 B2C 模式为一体的总和。一般而言,导购/返利平台会对接国外 B2C 电商的商品销售页面,如果交易成功,那么,B2C 电商会提供一些返点,返点最低为5%,最高为15%。导购平台会将其中的一些返点回馈给消费者。该模式的优势主要体现在:业务操作便捷、语言平台定位可以整合信息流。引流部分能够迅速吸引大量国外买家,能够深入了解买家的前端需求。

但是从整体来看,因为对跨境供应链缺乏良好的掌控,门槛低,所以,很难构建自己的优势,如果不能及时获得相应的可持续流量,那么,将无法实现可持续发展。极客海淘、海猫季、55海淘以及海淘城等,都是其商家。

二、跨境电商平台的理论基础

(一)商业模式要素理论

商业模式是企业为了能够持续获得盈利收入所采取的整体解决方案,为了将服务中客户的价值最大化地实现,企业整合内部要素与外部要素之间的联系,使自身在行业中形成特有的竞争力,尽最大可能完整高效地满足客户多种类型的需求。商业模式模型是包含了大量商业要素及要素之间的关系,能够描述企业特定的商业模式,在以利润和可持续利润为目的的生产销售等多个方面显示企业价值的理论工具。商业模式模型通过对运作模式、盈利模式、成本以及资源分配等诸多商业因素的展现将企业的构想以数据化的形式表达出来,有了模型的帮助,企业在运作过程中可以有效避免随意性和盲目性,从而更好地实现自身与客户的价值。近些年,随着商业模式的不断发展和深入,逐步形成了几种较为主流的商业模式理论,主要包含阿米特(Amit)三要素商业模式,哈默尔(Hamel)四要素商业模式,奥斯特沃德(Osterwalder)、伊夫·皮格纳(Yves Pigneur)九要素商业模式和魏炜、朱武祥六要素商业模式。

1. 三要素商业模式

阿米特认为商业模式主要包括三个因素,即活动内容、活动联系、活动治理。它是围绕创造客户价值为中心的一种活动性的系统。

2. 四要素商业模式

哈默尔提出的四要素商业模式由四大要素和三大桥梁所构成:四大要素具体是指顾客界面,核心战略,战略资源和价值网络,每个要素内又包含多种子要素;三大桥梁指顾客价值、资源配置和企业边界,企业通过要素间相互关系的调整以促进自身商业模式的优化和发展,从而能够更好围绕客户价值进行相关的生产经营活动。

3. 九要素商业模式

奥斯特沃德和伊夫·皮格纳认为商业模式由九种要素所构成,分别是价值主张、客户细分、渠道通路、客户关系、收入来源、核心资源及能力、关键业务、重要合作、成本结构。价值主张指企业向顾客提供的受益集合或者受益系列,它们或是创新或是在原有提供物上添加了功能与属性的价值主张,从而使企业可以满足每个细分顾客群体的要求;客户细分就是企业按照顾客共同需要、行为或其他同一属性来划分顾客群体,以便更好地适应顾客需要,顾客在任何商业模式中都处于中心位置,离开顾客企业将无法长期生存;渠道通路被用来刻画商家如何进行交流,通过自己的客户细分以传达自己的价值主张,而分销、销售以及交流则是商家与顾客之间的接触点,商家可选择以自有渠道或者合作伙伴渠道与顾客进行联系,渠道通路在顾客体验中扮演着举足轻重的角色;客户关系是描绘企业与特定的细分客户群体所建立的关系,与客户保持何种关系会深刻影响到客户的体验;收入来源为企业来自各客户细分群体的现金收益,是企业的命脉和营运基础,只有提供能够满足每个客群需求的服务和产品,企业才能够以此来发掘出一个或多个收入来源;核心资源及能力是使企业商业模式得以高效运行的主要要素,各行业之间不同商业模式对核心资源的要求存在差异,一个企业掌握的核心资源,决定了该企业能否创造并提供服务,能否创造产品及与顾客细分群体建立联系和获取收益的能力;关键业务则是为确保企业商业模式可行且能顺利运行的主要行动,平台型商业模式的关键业务往往与平台或互联网络有关;重要合作是在商业模式运作过程中相互配合协作的供应商与合作伙伴之间形成的一种网络,这种网络作为商业模式的基石有助于企业减少自身运营风险,并获得更大的利润;成本结构是企业在商业模式运作当中所产生的各类成本,包括价值创造、客情维护等方面。

4. 六要素商业模式

我国学者魏炜和朱武祥所提出来的六要素商业模式是由定位、业务系统、关键资源能力、盈利模式、现金流结构和企业价值六个要素构成。这六个要素相互补充相互影响,共同蕴含着商业模式设计参数的选择成果,紧密围绕"利益相关者交易结构"理念展开,涵盖交易相关主体,交易方式,交易定价等有关交易参数,并且在六要素中并不包含战略、营销、运营、财务等其他学科的研究要素,是一个完整、统一、清晰、有别于其他管理学科的商业模式体系,下面对该商业模式中各要素进行逐一说明。

定位这个概念主要被应用于战略和营销领域,尽管不同学科领域之间对于定位的定义有所不同,但是在任何理论体系当中,定位的概念都非常的重要。在战略领域中,战略的本质就是做出选择并针对选择制定出对应的战略,企业通过定位选择做什么,由此选择决定了企业发展的目标和路径。营销领域的定位强调利用消费市场的基本规律,生产出符合市场消费者内心认同的独特产品价值,构造差异化的产品形象,最终使得自己在目标消费市场中占有一席之地,它强调关注于客户的需求和认知,是营销战略的核心内容之一。相较于前两个领域的定位,商业模式定位是从顾客需求满足途径即交易方式入手,从同顾客交易时效、交易效率和交易成本几个切入点来满足利益相关者的需求。商业模式的定位与战略以及营销领域的定位既相互区别又彼此影响,各异的商业模式定位对企业及营销定位都会产生不同种类的影响。以上三者比较来说,商业模式定位是为了解决满足客户需求的方式的问题,该问题不仅涉及企业内部的经营决策,还涉及企业和各个利益相关者通过交易结构、业务活动等来构建经营活动的商业价值网络,因此商业模式定位一经确立不会轻易改变,企业对商业模式定位的决策和实施对企业的持续发展具有非常重要的作用。

业务系统也称业务活动系统,是商业模式的核心要素之一,指企业为了实现其定位所涉及的业务活动环节、企业内外部各利益相关者扮演的角色,以及利益相关者之间进行协作和进行业务交易的途径及内容。一个有效的业务系统需依据企业定位来辨识相关因素,明确各个利益相关者和企业业务活动之间的联系,并对这些因素进行融合,既能帮助企业取得行业竞争优势又可能是企业自身竞争优势所在。以企业定位为中心构建的内、外部利益相关者协同作用的业务系统构成了价值网络,其中清晰地展现了顾客、供应商和其他有关合作伙伴在企业实现价值的过程中饰演的角色。

关键资源能力是指企业以既定商业模式进行经营所需要的相对重要的资源和能力,或者说关键资源能力是为了使得交易结构能够正常运作,企业所要具备的资源能力。所谓资源就是企业所具有的能使其所设计与建设的策略得到执行,能够提升公司效益和效率的属性,当中包括金融资源、人力资源、实物资源、客户关系、公司网络、战略不动产等等;能力就是企业和其他相关资源进行合作与使用的内部属性,主要包含交易能力、组织能力、管理能力等。业务系统确定了企业将要开展的各项活动,而企业要完成上述既定的种种活动就需要掌握并且使用一系列错综复杂的有形与无形资产,以及技术和能力。企业内部各类资源能力重要度不一,并非每种资源能力对企业建构商业模式都具有必要性,同种商业模式在其业务方面表现出不同差异的主要原因是关键资源能力水平的不同,基于关键资源能力投入和控制的程度,企业商业模式运转过程中所得到的结果也是各不同的。对于业务系统的正常运行来说,关键资源能力至关重要,它只有和定位、盈利模式和现金流结构相互吻合并相互影响,才能使得企业商业模式得到高效运行。

盈利模式是指企业收支来源和收支方式以及它们之间的对应结构,是在既定业务系统内各项业务活动所有权及业务活动结构既定的情况下对利益相关者之间利益分配模式下焦点企业的一种利益体现。在传统的盈利模式中,企业一般以产品或服务的收入成本差作为单一的盈利来源,以行业内成本加定价等方式作为主要的盈利方式。在该盈利方式下企业主要考虑企业成本结构、竞争对手定价以及围绕供求状况决定产品的价格水平,随着行业竞争的加剧企业的收益会迅速下降。成功的公司通过对利润来源、生产过程及产出方式等方面来扩大其原有的价值空间,从而提高自身价值实现的效率,并根据利润来源及盈利方式的结构调整来发现潜在的利润机会点从而实现竞争优势。盈利模式设计包括定量问题、定性问题和定向问题,其中定量问题是决定产品与服务的价格高与低,定向问题是决定公司盈利来源,定性问题是决定公司以什么盈利方式来获取收益。好的盈利模式使得企业能够在商业模式运作上得到更加丰富和持久的回报,能够为企业建立起互利共赢价值网络。

现金流结构是根据利益相关者进行划分的企业的现金流入与现金流出及其所构成的相应结构在以时间为序列上的分布状态。在不同商业模式下,现金流结构有所不同,多数制造和施工企业商业模式的现金流结构往往呈现出先垫资生产,再进行销售回款,一次投入,一次收益,另外还有一次投入,多次收益与多次投入,多年现金流入。与定位、关键资源能力等其他的要素一样,现金流结构作为构建商业模式的切入面,受到交易价值、交易成本以及交易风险等因素的影响,可考察企业其他因素设计时可创造的投资价值情况,起到衡量企业价值,诊断交易结构,为金融工具设计提供基础的作用。通过现金流结构,企业可寻找合适的融资工具,获得固定收益,使其价值创造步入具有较强生命力,可持续的良性循环。

企业价值是对企业所拥有的有形或无形的资产在市场上的评估。在管理学领域中,企业价值可以定义为企业按价值规律运作,通过以价值为基础的运作,使包括股东、管理者、债权人等在内的与企业利益相关者获得满意回报的能力。企业价值与自由现金流呈正相关的关系,同等条件下,企业的自由现金流越大,其价值也就越大,企业能够为利益相关者创造的利益也就越大。评估商业模式通常用焦点企业关键资源能力效率作为衡量标准,其商业模式优劣的终极标准就是其企业价值的高低,而企业价值正是研究商业模式的落脚点。

(二)价值链理论

M.E.波特(Michael E.Porter)提出了价值链理论。他认为企业的价值活动可以大致划分为基础活动和辅助活动两大类别。在这两大类别中,能给企业带来直接价值创造的活动就叫作基础活动;为基础活动提供辅助性支撑和服务的活动则称为辅助活动。价值链上的活动彼此相互关联、相互影响,价值链内的各个链接运行直接决定企业的盈利水平,价值链不同则企业的竞争优势也会产生差异。企业的商业模式不只是企业内部的协同运转,还包括企业与供给方、消费端以及竞争对手等各个利益相关者的相处模式。对于价值链上的任何一个环节,都有可挖掘的潜在利润空间,而这种挖掘从根本上将取决于商业模式的创新。

我国学者徐苏涛围绕价值链,提出了五条创新商业模式路径:一是聚焦于提高产业价值链的高度并沿着产业价值链攀升进行商业模式的创新;二是聚焦于拓宽产业价值链的广度并借助不同产业间价值链的融合来进行价值模式的创新;三是聚焦于增加产业价值链深度,发掘价值链中某个环节开展商业模式创新;四是聚焦于拓宽产业价值链宽度,借助价值链分解开展商业模式创新;五是聚焦于延伸产业价值链长度,重构特定产业价值链开展商业模式创新。

三、综合试验区跨境电商创新模式

(一)十项创新制度全国推广——杭州综合试验区的经验

1.先行先试,制度创新为跨境破题

跨境电商属新兴业态,国家层面定位为"先行先试"。杭州作为"先行先试"的试验田,在监管上没有成熟的模式可循。如何快速规范地"跨境",成为海关急需攻破的课题。为此,杭州海关不断创新优化监管模式,保证了跨境电商在杭州的平稳起步。

杭州开园最早的跨境电商园区——下沙园区,首创跨境电商一般出口"清单核放、汇总申报"的通关模式,有效解决了通关难、结汇难、退税难等问题。

该模式经国务院确认成为跨境电商一般出口的全国标准通关模式。

随着杭州各跨境电商园区业务量的快速成长,在海关总署的支持和指导下,杭州海关总结综合试验区"先行先试"经验,逐步形成一套适应跨境电商业态特点、"可复制可推广"的海关监管制度措施。2016年4月26日,海关总署下发通知,将杭州海关在实践中摸索出来的十项创新制度措施在全国新设的12个跨境电商综合试验区进行复制推广。

(1)推行全程通关无纸化。

(2)明确"三单"数据传输主体,统一传输标准。

(3)对B2C销售模式按照"B2B"通关。

(4)实行"简化申报、清单核放、汇总统计"。

(5)实行"税款担保、集中纳税、代扣代缴"。

(6)允许批量转关。

(7)创新退换货流程。

(8)有效管控风险。

(9)对接"单一窗口"平台,强化通关协作。

(10)实行大数据共享。

2. 科技创新,互联网思维提升监管效能

在制度创新的同时,杭州海关还加大科技投入,运用互联网思维提升监管效能。

在大数据应用方面,杭州海关同样走在全国前列,杭州海关搭建的"跨境电商监控分析系统"是一个基于"大数据云"的综合性分析系统。该系统能对海量的跨境商品数据进行分析,根据参数设置对跨境商品是否存在风险因素进行筛查,并通过云端服务器整合各个现场的海关监管数据,提升监管效能,实现智慧监管。个人使用的单兵设备也是一个创新亮点。2016年,杭州海关下沙园区跨境监管现场首次投入使用"智能物联网"手持移动终端设备。关员不仅可通过手持终端迅速获取并核对商品的品名、上架、库存等信息,还可以对存疑的商品当场下达布控查验指令,并同步传输到海关作业系统中。这样做能提升监管效能30%～50%。

3. 管理创新,改革思维落实"放管服"

在优化监管模式的同时,杭州海关积极贯彻海关总署"全国海关通关一体化"部署,在"通得快"上下功夫,同时紧跟浙江省"最多跑一次"的改革步伐,推出一系列便企便民举措,真正将简政放权、放管结合、优化服务落到实处。

4.平台助力,区域辐射发展形成集群效应

跨境电商不仅是新兴产业发展的驱动力,也是大众创业、万众创新的重要平台。以杭州综合试验区跨境商品进口主阵地下沙园区为例,目前该园区拥有天猫国际、苏宁易购等70多家平台电商,网易考拉、银泰网等100多家垂直电商以及中外运、海仓科技等80多家电商服务企业入驻,直接带动周边上千家企业"触电"上网,奶粉、护肤品、零食等品类近万种商品活跃在跨境电商线上平台。

(二)直购进口领航者——上海跨境电商综合试验区

1.跨境电商生态圈基本稳定

上海跨境电商业务的开展,对企业创新转型、百姓消费升级有较大促进。小红书、洋码头等新兴企业崭露头角,满足了消费者对海外优质商品的需求,跨境电商的发展实实在在将消费能力留在了境内。经过数年的努力,上海口岸跨境电商生态圈已基本稳定,主要体现在以下几方面。

(1)快速通关机制基本建立。"清单核放、集中纳税、代收代缴"通关模式确立,跨境电商全程无纸化通关基本实现,低风险商品得以快速放行,极大地满足了现阶段电商企业对物流速度的需求。

(2)区域化特色基本形成。近年来,上海海关直购进口模式订单量始终保持快速增长态势,增速在全国位居前列;9个开展跨境电商网购保税进口业务的区域各具特色,形成多区域产业联动机制,为企业入驻、消费者购物提供多元化选择。

(3)以"单一窗口"为核心的跨部门联动机制初步成型。在本地电子口岸的基础上搭建跨境电商"单一窗口",为企业提供"关、检、税"一站式解决方案。多部门共享跨境电商信息数据,大数据监管理念已现雏形。

(4)全流程监管,常态化应急。

1)事前环节。上海海关提前介入企业业务筹备工作,了解其商务运作模式与风险点;同时通过风险布控参数,对高风险订单进行拦截。

2)事中环节。严格落实海关总署关于"三单信息"的审核要求,对高风险单证电话联系订购人或者收件人,确认订单真实性。

3)事后环节。对部分电商开展网上巡查工作,结合本地物流辅助系统对开展企业进行日常数据监控;依托关区留存的数据库开展事后数据分析,并作为风险参数制定、企业稽查的重要依据。

2.上海海关的其他行动

(1)修订相关操作规程,统一关区内跨境电商的监管流程。
(2)完成直购进口模式的退货测试,探索网购保税进口模式的退货流程。
(3)逐步将邮路快件纳入跨境电商监管体系,加快邮政商业快件的通关效率。

(三)打造跨境电商教育研发创新基地——青岛经验

2018年8月29日,青岛邮政公司与新华锦(青岛)电子商务有限公司在青岛市邮政公司总部举行全面合作框架协议的签约仪式。双方将在电子商务运营、平台建设、供应链金融、智能仓储、产品销售、教学培训、文化宣传、产品配送、通关退税、跨境物流等领域进行优势资源互补与全方位的合作,强强联手合力打造青岛跨境电商教育研发创新基地。

青岛邮政认真贯彻落实中国邮政"一体两翼"战略和省分公司、市委市政府工作部署,在推动流通方式转型、促进消费升级、发展国际经贸中发挥着积极作用。邮政跨境电商产业园取得了显著成绩,发挥服务地方经济互联互通的作用在不断增强,得到了省委省政府、市委市政府的肯定与支持。青岛邮政与新华锦集团公司双方合作能够实现共赢发展,共同推动青岛跨境电商产业的蓬勃发展。

新华锦集团公司是山东国际贸易龙头企业,作为一家多元化发展的综合性大型企业集团,积极推进"互联网+"的战略发展,为我国对外经济发展作出了重要贡献。新华锦(青岛)电子商务有限公司一直致力于跨境电商产业发展,将在与青岛邮政的携手合作促进下,争取在三年内打造建设成为山东地区最大的跨境电商企业。青岛邮政与新华锦集团公司将抓住机遇,不断提升创新实力,凭借精诚合作、互惠共赢的理念,共同创造出新业绩,向青岛跨境电商的领军型企业一起迈进。

推进服务国家"一带一路"建设,实施新旧动能转换,青岛邮政与新华锦(青岛)电子商务有限公司共同拓跨境电商广阔蓝海,合力打造全国一流的跨境电商教育研发创新基地,为地方经济和社会发展注入强劲动力。

(四)加快建设国际消费城市培育跨境电商消费市场——成都经验

为进一步巩固成都生活中心和消费中心的地位,加快建设具有国际水准和全球影响力的消费城市,成都印发了《成都市加快打造国际消费中心城市实施方案》(简称《方案》)。

《行动计划》提出,将大力实施消费供给提升、消费场景塑造、消费品牌建设、消费热点培育、消费平台打造、消费生态优化六大工程,提升成都对国内外消费的集聚、引领和创新能力,打响"成都休闲、成都消费、成都创造、成都服务"四大品牌,努力将成都建设成为特色彰显、世界知名的国际消费城市。

1. 三个新商圈

(1)以金融城为中心、统筹地铁公共交通导向性发展商圈开发,集成打造高端消费商圈。

(2)以双流空港为核心打造国际化消费商圈。

(3)以锦江两岸为载体打造锦江夜消费商圈。

2. 服务夜生活

(1)锦江夜消费商圈将引入川菜、川剧等传统特色业态和现代新兴消费业态,打造成都夜消费地标。

(2)打造一批夜间消费示范街区,引导商贸服务类企业调整经营结构和营业时间,增加适合夜间消费的经营项目。

(3)将完善夜间公交线路布局和运营班次,按需延长公交线路夜间收车时间,优化地铁夜间低峰期运行组织,完善街面停车位管理、夜间临时停车的服务保障。

3. 零售业要提质培育跨境电商消费市场

为推动商业零售创新升级,成都将实施全市商业零售业提质行动计划,引导零售企业实施智慧化转型,支持企业通过大数据、云计算等信息技术解析顾客消费特征,量身定制服务内容,提升个性化、柔性化服务水平;同时引导传统零售企业增加体验式商业业态、引入买手制运营模式。

随着消费者对国际化消费品需求的提升,国际化消费品供给将迎来增幅。《方案》指出,要依托跨境电商综合试验区建设,积极培育跨境电商消费市场,支持本地企业在主要商圈开设跨境电商O2O(线上线下)体验店,力争实现跨境电商保税线下自提模式。

《方案》还指出,要重点培育以旅游、文化、体育、餐饮、健康等为代表的特色服务消费产业,包括打造熊猫、美食、休闲、绿道四大旅游品牌,构建七大世界级旅游产品体系,彰显"要在成都"的魅力;加快全球川菜交流中心建设,引进世界各地风味美食和特色餐饮,增强"吃在成都"的全球影响力。

更加丰富的"成都造"精品今后也将在市场上出现。《方案》明确支持蜀锦、蜀绣、瓷胎竹编等成都特色工艺美术行业,开发传承天府义化和代表城市形象的产品,推动熊猫文化、川剧文化、南丝路文化等文化衍生品创新。还有成都小吃、经典川菜、特色火锅等,将被优选出一批来实施规模化标准化生产,打造品种新、质量好、附加值高的方便食品和半成品。

四、海外跨境电商平台

一般说到跨境电商平台,大家首先想到的是亚马逊、eBay、速卖通、Wish等主流平台,其实除了这些耳熟能详的大平台之外,很多本土化跨境电商平台也各具特色,如 Flipkarl、Walmart(沃尔玛)和 Newegg(新蛋网)、Trademe、Linio 和 Mercadolivre 等。

(一)东南亚跨境电商平台举例

1. Lazada

Lazada 成立于 2012 年 3 月,最初它采用自营模式,2013 年开始兼做开放平台,欢迎小商家和零售商入驻,并且在物流与支付上做重度投资。目前,平台在泰国、印度尼西亚、马来西亚的市场占有率较高。平台上主要销售电子产品、衣服、用具、书籍、化妆品等。目前,Lazada 在我国有招商,但仅限企业入驻。

2. Shopee

Shopee 于 2015 年 6 月正式上线,是东南亚地区的移动电商平台,主营业务为游戏社交。Shopee 采用"移动+社交+P2P"模式,解决 Carousell、Gumtree 等同类平台不能支付、不负责物流的痛点,陆续覆盖了新加坡、马来西亚、印度尼西亚、泰国、菲律宾、越南等市场。目前,Shopee 在我国有招商,但仅限企业入驻。

3. Luxola

Luxola 是一家化妆品 B2C 平台,2011 年由 Alexis Horowitz—Burdick 创立于新加坡,主打护肤品和化妆品品牌,2015 年 7 月被法国奢侈品集团路易威登收购。目前,该网站服务的市场有澳大利亚、文莱、印度、马来西亚、新西兰、菲律宾、中国香港地区等。

(二)北美跨境电商平台举例

1. Walmart

Walmart 的零售业务遍布全球 28 个国家,布局电商一直是 Walmart 在我国市场的一个发展战略。从控股 1 号店,到上线自己的 App,Walmart 一直将电商作为实体门店的一个补充和延伸,从而提升客户的购物体验。目前,Walmart App 上"全球 e 购"频道提供 200 多个来自美国、英国、日本、韩国、澳大利亚等全球知名产地的食品、保健品、个护化妆品和母婴商品。

2. Newegg

Newegg 于 2001 年成立,总部位于美国洛杉矶,是美国领先的计算机、消费电子、通信产品的网上超市。Newegg 聚集约 4 000 个卖家和超过 2 500 万客户群,最初销售消费类电子产品和 IT 产品,目前已经扩大到全品类,品种数高达 55 000 种,Newegg 在我国有招商,但仅限企业入驻。

(三)欧洲跨境电商平台举例

1. Vente‑Privee

Vente‑Privee 是法国的时尚电商,采用会员制限时特价抢购模式,堪称"闪购鼻祖"。其跨境业务主要分布在欧美地区,包括美国、英国、德国、荷兰、意大利、西班牙等国家及地区。该网站提供的产品包括服饰、鞋包、化妆品、奢侈品、婴儿用品、玩具、文具、食品、家居、计算机、电器、杂志、保险、门票等。Vente‑Privee 能在仓储管理、库存积压、向供应商退货等方面把成本控制在极低的水平。

2. Mankind

Mankind 是一家专门销售男士护理用品的美妆电商网站。Mankind 提供各类护肤、护发、理容用品,热销品牌有倩碧(CLINIQUE)、伊索(AESOP)、美国队员(American Crew)等。Mankind 由于采用厂家直接订购、网站全球直邮的方式,价格便宜,深受全球消费者的喜欢。

五、跨境电商平台发展的路径

随着全球经济的全面开放和贸易壁垒的逐步降低,跨境电商平台作为一种新兴的商业模式,迅速崛起并在我国外贸行业占据重要地位。它利用互联网技术,打破了传统贸易中的地域限制和时间限制,实现国与国之间的直接交易和贸易合作。然而,随着跨境电商平台规模不断扩大,一系列问题也逐渐浮出水面,制约其进一步发展和壮大。

(一)我国跨境电商平台发展的价值

我国跨境电商平台发展已经取得了一定的成就。跨境电商在推动国际贸易合作、促进经济发展、改善人民生活水平等方面发挥了重要的作用。本节将探讨我国跨境电商平台发展的价值,展现它所带来的巨大影响。

1. 我国跨境电商平台的发展为国际贸易合作带来全新的机遇

随着全球化的趋势不断加强,跨国贸易的规模不断扩大,传统的贸易方式逐渐显得局限。而跨境电商平台的出现,提供一个便捷的渠道,使得全球各地的商家能够直接进行在线交易,突破地域限制,实现跨国贸易的畅通无阻。这不仅为我国企业在国际市场上拓展业务提供更多机会,也为国内消费者提供更多优质的国际商品选择。跨境电商平台的发展不仅拉近国与国之间的距离,更加促进各国之间的经济合作与共同发展。

2. 我国跨境电商平台的发展为经济发展提供新的动力

跨境电商平台的兴起,极大地促进互联网经济、数字经济的发展。通过跨境电商平台,国内企业可以将自己的产品和服务推向全球市场,获得更广阔的发展空间和更多的市场份额。同时,跨境电商平台的建设和运营也创造大量的就业机会,激发创业热情,推动创新创业的蓬勃发展。跨境电商平台的发展还带动物流、支付、金融等相关产业的兴起,形成一个复合型的互联网经济生态圈,推动整个经济的发展和转型升级。

3. 我国跨境电商平台的发展对人民生活水平的提升具有积极的影响

随着平台技术和运营的不断改进,越来越多的国内消费者可以通过跨境电商平台直接购买到来自世界各地的优质商品,不再受限于地域和渠道。这为消费者提供更多的消费选择,更优质的商品与服务,提高人民的生活品质。同时,通过跨境电商平台,国内消费者还能够更加了解和体验不同国家和地区的文化、风俗习惯。

4. 我国跨境电商平台的发展也对社会进步和文化交流产生重要影响

通过跨境电商平台,国内企业能够更好地了解国际市场需求,提供符合国际标准的产品和服务。这种文化输出不仅丰富了国内消费者的生活,也有助于提升我国的全球影响力与竞争力。同时,跨境电商平台的发展也促进了国际的文化交流与合作,为不同国家和地区之间的友好交往提供了新的平台和机遇。

(二)我国跨境电商平台发展的路径优化

1. 完善法律法规

我国跨境电商平台的发展蓬勃向前,给国家经济带来了蓬勃发展的动能。然而,随之而来的问题也逐渐显现。为推动跨境电商行业的良性发展,完善法律法规势在必行。

第一,在完善法律法规的过程中,应该注重制定一系列的相关条款,以保护消费者的合法权益。跨境电商平台作为连接海内外商品的桥梁,需要保障消费者购买商品的质量、安全和售后服务。这就要求有关部门进一步细化消费者权益的保护机制,并强化监管手段。例如,对于售出的商品质量问题,电商平台应该构建一套完善的退换货机制,以便消费者能够便捷地维权。同时,为了杜绝假货和侵权行为,电商平台也应承担更多的责任,加强商品质量监管和知识产权保护,遵守相关法律法规,提供透明、可靠的交易环境。

第二,在完善法律法规的过程中,也需要关注平台运营主体的合规经营。跨境电商平台众多,但并非所有企业都能够合规经营。因此,建立健全的注册监管机制是至关重要的。政府部门应加强对电商平台的准入审查,确保平台运营主体符合相关法律法规,并具备良好的信誉和运营能力。此外,应该加强对平台的监管力度,对违规经营的平台进行处罚,以维护行业的公正竞争秩序。

第三,完善法律法规还要关注平台之间的合作与协同。跨境电商平台的发展离不开各个环节的紧密配合。因此,应鼓励跨境电商平台之间建立互利共赢的合作机制。通过共享资源、信息和渠道优势,促进平台之间的合作发展,提高整个行业的服务水平。同时,政府应鼓励各平台携手合作,建立行业自律组织,共同制定行业规范,并加强行业监管,形成行业良好的发展环境。

第四,完善法律法规还需要关注国际合作。跨境电商平台的发展必然涉及国际贸易,因此,需要进一步加强与其他国家和地区的合作,形成跨境电商贸易的有利环境。这包括加强与其他国家的法律法规对接,推动国际贸易的自由化、便利化,为跨境电商的发展提供更加稳定和可持续的基础。

2.精准定位市场发展方向

精准定位市场发展方向是指在市场经济背景下,通过科学的市场分析和精准的市场定位,旨在准确把握市场需求和消费者心理,以此为基础制定营销策略,实现企业的可持续发展。在我国跨境电商平台发展的道路上,精准定位市场发展方向起着举足轻重的作用。

第一,精准定位市场发展方向要在深入了解消费者需求的基础上,进行市场细分。我国庞大的市场规模和多样化的消费群体使得市场细分变得尤为重要。在跨境电商平台中,不同地域、不同年龄、不同性别和不同消费能力的消费者都有着各自独特的需求和偏好。因此,企业需要通过大数据分析和市场调研,将广大消费者群体划分为若干个细分市场,以更好地满足消费者的个性化需求。

第二,精准定位市场发展方向要注重品牌的塑造和价值的传递。在市场竞争激烈的环境下,企业要想在跨境电商平台上脱颖而出,就必须建立起独特的品牌形象。通过精心设计的品牌定位和品牌故事,企业可以将自己与其他竞争对手区别开来,赢得消费者的信任和忠诚。同时,企业也应注重传递产品的价值和品牌的核心理念,以引起消费者的共鸣和认同。只有通过真正的品牌塑造和价值传递,企业才能在跨境电商平台上稳步发展。

第三,精准定位市场发展方向还要结合科技创新,提升用户体验。随着科技的迅速发展,跨境电商平台也在不断创新和改进。企业应积极借助新技术,如人工智能、大数据分析、物联网等,来改善用户体验,为消费者提供更加便捷、高效、个性化的服务。例如,通过智能推荐系统,根据用户的个人喜好和历史购买记录,为他们定制专属的商品推荐,提高购物的满意度。通过科技的应用,企业可以更好地了解消费者的需求,并为其提供更好的购物体验,从而赢得市场竞争的优势。

第四,精准定位市场发展方向还要注重社会责任和可持续发展。在当今社会,企业除追求经济利益外,还应承担起社会责任。跨境电商平台作为一个全球化的商业平台,其发展过程中应注重环保、公益和社会公正等方面的问题。企业应积极参与公益事业,关注环境保护,推动社会的可持续发展。企业只有积极履行社会责任,才能树立良好的社会形象,获得消费者的好评和支持。

3.加强网络平台安全建设

网络安全是当今信息时代的一大核心问题,它不仅涉及个人隐私、经济利益,还关系到国家安全和社会稳定。因此,加强跨境电商网络平台安全建设,成为当务之急。

第一,需要建立健全的网络安全法律法规体系。只有依法管理和治理网络空间,才能确保网络环境安全有序。政府应加大力度加强法律法规的修订和完善,针对跨境电商平台的特殊需求,制定相关法规,明确网络安全管理的范围和责任,确保网络安全管理的有效执行。

第二,应加强网络安全技术研发和创新。网络安全技术的发展日新月异,要不断跟上时代的步伐,引入先进的技术手段,提升网络安全能力。同时,要加大对网络安全人才的培养和引进力度,培养更多具备网络安全专业知识和技能的人才,为网络安全建设提供有力保障。

第三,跨境电商要加强国际的网络安全合作。网络安全是全球性问题,需要全球范围内的合作与共识。我们应积极参与国际网络安全的全球治理,加强各国之间的信息共享和技术合作,共同应对网络安全挑战。同时,也需要借鉴其他国家的成功经验和先进技术,加以吸收和推广,以提升我国网络安全水平。

第四,要加强网络安全意识教育。网络安全责任不仅仅由政府和企业承担,每个网络使用者都应有自己的网络安全意识,主动保护个人信息和使用安全的网络设备。政府和学校应该加大网络安全教育的力度,增强人们的网络安全意识,培养正确的网络使用习惯,从而减少网络安全事件的发生。加强网络安全建设是跨境电商平台发展的必然要求。只有确保网络安全,跨境电商平台才能持续健康发展,为国家经济发展和社会繁荣作出更大贡献。

综上所述,随着全球经济一体化的深入推进,跨境电商平台将在未来继续发挥重要作用。然而,要实现跨境电商平台的可持续发展,需要解决存在的问题并探索可行的路径。通过完善法律法规、精准定位市场发展方向、注重品牌化建设、加强网络安全建设营造良好的发展环境,我国跨境电商平台必将迎来更加光明的发展前景。

第三节 跨境电商的支撑体系

一、跨境电商的交易和支付模式概述

下面以杭州跨境电商园区交易模式与支付结算模式为例进行论述。

1. 出口交易模式与支付结算模式

杭州跨境电商园区的出口模式主要有以下几种。

一是,一般出口模式("9610"一般出口,以下城园区为例)。

过去几年,出口跨境电商 B2C 的迅速发展以大量中小卖家的涌现为主要特点,方便灵活、价格相对低廉的邮政小包是大多数中小卖家选择的物流方式(即直邮模式)。邮政小包是跨境电商出口业务中主要的物流方式。

不过随着日单量的逐渐增加,加之邮政小包发货时间长、不经济的缺点越来越明显,海外仓成为越来越多卖家的选择。所谓海外仓,是指卖家在海外建立仓库备货,客户下单后直接由海外仓发货,而不用从国内发货。这种方式具有诸多优点,不仅可以缩短发货时间至3~4天乃至1天(国际物流通常需要一两周的时间,且不包括清关延误等时间),还能拓宽商品门类,如超大件、超重件商品,邮政小包或快件的物流方式满足不了这类商品的运送。

通过建立海外仓,我国的卖家可以在当地提供与本土电子商务一样的服务体验。海外仓的商品销售转化率高于直邮商品。在同类商品中,从海外仓发货的商品销售量是从我国本土发货的商品销售量的3.4倍。并且,海外仓对于提升好评率、提高定价均有明显帮助。使用海外仓是大势所趋,不采用海外仓的卖家将很难参与竞争。

最早的海外仓是一些大卖家尝试建立的自有或共用仓库,发展到现在,市场上已经有数十家能为跨境电商提供专业海外仓服务的服务商。

二是,特殊区域出口模式("1210"一般出口,以下城园区为例)。

从 B2C 到 B2B,看似简单的字母变化,对于企业的跨境电商出口来说意义重大。同时,我国制造业也将在出口业务上,迎来更多商机。跨境电商出口

从 B2C 向 B2B 大货模式延伸,丰富了跨境电商出口模式,对于企业做大跨境电商业务、促进中国(杭州)跨境电商综合试验区快速发展具有特别重要的意义。

2.进口交易模式与支付结算模式

第一,直邮模式("9610",以下沙园区为例)。

直邮模式是先购买再有货,即消费者先通过电子商务平台下单,电子商务平台打包后,通过国际物流等方式将货物发送至杭州跨境电商下沙园区。经过卸货查验、检验检疫环节后,海关工作人员会比对个人物品信息申报单,当货物和申报信息匹配之后放行。和保税模式相比,直邮模式最大的不同之处就是理论上无须仓储,货品种类更丰富,具有个性化。不过同时,直邮模式的收货时间更久,通常从下单到货物送达,消费者需要等待 7~20 天。

第二,网购保税模式("1210",以下沙园区为例)。

来自海外供货商的货物,由海关监管车辆运送到特殊监管区。海关工作人员对照报关单进行查验后,给每件货品贴上专属条码标签,作为商品的唯一"身份证",摆放在保税仓。

一旦有消费者下单,系统生成订单,相关工作人员查验该物品的个人物品信息申报单,该申报单包括订单信息(来自电子商务平台)、运单信息(来自保税仓物流公司)和支付信息(来自支付公司)三个部分。只有当该三个方面信息对碰完成,申报单的各项数据准确无误,且商品顺利通过 X 光查验之后,才算正式通关放行。目前,网购保税模式从下单到收货,消费者一般只需等待 1~3 天,几乎和国内电子商务的购物时间一样快。

未来,下沙园区准备在已有的进口 B2C 模式的基础上,探索进口 B2B 模式;同时利用开发区产业基础及出口加工区政策优势,探索启动跨境出口 M2C(Manufacturers to Consumer,生产厂家对消费者提供自己生产的产品或服务的一种商业模式,减少流通环节,降低销售成本)模式,并探索跨境出口 M2B(Manufacturers to Business,生产商直接面对经销商,是架构在电子商务上的一种新型交易模式,节约厂商销售成本,帮助下游经销商整合采购链资源)模式及特殊监管区跨境网购保税出口等跨境电商新型渠道,将"商品"销往全世界。

二、跨境电商的通关流程概述

跨境电商较之国内电子商务则增加了海关通关、检验检疫、外汇结算、出口退税、进口征税等环节。

根据海关网站显示,跨境电商通关主要包含以下过程。

第一,入关。进入海关特殊监管区等待查验。

第二,普货查验。跨境电商货物进入海关监管仓,等待海关进行查验,核对实际进口货物与报关单所报内容有无错报、漏报等情况。无误后,进入保税仓储存。

第三,理货、油检。货物仓库分为储存区、包装区和监管区三个区域,海关工作人员完成对货物的抽查检验。其中,食品及保健品需送到专业实验室进行成分检验。

第四,"三单对碰"。当消费者在电子商务平台下单后,平台就会生成订单发送到保税仓,同时支付企业发送支付单,物流企业发送物流单;而订单相关数据会传到跨境电商服务平台,服务平台再将数据传输到海关平台。

第五,打包后过 X 光机查验。保税仓按订单打包商品,完毕后送到分拣中心,通过 X 光机进行查验。每一笔订单信息都将被保存,海关的工作人员也会进行现场查验,比对数据、实物等各项信息。

第六,通关放行。海关特殊监管区卡口智能系统将自动识别车号放行。

三、跨境电商的物流模式分析

以杭州各跨境电商园区为典型案例,研究其跨境电商的物流模式。杭州各跨境电商园区的物流、仓储各有优势,其中下沙园区引入网仓科技、费舍尔等大型跨境电商服务企业,实现了仓配一体化,构建了智能物流体系,同时引入了浙江中外运有限公司、EMS、申通、圆通、中通等国内大型物流公司。下城园区除了有各大型电子商务的独立仓储外,还设有公共仓储,为规模尚小或者不想建仓的电子商务企业提供上架、打包等一站式仓储服务,大型物流公司(如邮政、顺丰、DHL 等)与园区建立了战略合作关系;空港园区旁边就是杭州物流转运中心,顺丰、申通、中通、圆通、FedEx、EMS 和中外运等近 20 家快递物流企业的区域性总部均设于此。

跨境电商园区的业务模式主要有网购保税进口、直购进口和一般出口等。无论哪种业务模式,其物流流程都可以分为国际物流和国内物流。

1. 网购保税进口

网购保税进口是保税仓先有货再购买的过程,也就是海外企业将货物海运至国内保税仓库,国内消费者下单后从国内保税仓库发货的过程。国际物流主要是海外企业通过物流公司(如中外运等)将货物海运至中国港口。国内物流包括转关和落地配,转关也可以由单独的物流公司承担,落地配主要由EMS、申通、中通、圆通、顺丰等快递公司承担。

2. 直购进口

如果网购保税进口模式是保税仓先有货再购买,那么直购进口(俗称直邮模式)则是先购买再有货,即消费者先通过电子商务平台下单,电商收到订单后打包发货,通过国际物流(一般是空运)发送至保税仓,再由国内物流进行配送。

3. 一般出口

一般出口模式(俗称直邮出口)是跨境 B2C 模式,海外消费者通过电子商务平台下单,国内商家通过物流运至海外,再由当地邮政或快递公司转送至海外消费者手中。

四、跨境电商海外仓储状况分析

物流问题严重制约了跨境电商的发展,于是多数平台着手改变此困局。海外仓储的建设逐渐被大卖家所追捧,发展到一定规模的电商都已经有相关打算。进口电商天猫国际拟在全球五大洲建仓,京东在俄罗斯和东南亚地区建设 2 个海外仓,洋码头在澳大利亚、美国等国家及地区建 16 个仓;出口电商速卖通已招募 2 000 家海外仓外贸商。

本部分以杭州为典型案例进行跨境电商海外仓储状况分析。根据《中国(杭州)跨境电子商务综合试验区实施方案》浙政函〔2015〕65 号试验区采取"一区多园"的布局方式,建设综合试验区线下"综合园区"平台,通过集聚电子商务平台企业、外贸综合服务企业、电子商务专业人才、电子商务专业服务等,提供通关、物流、金融、人才等"一站式"综合服务,有效承接线上"单一窗口"平台功能,优化配套服务,促进跨境电商线上平台和线下园区的联动发展,打造跨境电商完整的产业链和生态链。

第一,中国(杭州)跨境电商产业园(下沙园区)。园区所在钱塘新区前身是杭州经济技术开发区,是 1993 年 4 月经国务院批准设立的国家级开发区。该园区于 2014 年 5 月 7 日开园,是全国首批集网购保税进口与直购进口业务于一体的跨境电商试点区,综合业务量名列全国前茅。

第二,中国(杭州)跨境电商产业园(下城园区)。园区业务包括一般出口和直购进口。该园区于2013年7月开园,首创了"一次申报、一次查验、一次放行"的"三合一"模式,大幅提高了通关效率。

第三,中国(杭州)跨境电商产业园(空港园区)。园区于2015年2月开园,业务包括网购保税进口和直购进口。根据规划,空港园区将通过3~5年的努力,成为中国(杭州)跨境电商综试区建设的主阵地,乃至全国跨境电商的集聚区和示范区。

第四,中国(杭州)跨境电商产业园(临安园区)。园区从2015年5月开始筹建,经过前期的土建、评审、设计,到中期的首批企业招租、服务、装修及公共区域的完善,于2015年8月11日正式开园。园区一期总建筑面积达1.8万平方米,园区二期计划建设面积达57万平方米,现入驻企业60余家。临安园区致力于成为集跨境电商公共服务、培育培训、仓储物流、会议交流与一体的智能化、现代化跨境电商园区。

第五,中国(杭州)跨境电商产业园(江干园区)。园区于2015年10月20日正式开园,是综试区首批扩容的线下园区之一。园区一期面积为2万平方米,已拥有贝贝网、酷云科技等跨境电商企业100余家,着力成为一个以跨境电商产业为核心,以龙头和品牌型总部企业为重点,以专业服务商为支撑的国内一流跨境电商产业专业园区。园区位于杭州城东、杭州钱塘智慧城核心区块内。

第六,中国(杭州)跨境电商产业园(富阳园区)。园区以"一园多区,多点覆盖"的发展格局,先期重点建设东洲新区、银湖新区两大跨境电商产业园。目前园区总规划面积为11.3平方千米,其中银湖新区产业园为3.8平方千米、东洲新区产业园为7.5平方千米。

第七,中国(杭州)跨境电商产业园(拱墅园区)。拱墅园区的宗旨是致力于成为标杆性跨境电商生态园区;运营理念为一个平台、两个大厅、三个中心和四个单元,其中一个平台指跨境电商综合服务平台,两个大厅指跨境电商展示大厅、跨境电商服务大厅,三个中心指人才培训中心、创业孵化中心、社群交流中心,四个单元指公共服务单元、第三方服务商单元、小微孵化单元、成长型企业单元。

第八,中国(杭州)跨境电商产业园(桐庐园区)。桐庐园区于2016年12

月正式通过杭州市跨境电商综试办批复设立。园区位于杭新景高速桐庐出口、杭黄高铁桐庐站附近,即桐庐县城中心位置。目前,桐庐园区内设有海陆跨境电商产业园和桐君跨境电商众创孵化园两个分园区。其中,海陆跨境电商产业园总建筑面积为5.6万平方米、桐君跨境电商众创孵化园总建筑面积为2万平方米,两园区已入驻跨境电商及产业链企业50多家。

第九,中国(杭州)跨境电商产业园(余杭园区)。余杭园区从空间布局、区域特点、产业发展上整体规划,围绕传统供应链和阿里巴巴总部的优势,由临平创业城、良渚文化城、未来科技城三个跨境电商产业园组成。园区总规划面积为11.51平方千米,总建筑面积为22.4万平方米。其中,临平创业城核心区为7.17平方千米,建筑面积为8.8万平方米,包括华星正淘跨境电商产业园及邮E邦跨境电商产业园及临平新城永安金鑫、麦道、CBC等楼宇;良渚文化城核心区为1平方千米,建筑面积为5.6万平方米,包括良渚亿丰时代大厦等区块;未来科技城核心区为3.34平方千米,建筑面积为87万平方米,包括华立创客社区、E商村、梦想小镇等区块。

第十,中国(杭州)跨境电商产业园(建德园区)。建德园区于2016年6月30日正式开园,位于建德市中心城区雅鼎路666号,总建筑面积为5.37万平方米,分两期建设,首期面积为3.5万平方米。园区不仅提供规范和高标准的商务、办公、仓储、商业生活配套等硬件设施,更重要的是整合了行业板块、产业链资源,提供了创业孵化、电商培训、人才服务、电商运营服务、互联网金融、O2O展示体验、网货分销体验、仓储管理、快递物流等一体化的全产业链服务,致力于打造区域领先的智能化、生态化跨境电商产业园。

第十一,中国(杭州)跨境电商产业园(西湖园区)。西湖园区于2015年12月16日试运营,于2016年9月29日正式开园。园区围绕"一核多点"建设发展,总规划占地面积为1平方千米,其中核心区规划建筑面积为14.5万平方米,一期已启动面积为3.6万平方米。西湖园区未来将推动跨境电商自由化、便利化、规范化发展,打造成集跨境电商企业、电子商务平台、外贸第三方代运营、第三方支付、跨境供应链及物流服务、供应链金融、跨境法律及商标服务机构等于一体的园区,集聚产业链,同时设立中宙·信天翁跨境电商众创空间和跨境电商自创品牌区,培育孵化跨境电商创新型企业,实现西湖制造向西湖品牌的转型。

第十二,中国(杭州)跨境电商产业园(萧山园区)。萧山园区采用"政府主导、企业运作"模式管理运营,总体规划面积达26万平方米。园区充分发挥萧山区制造业产业基础优势和园区管理团队多年的跨境电商经验和资源,在萧山开发区信息港小镇的整体规划下,本着"一心一园一基地,多点发展"的战略定位,即市北区块(金一路37号)发展跨境电商办公产业园,桥南区块(鸿兴路109号)发展跨境电商仓储配运基地与周边创客新天地、女装城、珠宝城及浙江邮政基地等形成多点联合,利用B型保税区、陆路口岸和铁路贸易的优势,着力引入跨境电商大型平台服务商。

跨境电商有B2B、B2C、C2C、B2B2C等多种交易形态。中国(杭州)跨境电商综试区目前主要应用的是B2C(商对客,即商业零售)交易形态,主要有四种模式。

第一,一般出口"9610"。通俗来讲,采用"清单核放、汇总申"的方式,将货物通过国际邮包、快件运送出境。

第二,特殊区域出口"1210"。把商品按一般贸易形式出口到海关特殊监管区,如保税仓里,先整体退税,然后分批出运。

第三,直邮进口"9610",即所谓的"海淘"。

第四,网购保税进口"1210"适用于试点城市,"1239"适用于非试点城市。也就是说,根据市场的预判,平台先采购货物,再放到保税仓里,然后根据接到的订单,向全国消费者发货。

第四节 跨境电商综试区评价体系

一、评价体系构建

跨境电商迅猛发展的同时,新问题层出不穷,其所涉及的交易、税收、电子支付、消费者权益保障等一系列问题对电子商务法律体系的建立和完善提出了更高的要求。对于跨境电商业,目前已经有《中华人民共和国电子商务法》等几部相关法律法规,对于跨境电商涉及的交易、税收及消费者权益保障等方面已有专门的规范和标准。另外,对于不同的电子商务经营者重点关注的诸如法律管辖冲突、隐私权与消费者保护问题,电子商务交易平台的法律责任问题,跨境电商兼并收购的法律问题等,未来有极大的立法空间。

根据政府工作实践,宏观政策包含减税降费、政府采购引导、产业配套及制度标准制定等。在跨境电商发展的过程中,政府可以为企业提供与产业发展相关的硬件条件,比如对供应链中的物流网络及物流设施进行系统性的规划,为相关大型项目的建设提供财政补助及政策辅助。在产业政策的刺激下,企业的营业收入能够快速增加。

为进一步激发消费潜力,满足国内消费者日趋多元化、个性化的消费需求,国家有关部委延续和完善了跨境电商零售进口政策并扩大适用范围,部署推进物流枢纽布局与建设的战略。国家依托跨境电商综试区与其他综合保税区重点发展保税 B2B、B2C 进出口业务,推动企业、行业发展,同时通过政策引导、环境氛围营造构建起了跨境电商生态的支撑体系。

在这一大背景下,国内消费者逐渐适应在跨境进口电子商务平台中通过跨境电商企业、平台和支付、物流服务商所提供的优质服务来满足自己的个性化、差异化需求。

基于上述思考,遵循综合评价指标体系设计的原则,本书构建了包括跨境电商覆盖面、跨境电商渗透率、基础能力、生态潜力四个维度的指标体系(表2-1)。

表 2-1 跨境电商综试区综合发展水平的测度体系及指标权重

指 标	一级指标	指标解释
跨境电商覆盖面	核心指标	从广度上反映了跨境电子商务对该地区产业的影响程度
跨境电商渗透率	核心指标	从深度上反映了跨境电商对该地区产业的影响程度
基础能力	进出口总额	一般贸易与跨境电商交易总额
	跨境电商企业数量	体现了该区域从事跨境电商交易的企业规模
	跨境电商交易额	说明了该地区跨境电商的基本发展状态
	跨境电商产业规模	说明了该地区跨境电商的产业支撑力度

续表

指　标	一级指标	指标解释
生态潜力	跨境电商创新能力	说明了该区域跨境电商创新的活跃程度,可以新产品、新服务、新模式的数S来衡量
	跨境电商生态发展水平	体现了该区域跨境电商生态的布局状况,包含平台制造、设计、金融、物流、运营、营销、其他服务商等
	跨境电商人力资源水平	体现了该区域跨境电商人才从业数量和状况
	与跨境电商相关的政策、法规的创新内容	说明了政府的政策创新强度,以及对跨境电商的扶持力度

其中,跨境电商覆盖面立足于宏观角度,反映当前跨境电商综试区发展的广度状况。跨境电商渗透率立足于纵向角度,反映当前跨境电商综试区发展的深度状况。基础能力,基于总量(规模)指标,反映当前跨境电商综试区发展的基本状况。生态潜力则立足于地区视角,从区域的跨境电商创新活跃程度、跨境电商生态发展状态、跨境电商人力资源水平及政府政策创新、扶持效率等角度综合反映综试区进一步发展的潜力。

目前,由于国家鼓励跨境电商企业快速发展,除了适用一般贸易领域的出口退税、研发费用抵扣、产业园租金补贴、各类工商注册登记费用减免、人才引进费用补贴等优惠政策外,在部分地区具体的扶持配套举措还包含或新出台了增值税(VAlueaded Tax,VAT)无票免税措施、通关便利化措施、收结汇便利化措施等利好政策。这些因素可视为与跨境电商相关的政策、法规的创新内容数。

跨境电商交易额是按照海关口径统计、商务部口径统计,还是按照综试区自证交易口径统计,是需要各地统一标准的。

二、应用价值

由于综试区主要是通过政府监管与服务加快跨境电商发展,针对全国跨境电商综试区外贸基础不同、互联网环境不同、政策扶持力度不同等诸多问题,跨境电商覆盖面、渗透率测度算法的建立,应用价值体现在以下几方面。

第一,有利于各地跨境电商综试区拥有统一的、标准化的评价指标,为发展不平衡的各地跨境电商综合试验区,提供一个起点相对公平的参照体系。

第二,有利于各地政府明确跨境电商综试区的发展方向,聚焦工作重心,优化行政资源配置。

第三,有利于国家评估各地跨境电商综试区建设进展,为下一步工作部署提供决策依据。

第三章　跨境电商发展策略

第一节　跨境电商的营销战略

一、跨境电商的定价策略

一般而言,在跨境电商平台,对排序起着重要影响的两大因素分别是销量和关键词。而影响销量的最关键因素在于价格。讲价格之前先解释以下几个名词。

上架价格:即产品在上传时所填的价格。

销售价格/折后价:即产品在店铺折扣下显示的价格。

成交价格:用户在最终下单后所支付的单位价格。

这几个价格直接的联系为:

销售价格=上架价格×折扣

成交价格=销售价格-营销优惠(满立减、优惠券、卖家手动优惠)

如果搞清楚这几个价格的关系,那么我们就可以有针对性地对不同定位的产品采取一样的定价策略。

1. 狂人策略

狂人策略,指研究同行业卖家、同质产品销售价格,确定行业最低价,以最低价减(15%)为产品销售价格。用销售价格倒推上架价格,不计得失确定成交价。

这样,上架价格又可以两种思路来做。

(1)上架价格=销售价格/(1-15%)。此策略费钱,可以用重金打造爆款,简单、粗暴、有效;但不可持续,风险较大。

(2)上架价格=销售价格/(1-30%)。此策略微保守一些,可以通过后期调整折扣来让销售价格回到正常水平。

两种定价思路都可以在15%折扣下平出或者略亏,作为引流爆款。

2. 稳重策略

比较稳妥的方式是通过计算产品的成本价,根据成本价+利润来确定产品的销售价格。

产品的销售价格确定后,根据店铺营销的安排,确定上架价格。

例如:产品成本是3美元,按照速卖通目前的平均毛利润率(15%),还有固定成交速卖通佣金费率5%,以及部分订单产生的联盟费率3%~5%。我们可以推算。

销售价格=3÷(1−0.05−0.05)÷(1−0.15)=3.92(美元)

再保守点,销售价格=3÷(1−0.05−0.05−0.15)=4(美元)

其中,5%的联盟佣金并不是所有订单都会产生,但考虑到部分满立减、店铺优惠券、直通车等营销投入,以5%作为营销费用,基本没有差错。

当然,其中还可以加入丢包及纠纷损失的投入,按照邮政小包1%的丢包率来算,又可以得到。

销售价格=3÷(1−0.05−0.05−0.01)÷(1−0.15)=3.96(美元)

再保守点,销售价格=3÷(1−0.05−0.05−0.15−0.01)=4.05(美元)

得到销售价格后,需要考虑该产品是通过活动还是作为一般款来销售。假如作为活动款,那么,按照平台通常活动折扣要求按40%来计算。

上架价格=销售价格÷(1−0.4)

平时40%的折扣,活动最高可以到50%。

3. 作为一般款销售

上架价格=销售价格÷(1−0.3),平时30%的折扣。

建议折扣参数不低于15%,因为平台大促所要求的折扣不高于50%,折扣过大容易产生虚假折扣的嫌疑。而根据速卖通官方的统计,30%左右的折扣是买家最钟情的,属于合理预期范围。

对于50%折扣的活动要求,基于以上定价的模式,基本上相当于平出,不会亏本或者略亏,假如客户购买两个及以上,就可以赚到一笔。

二、跨境电商的报价策略

1.报价前充分准备

一方面,对客户潜在的购买意愿进行综合预测与分析,在整体上把握客户的真正需求,设计出切合实际的报价单。部分客户在参与商品贸易时更看重优惠,如果可以在价格上给予适当的优惠,那么最终获得订单的概率就会大大增加。

另一方面,注重对市场的调研和考察,实时关注市场的发展动态。随着市场信息透明度的不断提高,市场价格长期处于动态变化之中。也就是说,站在出口商的立场,应基于当前的市场行情来确定价格,真正做到"随行就市",只有这样才能增加交易成功的概率。

根据以往的经验,业务人员会前往一线工厂来搜集货源,他们是最了解当地厂家卖价的人。此外,某些公司一直以来都致力于单一品种商品的生产和销售,在行业发展历史了解方面有着一定的话语权,他们最关注整个行业的价格变化情况,可以根据自身的经营和管理经验来对接下来一段时间的市场走势进行预测和分析。

2.选择合适的价格术语

价格术语是报价的关键。究其原因,主要是因为选择怎样的价格术语直接影响着买卖双方接下来的责权划分结果,也是关系双方利润分配的重要因素。因此,出口商在确定报价前通常会在满足客户需求的同时,选择最优的价格术语,以此作为报价的参考依据。

FOB,也叫作离岸价。基于离岸价来开展商品贸易的情境中,买方的主要任务在于安排船只等交通工具来接运货物,而卖方则需要严格按照签订的合同来装货,与买方进行密切的交流和沟通。以 FOB 价来成交的方式,能够降低运费和保险费等不稳定因素对交易所带来的负面影响,但在某些方面也会导致买卖双方陷入被动。举例来说,因进口商延迟安排船只接收货物的时间而导致装船期出现延迟的情况,此时出口商的各项费用支出会在原有的基础上有所增加,或是造成贷款利息等方面的经济损失。作为出口商,在货物装船以后很难再通过转卖货物等方式来进行补救,即便要强行补救也会面临诸多困难。

CIF,也叫作到岸价,也可称之为"成本、保险费加运费"。假设以 CIF 来出口商品,那么相关的船货衔接问题就能被有效解决,从而让出口商在交易方面有更多操作和转圜的余地,是提高贸易灵活性和机动性的常见策略。通常来说,假设出口商交运的货物不存在任何问题,那么进口商没有理由拒绝付款。

只要货物过船舷,哪怕在付款时出现货物损坏或灭失等情况,进口商也要严格按照合同约定来支付货款。简而言之,以 CIF 成交的情况下,出口合同可以体现"单据买卖"合同的基本特征和作用。作为出口商,既要确保货物的质量和数量,也要按照合同约定将货物完好无损地交付给购买方。

作为买卖双方,应采取措施来控制各贸易环节的风险,从而确保贸易利益和利润。部分实力雄厚的跨国公司更倾向于以 FOB 来成交,意图牢牢掌握货物价格和风险的控制权。向日本等国家出口的货物通常都以 FOB 成交,虽然出口商在其他条件方面会提供适当的优惠,但整体的价格条件并不会发生明显的变化。因此,作为出口商,在报价时应切实考虑各种因素。

就目前而言,商品的出口利润普遍较低,因此大多数出口商都会在各个贸易环节节省开支,确保利益的最大化。国内的部分出口企业在商品出口贸易方面积累了丰富的经验,整体上可以获得较高水平的利润。在他们看来,对外报价应按照先报 FOB 再报 CIF 的顺序来进行,只有这样才能有效降低商品出口的风险,还能为买家提供不同的选择,并在这个过程中赚取差价。

3.利用合同其他要件

关于合同的其他要件,指的是保险规范、付款方式、货物交付的期限以及货物装运的要求等。价格对于货物的成交有着重要的影响,但作为出口商应充分利用合同的其他要件来与客户进行沟通,从而在价格上获得更多的选择。

此外,买家的购买力、性格、商品的功能以及出口地的特点等因素也会对最终的报价产生一定程度的影响。一些客户通常会把价格当成成交的主要考虑因素,谁给的定价越低就会购买其提供的商品。部分客户很喜欢讨价还价,不管你报出怎样的价格,他们都会尝试在目前定价的基础上来砍价。因此,在首次报价时应适当预留可能被砍的幅度。

某些产品在行情低迷的形势下,考虑到抢占市场份额,可直接给出最低价。服装类商品有着显著的季节性特征,在报价时如果能够保证交货期,必然会增加成交的概率。

商品销售的淡旺季、订单量等因素是影响报价策略制定与调整的重要因素。虽然公司生产的产品有着不同的品种和规格,但会根据国别和市场差异来确定统一的价格,由此一来在回复外商查询时就变得更加便捷和高效,同时也会按照季节情况来作出调整。

4. 以综合实力取胜

行业内的专业人员表示,产品报价非常注重专业性。在报价时尽量提及一些专业性较强的问题,从而展现自己的专业和规范。产品报价既要将客户的信誉考虑在内,也要在产品和质量等方面严格把关。在吸收新客户的过程中,应向客户展示自己的实力和优势,可以邀请客户到工厂进行参观,从而增加客户下单的概率。

此外,面对一些经验丰富的外商,应适当拔高报价。究其原因,主要是因为过低的商品报价会让客户质疑你的专业性和可信度。一旦外商对你提供的报价失去了兴趣,后续的下单就无从谈起。也就是说,报价在某种意义上能够反映出你是不是行家的相关信息。

在报价前,可邀请新客户前往公司的工厂进行参观,让他们了解公司的综合实力,从而增加下单的概率。如果在产品和质量等方面有着足够的自信,那么客户下单必然是水到渠成。大多数情况下,一些外商会对不同商家提供的报价进行对比询盘,但他们更为在意的往往是公司的整体形象和行业口碑。由此可见,好的公司形象和行业口碑才是吸引客户的有力支撑。

三、跨境电商的渠道策略

全渠道运营是当前市场行业背景下最适合跨境电商的经营策略。作为电商公司,应基于现实发展概况来寻找适合自身的发展路径,明确今后的发展方向和目标。

跨境电商渠道的类型主要包括以下三种。

(1)第三方平台模式。以速卖通、亚马逊等最具代表性。应该关注的一点是,国外也有类似中国淘宝、京东等的电商平台,它们在商品定位和报价等方面有着更多的选择,如 newegg、ebags、etoys 等。如果是新入行的公司,可将此类渠道作为首选。

(2)分销模式。分销模式非常注重产品营销战略的调整和优化。除了要解决电商销售端的各种问题以外,还要关注供应链各个环节的监督和运营,有效规避影响工厂运营和发展的障碍点。在这种情况下,可先完成小步的转型,然后与跨境电商大卖家展开合作,进而实现战略的转变和调整。

(3)自建商城模式。就部分有着品牌梦的从业者而言,应通过自建商城来实现自己的梦想。平台在综合考虑各种影响因素的前提下,会设置不同的规则,导致外贸工厂无法与其节奏保持一致,从而抑制这一类电商渠道策略的实施。

第二节 跨境电商客户关系管理策略

客户关系管理的理论源于西方的市场营销理论,最早产生于美国并得到发展。在市场营销中,为了使顾客满意,企业必须准确掌握顾客的各种信息,把握顾客的各种需求,适应个性化的需要,提供更便捷的服务。20世纪90年代以后,伴随互联网和电子商务的大潮,客户关系管理不断得到提升和完善。

客户关系管理的概念,从不同的角度出发有不同的理解。结合营销理念、业务流程和技术支持三个方面的特点,可将客户关系管理定义为:客户关系管理是现代信息技术、经营理念和管理思想的结合体,它以信息技术为手段,以客户为中心,对业务流程进行重新组合和设计,形成一个自动化的解决方案,以提高客户的忠诚度,最终实现效益的提高和利润的增长。

该客户关系管理的定义满足了以下几点要求。

(1)比较全面地概括了目前企业界和理论界对于客户关系管理的各种认识和思考。

(2)比较系统地反映出客户关系管理的思想、方法和应用各层面的内容。

(3)比较科学地界定客户关系管理的应用价值。

客户关系管理所要追求的是顾客价值和关系价值之间的平衡,以实现价值的最大化。一方面,通过实现顾客价值提高顾客的满意度,促进其对供应商的忠诚,进一步增加该顾客的关系价值;另一方面,通过对关系价值的管理,企业将资源和能力集中在关系价值最高的顾客身上,为其提供高质量的产品或服务,满足其需要,进而实现顾客价值的最大化。信息技术支持了顾客价值最大化和关系价值管理这两项活动。

一、跨境电商客户关系管理的作用

网络时代的来临,客户关系管理给企业带来了前所未有的机遇和挑战,互联网上巨大的在线客户资源是未来企业赢得竞争优势的重要资源,对在线客户价值的管理势必成为企业未来的核心任务。在线客户价值的管理对企业的发展主要有以下两个方面的作用。

1. 整合在线客户资源,从而为客户提供更快、更周到的优质服务,提高客户满意度,吸引和维护更多高质量的客户

如何使客户满意并成为忠诚客户,是企业盈利的核心问题。在线客户时代,客户的需求更加个性化,更加多变,企业面临着产品与服务的快速更新换代,如果跟不上客户的需求,就会失去客户。在线客户价值管理就是要对在线客户的信息进行全面整合,了解他们的需求。它贯穿于企业的各个部门、各个层次的各项管理活动中,从而为客户提供更快速、更周到的优质服务。无论客户采取什么途径和企业联系,企业的各个部门都知道客户寻找的目标、购买习惯、付款偏好和最中意的产品等。客户的信息都在掌握之中,就可以通过区别化对待不同的客户来实现企业利润的最大化。

2. 降低企业的运营成本与客户的交易成本

实施在线客户价值管理后,企业将对客户需求和自身有进一步的了解,从而实现企业资源的整合,企业管理过程的规范化,企业员工客户服务意识的增强,企业创新能力的提升。这些将大幅提高企业的运作效率,降低企业的运营成本与客户的交易成本,扩展企业的营利空间。

二、跨境电商客户的特点

互联网和电子商务行业的发展对电商行业来说,既是机遇,又是挑战。面对新的机遇和挑战,要抓住发展的战略机遇期,迎接面临的挑战。在竞争日益激烈的电子商务行业,如何紧紧抓住老客户,同时发展新客户,是每个电商企业都要认真思考的问题。有效识别潜在流失客户,进行自我完善,判断挽回的价值及可能性,进而采取相应措施,留住价值大的老客户,尽量减少损失,实现利益最大化,实现企业的发展。

与传统商务模式下的客户相比,由于在线客户所处的特殊消费环境和具有的特殊消费方式,使其呈现出许多有别于传统客户的新特点,主要体现在以下方面。

1. 在线客户进行在线消费不受地域限制和消费时间的影响

随着全球网络覆盖率的不断提高,在线客户和网络企业之间实现了互动的"零距离"。伴随电子商务发展而日益发达的物流系统,更使在线客户得到了前所未有的便捷的消费体验。在线客户可以足不出户享受到异地甚至异国的产品和服务,而以往产品因受地域限制而导致的消费时间的滞后性也相应减少。

2. 产品和服务的选择范围更大

由于网络突破了以往消费地域和消费时间的限制,使在线客户在同一时间相对于传统客户有机会对更多不同企业的同一产品进行考量。以往由于企业产品信息和客户消费信息的不对称性,而导致的客户往往只钟情于同一企业的产品和服务的观念正在日益淡化。在线客户对产品和服务选择空间更大,从而导致在线客户对企业忠诚的时效不断减小,流动性增大,在线客户资源的动态变化更加剧烈。

3. 在线购物互动性强

一方面,在线客户与商家互动机会增加。互联网为企业发布产品信息提供了前所未有的高速平台,可以实现企业产品生产和宣传的"零时差",一些电子商务网站具备的社区特性和社会化商务模式,也增加了在线客户与商家之间进行互动的机会。另一方面,在线客户之间相互影响效应更为明显。通过互联网传递网络口碑信息使得商家影响力传播极为迅速,在线客户也更容易相互影响,快速地聚集成独特的网上团购客户群。

4. 在线客户需求具有更强的时效性

在瞬息万变的网络环境中,互联网使信息更新速度不断加快,在线客户的需求也会随着所接收信息的变化而更容易发生改变,这要求在线服务提供商能够更加快速地做出响应。近年来,国内外购物网站大批量消失,导致这种现象的根本原因就是在一定周期内由于客户流失而成为无人问津的"僵尸站"。

5. 个性化需求强烈

网购市场产品和服务的丰富化、多样化和全球化促使消费者不再惧怕商家的挑战,而制定自己的消费准则。在线客户在选择产品和服务时更多取决于个人偏好,在线客户需求更加多样化和个性化。

三、跨境电商客户管理策略

(一)拉力策略

1. 提高网站产品价格的竞争力

不管是实体企业还是电商企业,都非常重视产品的定价。与传统实体商店的经营模式相比,网上商店能够为客户提供更加便捷的商品交易服务,真正打破了商品交易对时间和空间的桎梏,让客户可以获得更多的选择。因此,网站在产品价格方面有着更多的自主选择权。产品的定价需切实考虑诸多因素,比如产品的质量、服务以及客户需求等。站在客户的立场来说,他们都追求物美价廉,在产品质量相差不大的情况下,价格往往在影响消费者交易的因素中占主导。假设产品的定价不具备竞争力,那么网站被淘汰是早晚的事。虽然价格的下调会吸引更多的客户,但从长远的角度来说并不利于网站的持续盈利,还会导致网站后续的产品和服务缺乏足够的市场竞争力,从而加速客户的流失。由此可见,网站在调整价格策略前,应对目前的市场行情展开调研和考察,以市场的基本概况为中心,在控制网站经营成本的基础上,构建科学可行的价格机制。此外,网站应尝试赋予客户了解产品价格优惠的权限,为客户提供差异化的产品和服务,进而提高客户对产品的忠诚度和满意度。

2. 巩固网站安全信任机制

网络市场对比传统零售模式有着更强的开放性和灵活性,打破了传统零售模式对时间和空间的桎梏。消费者在家就能买到心仪的产品,为用户带来了便捷且高效的服务体验。但网络购物会导致资金、用户和产品的时空分离,进而增加交易的风险。由此可见,网络购物的最大问题在于安全及信任。根据相关市场调查结果可知,大多数用户普遍认为,现阶段的网上交易虽然给用户带来了便捷的购物服务,但也存在着一些问题,比如网站的安全性和隐私性。考虑到网络购物的安全问题,网站应基于先进的技术手段和策略来确保网络安全。作为国家,也应结合现阶段的电子商务网站运营情况来为其制定配套的法律法规,通过网络环境的监督和规范来有效消除影响用户网购安全的风险因素。

3. 增强网站品牌效应

大多数用户在网购时仍旧会将品牌商品作为购物的首选,这和传统卖场的购物模式不存在明显的差别。站在网站的角度来讲,需关注产品品牌的建设与维护,有效落实品牌经营策略,增强自身的品牌意识,把品牌建设当成后续工作的重心。网站品牌的建设需切实考虑消费者差异化的服务需求,并摒弃传统的理论主义,构建适合当前市场大环境发展和变化的网站结构。根据数据调查结果可知,大多数男性用户更倾向于通过网络购买体育品牌的服饰,而女性用户的购物类型则更加多元。相比之下,男性用户更在意商品的实用价值,而女性用户则偏向于商品的外观和风格。因此,网络营销应根据男女特点差异为其推荐不同的产品和服务,不仅能增加用户消费的概率,还能增强网站的品牌效应。

4. 实行差异化、个性化营销

随着网络消费品市场的快速发展,产品的质量水平有了长足的提升,而产品和服务的数量也趋于丰富多元。网络用户可根据自身的需求和喜好来选择心仪的商品或服务。大多数网络用户都有丰富的想象力,他们追求创新和变化,对新奇的事物往往表现出强烈的好奇心和求知欲,进而以个性化消费的形态展现出来。他们在选择商品时除了考虑实用价值以外,更在意彰显自己的个性和价值。作为网站,应根据用户的喜好、兴趣和偏爱等来为其提供差异化的产品和服务,制定个性化的营销策略,满足用户的多元化服务需求。考虑到这一点,电子商务企业应尝试根据用户的需求来为其设计产品和服务,吸引更多的消费者前来购买,增加产品的销量,实现企业的稳定发展。

5. 提高网站服务质量

所谓的网站服务可理解为产品的品质和质量保证、回复客户提问的效率、产品配送的速度以及后续相关的售后维修服务等。站在用户的立场来说,他们更在意网络购物的便捷性,在提交订单后他们希望能够在最短的时间内收到货物,这就对产品的物流配送提出了新的要求和标准。此外,售后服务、及时回复用户的疑问等也关系着客户对网站的满意度和忠诚度,这些都是网站运营和发展需要解决的问题。

6. 加强网站数据分析功能

就当前而言,大部分网站仅仅重视网站自身的建设和运营,并未引入先进的数据分析技术和手段来实现对网站数据的整理和分析。但是,在网络持续发展的今天,网站的用户访问量呈现井喷式的增长态势,访客的来源也趋于复杂化,使得网站的网络数据发生本质的变化。作为网站,应尽快引入先进的技术手段来实现对网站运营核心数据的整理、预测和分析,为网站的正常经营和持续发展奠定基础。网站应依托先进的数据分析工具和技术来分析网站用户的类型,整理网站的日常数据,汇总产品的销售信息,然后以此作为定位客户需求的参考依据,为网站的稳定运营和健康发展创造有利的条件,确保网站的各项功能得以充分地发挥。

(二)阻力策略

随着电子商务环境的变化,网站的运营和管理需要制定有效的阻力策略,从而为网站客户的流失建立壁垒。要想达成这一目的,应采取以下的措施。

1. 提高网站客户转移成本,减少机会成本

站在网站客户及网站本身的角度来说,在必要时应考虑转移成本。从网站用户的层面来讲,一旦更换以往的目标网站,那么就意味着要投入更多的时间和精力,同时也会失去在原有网站享受的优惠服务。考虑到这一问题,网站应为用户定制一些专属的优惠服务,或是用多余的积分来兑换各种礼品,或是为用户提供专项的售后服务,通过这些策略和方法来增加客户黏性,提高用户对网站的归属感和忠诚度。

此外,作为网站本身和网站客户,还需考虑相关的机会成本。所谓的机会成本是指作出选择并获得利益后所付出的代价和成本。用户之所以选择网上购物的购物方式,是希望能够获得便捷的购物服务,但也代表着用户在同一时间无法参与实体商店购物活动,可见选择实体商店购物所获得的益处自然而然就成为用户的机会成本,能够让用户真实体验和感受产品,了解产品的质量和功能,并享受由实体商店定制的各种优惠服务。因此,用户购物机会成本的降低会直接导致流失壁垒的增高。作为网站,能够根据用户需要来为其提供各种优惠服务,满足用户的差异化服务需求,让用户感受到来自网站的关怀和尊重,从而提高用户对网站的忠诚度和满意度。

2. 提高网站客户的心理流失成本

心理成本是指因情感因素而促使用户产生的主观上的成本感受,包含预期收益、经济损失以及风险应对的态度等内容。心理成本有着强烈的主观属性,是用户在面临同种交易时产生的流失成本反应。基于网站与用户之间的关系进行分析可知,长期用户对于网站的经营和发展有着更高的价值,可通过一些措施和方法来避免这一类用户的流失。

第三节 跨境电商的品牌策略

跨境电商经过数年的孕育和发展,已经让一部分工厂型的跨境卖家意识到了培养品牌的重要性。供应链管理水平与产品品牌经营能力将成为跨境电商卖家的核心竞争力,就卖家自身而言,品牌化将成为其持续竞争的内生动力。

一、跨境电商对自主品牌培育的带动作用

跨境电商平台作为交易磋商与服务的载体,具有跨空间、跨文化、跨社会心理的特点,在平台各种规则机制的调整下,卖家和买家之间有平等的交易模式,能消除虚假影响,卖家可以更专注于做好产品、营销和服务,从价格竞争阶段,进入差异化品牌竞争阶段,从而推动对自主品牌的培育。

(一)跨境电商对传统贸易流通环节的变革

跨境电商的迅速崛起,加快了全球商品贸易流通的速度,从而有效减少了传统贸易流通的环节,使其产生了重大变革,同时传统的订单模式正在悄无声息地发生着变化:越来越多的大额订单被小额订单所取代。这些小额订单正是小微企业在互联网模式下生存发展壮大的见证。依据我国商务部的统计,2019年我国小微企业在跨境电商平台注册的比例已经达到95%以上,这充分说明跨境电商平台已经成为我国小微企业发展的重要阵地。跨境电商在国际贸易流通环节的优势主要体现在以下几个方面。

1. 跨境电商有效地减少了贸易流通的环节,商品交易的效率不断提高

以国内小微企业生产的商品销售给外国的消费者为例,传统贸易模式是:首先,由国内小微企业制造商生产产品作为起点,再将产品销售给外国的进口商。然后,贸易流通过程中的其他环节,均不由我国国内生产商或出口商控制。后续的营销、品牌培育等过程,由外国进口商、外国批发商以及外国零售商控制,此后基于品牌价值的收益,均由外国的企业所获取。

跨境电商模式是提供多样性的国际流通环节的组织,既可以提供跨境电商平台,直接面对外国消费者,也可以把商品大批量卖给外国网商,即使采用了第一、第二条路径,仍然可以对外国消费者开展营销,培育消费者的品牌忠诚度。由传统贸易和跨境电商贸易的流通环节与过程的比较,可知跨境电商

组织了多种形式的商品传递过程以及直接的信息传递与沟通,从而为品牌营销提供了便利。

2. 跨境电商的贸易模式有效地增强了企业的盈利能力

通过跨境电商平台,小微企业打破了中间商的垄断,消费者可以在互联网平台上挑选适合自己的产品,跨境电商平台已经取代了中间商成为小微企业服务的平台,不断为小微企业提供服务,降低其成本,增加其利润。

3. 小微企业参与跨境电商门槛较低,参与外贸变得越来越容易

某些跨境电商平台在为小微企业提供通关、集货配送等服务时收取较低的费用,这为小微企业在不具备进出口资质的情况下提供高效低价服务作出了重要的贡献。

4. 跨境电商有效强化了小微企业产品的市场定位

发展相对成熟的跨境电商平台有专业的团队对小微企业的产品进行把控和操作,可以有效引导小微企业开展有针对性的创新,帮助其对客户进行精准定位,寻找到真正有需求的客户。

(二)跨境电商背景下发展自主品牌的机遇

各跨境电商企业的品牌发展体系不完善、不成熟是它们所面临的一个重大历史机遇,说明自身的品牌建设空间非常大。在这些跨境电商企业中,有些是依靠自身成长发展起来的知名跨境电商平台企业,也有依托原有品牌发展起来的知名跨境电商企业,但更多的跨境电商企业还是无名之辈,无论是在国际上还是在国内都没有较高的知名度和品牌影响力。因此,以品牌建设谋求长远发展是我国跨境电商企业今后工作中的一个重要发展方向。

1. 以各国政策与平台规则为导向,强化品牌意识

近年来,"品牌出海"成为跨境电商行业的主旋律,各大电子商务平台也将工作重心放在助力卖家实现品牌化上,如"国货之光"计划、"千帆计划""品牌＋计划"等助力具有制造能力和品牌基础的传统出口企业建立品牌效应,有力推动了中小卖家的"品牌出海"。

2. 以产品创新为核心,增强品牌竞争力

在跨境电商的发展初期,传统的"铺货"模式一定程度上能够帮助跨境卖家打开市场,但在自主品牌建设方面存在巨大风险。近年来,越来越多的跨境

电商卖家基于我国供应链资源优势和生产制造能力,不断优化自身的产品。企业与消费者之间的关联是通过产品建立起来的,如何打造产品直接关系到消费者的体验,更是自主品牌建设中的核心动力。越来越多的企业开始打造精品模式,推动自身的产品创新,提升自主品牌的核心竞争力。

3. 以渠道拓展为路径,提升品牌认知度

在跨境电商发展的背景下,企业能够通过跨境电商平台和自有的独立站将产品对接到全球市场,同时借助互联网媒介进行跨媒介的数字化营销。近年来,越来越多的企业基于跨境电商的线上渠道,进一步拓展海外市场的线下渠道;与此同时,多样化的互联网媒介成为企业产品展示和品牌宣传的有效渠道。多渠道的销售模式和多媒介的推广模式逐渐成为跨境电商背景下的企业运营模式,多渠道拓展极大地提升了企业与消费者的沟通效率,优化了产品的服务质量,品牌的认知度也得到进一步提升。

(三)跨境电商自主品牌的成长模式

在跨境电商环境下,我国企业出现多种自主品牌成长模式。根据典型企业、成长轨迹和发展类型,归纳出四种最为典型的跨境电商自主品牌成长模式,包括产品品牌成长模式、品类品牌成长模式、渠道品牌成长模式和服务品牌成长模式。跨境电商不仅能为产品塑造品牌,还能依托社交形象、传统老字号、区域经济及传统专业市场等培育国际品牌。

1. 跨境电商产品品牌成长模式

跨境电商产品品牌是指企业以产品创新为核心,不断提升产品品质,完善产品功能与设计,在优质产品迭代的过程中打造自主品牌,从而形成以产品优化为特征的跨境电商自主品牌成长模式。采用该模式企业的特点是有很强的产品研发和设计能力,产品的最小存货单位(SKU)相对比较少,如安克创新,主要生产移动电源、充电器、蓝牙外设、数据线等智能数码相关产品,用技术创新来满足消费者对于产品品质、功能、设计等方面的需求,以产品创新来提升安克品牌在国际市场上的竞争力,从而在北美、日本及欧洲市场实现自主品牌的快速成长。

2. 跨境电商品类品牌成长模式

跨境电商品类品牌是以生产或销售与某垂直类别相关的产品为主的品牌。采用该模式企业的特点是产品的类别比较聚焦,核心优势是深耕垂直行业供应链和用户深度运营。但在这一类别中,要提供比其他百货渠道更丰富、更全面和更专业的选择。在跨境电商背景下,企业借助新型贸易模式和互联网媒介,根据海外消费者的需求,设计、生产对应的上下品类产品,从而打造自有品牌。如SHEIN服饰精准把握海外消费者需求,以休闲时尚风格女装为主要产品,通过品牌化运营,打造跨境电商的快时尚自主品牌成长模式,业务范围辐射到美洲、欧洲、亚洲、大洋洲和非洲等市场,在全球范围内拥有上千万粉丝。

3.跨境电商渠道品牌成长模式

跨境电商渠道是指企业在海外市场搭建的跨境电商平台借助跨境电商模式对接国内供应商和海外消费者,即通过平台建设与运营,满足海外消费者的购买需求。采用该模式的企业围绕购买过程和用户体验,提升平台的服务质量和水平,打造跨境电商平台的渠道品牌。

4.跨境电商服务品牌成长模式

跨境电商服务是指在企业与海外消费者进行跨境电商交易的过程中,服务于整个过程的支撑环节,如支付、物流、法律等。跨境电商的服务质量直接影响海外消费者的购买体验,服务品牌的打造关系到跨境电商交易过程的效率和质量,如连连支付面向跨境电商企业端,为全球跨境电商中小企业提供优质、高效的服务,占据了跨境收款市场,并逐渐形成跨境电商的服务品牌效应。

二、跨境电商的品牌建设路径

随着跨境电商的快速发展,外贸企业迎来了属于自己的春天,跨境电商有利于此类企业减少风险与成本,从而创建更多优秀的民族品牌。

比如,Anker移动电源产品,当该产品为3 000毫安时,其售价大约是121元,成本21元,用户评价量有1 550个,分值平均为4星半。通过研究与总结得出,跨境电商品牌发展途径包含这些方面:

(1)注册目的国品牌。通常境外注册品牌需花费800~900美元,投资不大,品牌发展之路可能充满坎坷,但是总算有参与的条件与基础了。

(2)给自己的产品取一个好名字。当企业在电商供应链上准备还不充分时,可以通过分销的方式,为跨境电商供货;收益是多还是少,先不说,首先要为自己的产品取一个响亮的名字。

(3)努力创建良好的线上品牌。通过我国在制造领域的实力,结合对目的国客户的分析与认知,不断努力,向消费者提供高质量产品。这时,需适当展开一些社会性网络营销(Social Networking Services,SNS),以显著增强自己的品牌影响力,增加客户黏性;或者努力构建一个团队,设法建立跨境电商B2C站点,挖掘有效的渠道,从而为塑造优秀品牌夯筑坚实底座。

(4)关注线下渠道,塑造自己的品牌。随着线上营销的逐步开展,经验越来越丰富,积累了相应数量的品牌粉丝,数字商誉逐渐形成,在此过程中,国内供应链电商化能力得到了一定程度的提升,一些条件较好的企业,根据自身现状,设立了海外设计开发团队。

三、跨境电商的品牌定位

品牌就是消费者对产品和企业的感性和理性认知,但是不等于产品企业不需要制订品牌定位,而是要知行合一,也就是品牌要言行一致。只有这样,才能让消费者以你期望的方式看待你,才能在市场上众多挑选中选择你。再小的企业,也要有自己的品牌。这一点,国内和国外都是一样的。

一个跨境电商企业如何快速打造自主的品牌,品牌定位是很重要的。在确定电商的品牌定位之前,我们研究的目标市场需要回答以下问题。

(1)什么情况下能引起消费者对产品的需要及购买?

(2)产品的具体特征是什么以及处在哪个商品类目?

(3)在消费者的认知里,你所在的产品市场的领导者及竞争者所占的市场份额是多少?

(4)消费者喜欢和不喜欢的产品是什么?

(5)有没有市场缺口,你的品牌是否可以填补?

根据以上几个问题,下面给中小型跨境电商提供几个有效的品牌定位策略。

1. 成为品类第一

比如,lotsofbuttons.com 的品牌定位策略是成为全球最大的在线纽扣商店。lotsofbuttons.com 是中国香港的一家垂直时尚跨境电商企业,凭其超全的品类,数量之最,还提供各种类型、大小、形状和设计,采购成本低,总部地理位置优越,可满足世界各地客户的需求,使之在消费者认知里成为第一。

2. 找到对立面(是什么,不是什么)

对立面品牌定位,就是相对或相反。是什么,不是什么。比如,是年轻人用的手机,不是老年人用的手机;是男人袜,不是女人袜等。

第四章　跨境电商物流发展

第一节　跨境电商物流概述

近年来,随着全球跨境电商的发展,跨境物流行业的发展遇到前所未有的机会,但从我国的跨境电商行业发展来看,跨境电商物流企业面临巨大的机会,同时,挑战与风险也并存。

跨境电商是互联网与进出口贸易的融合。广义的跨境电商是指分属不同关境的交易主体,利用电子商务平台进行商品展示、达成交易、进行跨境支付和跨境物流运输并完成交付的一类交易方式。狭义的跨境电商一般特指B2C零售业务。

跨境电商物流成本直接关系到跨境电商的销售成本,跨境电商物流送达范围的广度决定跨境电商的销售地域,跨境电商物流的通畅度和时效性反映了跨境贸易的便利度和客户的体验感。跨境电商物流包含了境内配送,跨境运输,境内外仓储,境外本地配送、退换货、退运等多元化的服务,成为跨境电商链条上的交付环节,整合传统国际(地区间)物流的各种模式,为碎片化订单量身定制了基于传统物流又不同于传统物流的商品跨境传递的方式。

为适应碎片化订单的高速增长,中国海关进行了监管创新。海关针对跨境电商B2C业务推出的"三单对碰"模式,为海关通关监管提供了依据,提高了通关效率,成为各国(及地区)海关针对跨境电商B2C业务的监管模板。跨境电商物流随着各国(地区)监管制度的完善和创新,在通关日益便利化的同时正引领跨境电商更加本土化、规范化、合规化发展。国际物流业正迎来一个新的发展阶段——跨境电商物流时期。

一、跨境电商物流的定义

跨境电商物流是指位于不同国家或地区的交易主体通过电子商务平台达

成交易并进行支付清算后,通过跨境电商物流送达商品进而完成交易的一种商务活动。

狭义的跨境电商物流是指将在零售电商平台上成交的商品从卖家所在国(地区)送达不在其同一关境的消费者的方法和过程。广义的跨境电商物流包含了所有通过跨境电商平台成交的批发和零售的商品从卖家所在国(地区)送达其不在同一关境的买家的方法和过程。

二、跨境电商物流业的范畴

跨境电商物流涵盖了通关、仓储物流、快递业务、国际(地区间)货运业务、邮政业务等传统国际物流环节,并叠加 OMS(订单管理系统)、TMS(运输管理系统)、WMS(仓库管理系统)等 IT(互联同技术)系统,在提升各方关系的融洽性的同时,逐步实现业务网络化、运价产品化、服务标准化、仓储自动化、过程数字化、流程可视化、交付可追踪化的目标。物流供应链从服务传统贸易中的大型企业发展到服务中小跨境卖家,并且物流供应链的提供方也不再局限于物流企业。

三、跨境电商供应链与跨境电商物流

(一)跨境电商供应链

供应链(supplychain)的概念于 20 世纪 80 年代提出。1992 年,约翰·K.尚克(John K. Shank)和维贾伊·戈文达拉扬(Vijay Govindarajan)提出价值链应该涵盖"从最初供应商提供所需的原材料到最终将产品送达用户的全过程"。《中华人民共和国国家标准:物流术语》(GB/T18354—2021)中将供应链定义为生产及流通过程中为了将产品或服务交付给最终用户,由上游与下游企业共同建立的网链状组织。

供应链包括商流、信息流、物流和资金流等。从原材料到中间品、最终产品,再到分销渠道、零售终端,最后到消费者,整体的网络连接功能称为供应链。

商流是一种物资的交易过程,通过商流活动发生商品所有权的转移。商流是信息流、物流和资金流的起点。

信息流是供应商与企业之间的信息流动,包括供应链上的供需信息和管理信息,它伴随着物流的运作而不断产生,包括产品需求、订单的传递、交货状态及库存等信息。

物流是货物流通的全过程,也是供应链的核心环节。该流程的方向是从原材料供应商到制造商、渠道商与物流企业,最后到终端消费者。

资金流是指货币的流通。该流程的方向是从终端消费者到渠道商与物流企业、制造商,最后到原材料供应商。

跨境电商的供应链显著区别于境内电商。跨境电商要受进出口各国(地区)海关、检验检疫等部门的监管,从货源、仓储、物流、通关到消费者终端的供应链链条更长。境内的平台和商家很难将跨境供应链的链条全盘控制。供应链是所有跨境电商企业必须面对的难题,供应链管理系统在跨境电商交易中的重要性尤为凸显。

境内电商的供应链从商品生产到配送的全过程基本均在境内完成,并不涉及海关、外汇等相关问题。随着国民经济水平的提升,越来越多的人愿意通过互联网进行购物,这也促进了我国物流行业的迅速发展。我国的物流企业相较于境外的物流企业来说,起步晚且基础设施落后,运输库存成本较高,专业操作程度较低。

(二)跨境电商物流和境内电商物流的不同

跨境电商物流和境内电商物流相比存在以下不同。

1. 物流环境差异

跨境电商物流面向全球各国、各地区,境内电商物流则只在境内活动。从环境上看,跨境电商物流的环境更加复杂,具有国际性特点。从业务单据上看,跨境电商物流需要准备报关单、原产地单据、产品检验检疫等相关文件,而境内电商物流则只需要一张快递面单即可。从运输货物的类型上看,跨境电商物流运输对于货物的种类限制较多,如液体、粉末等商品在境内电商物流运输中比较常见,但如果这类商品想要运输到境外,则需要提供一系列的认证、审核文件。

2. 业务操作复杂

跨境电商物流需要使用英语或者其他语言制作单据、佐证资料等,因此在业务操作过程中的复杂程度远高于境内物流。境内电商物流的分拣相较于跨境电商物流简单一些,也不用考虑跨境电商物流因产品价值产生的关税问题。因为跨境电商物流需要服务于不同的国家(地区),因此根据不同国家(地区)

的政策要求,跨境电商物流需要有相应的措施。比如出口到美国的商品需要在包装上外贴"MADE IN CHINA"的标签。

3.主要运输方式差异

境内电商物流主要使用卡车来完成境内货物的运输,但跨境电商物流则需要使用海运、空运、铁路运输、公路运输等两种以上的运输方式。比如,一单货物从中国运送到美国,可以通过海运或空运送达美国境内,随后使用卡车派送至目的地。也正是因为跨境电商物流运输方式的复杂性、多变性,使跨境电商物流的丢包率非常高,经济损失大。

4.信息查询沟通差异

境内消费者通过网络购买商品,通常使用电商自建物流或者与电商合作的第三方物流。因此当消费者购买商品后,可以在电商平台物流查询后台或者物流公司的官方平台查询物流状态,也可以打电话直接沟通物流情况。但这些方式应用到跨境电商物流则会存在许多障碍。跨境电商物流的信息通常需要等到货物发出两天后才能查询,且平台后台无法体现精确的物流信息,只能显示货物到达的某个港口。不同平台对物流商的要求也不同,因此,并不是所有的跨境电商物流产品在每个平台均适用。比如亚马逊平台对物流商的认证就有要求,并不是所有物流服务商均可以对接亚马逊的后台。

5.区域分布的差异性

境内电商物流发展至今,已经形成较为全面的物流网络,除偏远地区需要花费较长时间外,经济发达地区的物流便利程度已较高,如江苏、浙江、上海等省市。而跨境电商物流涉及不同国家(地区),物流网络布局建设需要面临不同的政治环境和法律法规的约束,建设难度较大,发达国家(地区)和不发达国家(地区)间的物流差异大。

目前我国跨境电商物流的主要模式有国际邮政小包、国际商业快递、国际物流专线、边境仓、集货物流、第三方物流、第四方物流、海外仓、保税区和自贸区物流等商业模式。

四、跨境电商物流供应链创新发展策略

(一)打造跨境电商国际品牌

打造跨境电商国际品牌,可以借鉴杭州经验。"杭州亚马逊全球开店品牌

50 强"项目引人关注。亚马逊全球开店,在杭州地区面向制造商、品牌商、国内知名电商及具备原创设计能力的新兴品牌企业,优选出 50 家企业,为其提供量身定制、全方位的跨境品牌打造支持。中国(杭州)跨境电商综合试验区大力扶持"50 强企业",帮助企业享受跨境出口电商的优惠政策。

(二)营造跨境电商良好交易环境

这方面可以借鉴深圳市的做法和经验。跨境电商存在国际纠纷解决不畅、市场秩序混乱等问题。深圳市市场监管局制定并发布了《关于促进跨境贸易电子商务市场健康快速发展的若干意见》,对系统建设、标准建设、权益保障、市场监管等方面进行了建设性的创新,形成了深圳跨境交易监管的新模式,促进了深圳跨境电商的健康快速发展。

(三)加大跨境电商人才培养力度

跨境电商校企合作人才培养模式可以实现校企资源共享、优势互补、合作共赢,帮助学生获得更多的实践机会,实现学校人才培养与企业实际需求的融合、有效对接,使企业获得稳定的、专业技能强的人才。例如,广州商学院为了应对跨境电商快速发展对人才培养需求迫切的新形势,积极与企业合作联合培养跨境电商人才,如与广东新航线跨境电商服务有限公司设立"跨境电商订单班",承办广东省跨境电商行业协会高级培训班等,拓宽了学生的国际视野,并使学生掌握了更多的专业技能。

(四)重视跨境电商技术创新,大力发展云服务

跨境电商企业要推进技术转型,打造智能商业体,积极在人工智能领域布局。企业不能依靠打广告战及价格战,忽视技术创新。随着人工智能、大数据、VR(虚拟现实技术)、新零售等新技术、新模式越来越快速地渗入电商行业,5G 时代来临,4 亿中产消费井喷,我国的跨境电商行业已经进入新阶段。

在 2018 中国(杭州)国际电子商务博览会——跨境电商论坛上,PingPong 首席科学家陈鹏发表了主题为《跨境支付技术创新赋能跨境电商行业增长》的主旨演讲。他指出,其实 2C 端优秀的互联网产品具备三个特征:高频、标准化、刚需。高频就是我们每天都会用到很多次,在上面花的时间很多;标准化,它解决的是一个标准化问题,用的是一个标准化产品;刚需就是你一定要用,你不用这家也要用那家。

PingPong 推出了一系列的服务,如光年,把回款周期由最长的 120 天缩短到当天到账。另外一个是 PingPong 一直所坚守的全球合规体系,覆盖全球的合规网络。因为跨境支付是一个需要从端到端的合规体系,PingPong 符合全球五大金融监管体系,在许多地区都有支付牌照。PingPong 建立了全球合规支付网络,拥有九个全球分支机构,符合五大金融监管体系,在全球各地拥有三个全球数据中心。PingPong 在技术上助力中小企业出海体现在以下三个方面:第一,PingPong 在财务方面合规保障中小企业的财务安全;第二,PingPong 通过全球商机大数据去帮助商户对接新兴的平台,使中小商户能够积极扩展他们的业务;第三,PingPong 通过数字普惠金融服务,去帮助电商做到贸易融资或者是做到金融信贷领域。

(五)针对跨境电商制定真正有效的物流解决方案

跨境电商作为现在炙手可热的商业模式,在快速发展的背后,其在供应链的各方面仍然存在着诸多不足之处。时间、成本平衡,供应链效率,供应链可视化等在传统贸易中便是非常重要的因素,在零售业和工业生产业越来越向线上交易靠拢的今天更加显得举足轻重。灵活递送,逆向物流也越来越受到网络购物者的关注。

优质的解决方案能够为企业提供巨大的价值。作为跨境电商物流解决方案的提供者,第三方物流供应商也需要与时俱进,积极开发顺应行业发展趋势的解决方案。随着线上消费者的成长,其关注点也已经渐渐从价格转向对优质服务的需求。更能满足消费者需求的优质服务往往比更低的价格更有吸引力。因此,第三方物流企业一定要以提供优质服务和物流解决方案为发展导向,在与跨境电商的紧密协作中共同发展,才能在未来的市场站住脚跟。目前提供跨境物流解决方案的公司有以下几家。

1. UPS

UPS 的业务最大区域是美国地区,占该公司整体业务的近 90%,欧洲紧随其后。近年来,因为我国的跨境电商业务急速发展,亚洲市场也快速提升。

2. FedEx

FedEx 与 UPS 类似,其业务最大来源也是美国本地,占比近 80%;而与 UPS 不同的是其快递方式主要占比是空运部分,约 85% 的占比都来自空运。

3. Deutsche Post World Net(DPWN)

DPWN 的四大业务板块分别为邮政、快递、物流和金融服务,主要业务市场是欧洲地区,但从其物流板块的业务占比来看,整个欧洲市场的占比 70% 左右,而其他主要市场为美洲等物流发达区域。

4. A. P. Moller - Maersk Group

A. P. Moller - Maersk Group 中文名为马士基集团。该集团于 1904 年在丹麦成立,发展至今在全球 130 多个国家设有办事处,马士基集团被誉为全球性的集装箱运输公司。

(六)构建跨境电商第三方平台

通过构建领先的第三方服务平台,可以设立行业准入门槛,制定跨境电商行业规范;第三方平台可以联合行业内的权威部门通过跨境白皮书或业务指标的形式发布行业标准;对添加到平台的资源进行分类,建立星级评定体系,为行业发展提供优质服务与保障。目前主流的跨境平台有:Aliexpress、eBay、Amazon、Wish 等。

1. Aliexpress

Aliexpress(速卖通)是阿里巴巴国际化进程的战略性平台。

其特点:价格竞争优势明显,B2B、B2C 垂直类销售模式,主要面向企业客户,海外市场集中在俄罗斯、巴西、美国、西班牙和土耳其。

平台优势:可以免费刊登大部分产品类别;不设置起始刊登期限;商户评级制度周期是 2 个月,给企业留足了补救空间。

平台劣势:价格竞争激烈,宣传推广费用高;运营政策偏向大卖家和品牌商。

Aliexpress 适用外贸企业,有自己的产品、转型 B2C 的工厂。

2. Amazon

Amazon(亚马逊)从经营网络书籍销售业务起家,目前商品范围包括全新和二手等数百万种品类的商品。

其特点:Amazon 已经覆盖了全球大部分国家,如美国、英国、德国、法国、西班牙、意大利、印度、日本、加拿大、澳大利亚、墨西哥、巴西等。Amazon 是欧洲各国及美国、加拿大、墨西哥、日本等国的主流网购平台。

平台优势：Amazon 的客户群和流量优势是显而易见的；强大的仓储和物流服务也可以让电商的订单完成得更出色；主要市场在美国和加拿大，但在很多国家都有独立站点，客户覆盖面很广。

平台劣势：企业卖家销售方案需要支付 39.99 美元月租费，且佣金比例不低；对卖家要求比较严格，申请手续复杂；收款银行账号需要注册自美国、英国等国家；卖家必须可以开具发票；同一台电脑只能登录一个账号。

Amazon 适用有稳定可靠产品资源的、财力有一定实力的外贸企业，最好有熟悉亚马逊政策和知识的专业人士。

3. eBay

eBay 在基于互联网社区，为个人和企业用户提供国际化网络交易的平台。

其特点：基本等同于国内的淘宝，平台主要针对 C 端，主要市场在美国和欧洲发达国家。

平台优势：排名相对公正且平台客服支持效率较高；有竞价拍卖和定价两种价格形式；可以销售全新或者二手两种类别；开店门槛低。

平台劣势：开店免费，但上架产品要收费，订单成交的佣金比例也不低，在17%左右；付款方式以 PayPal 为主，有骗单风险；影响平台排名的因素有卖家表现、产品数量、更新速度（频率）和产品价格等。

eBay 适用外贸企业且有一定 B2C 经验的工厂或者品牌经销商。

4. Wish

Wish 平台致力于以亲民的价格提供给消费者优质的产品。

其特点：精准营销，以数据分析为导向，以移动端买家为主，根据客户兴趣推送产品；是唯一的移动端平台。Wish 的主要竞争力就是物美价廉以及精准化营销模式带来的高满意率，这也是平台短短几年发展起来的原因。Wish 用户数已经突破 4 700 万户，对于中小零售商来说，Wish 未来潜力是巨大的。

平台优势：在美国市场拥有较高的人气；精准营销，点对点个性化推送，客户下单率很可观，满意度也很高；上架货品非常简单，主要运用标签进行匹配；利润率非常高，竞争相对公平；Facebook 引流，营销定位清晰。

平台劣势：无法与客户直接沟通；费用较高，物流解决方案不够成熟。

Wish 适用于采用移动终端销售的中小零售商。

(七)大数据推动跨境电商物流供应链发展

推广跨境电商智能供应链物流系统。大数据、自动化、智能化和信息化是现代物流的特点。跨境电商必须适应跨境物流的特点,匹配高效的国际物流体系。应用大数据技术构建一体化跨境物流信息系统。智能供应链需要提高国际物流和跨境电商的协同发展水平。跨境电商企业需要深度挖掘企业内外部数据,发现潜在市场机会,有效地推动企业商业模式创新和战略发展。

(八)强化政府推动跨境电商发展

政府应该主导跨境电商公共服务平台的建设:一方面,为跨境电商产业链中的企业提供服务,如进出口电子商务企业、支付企业和物流企业制造业、仓储企业等;另一方面,为各个政府监管部门,如海关、税务、检验检疫等部门提供信息共享服务,便于各部门联合监管。此外通过建设"单一窗口",可以将不同部门的信息整合、分类和共享,将有助于提高政府监管效率和便利管理。

在跨境电商平台的建设过程中,政府要借助专业的跨境电商公司的力量,给予这些跨境电商公司政策和资金的支持。要营造良好的营商环境,引进跨境电商龙头企业,吸引跨境电商平台进入园区。政府要注重培育本土跨境电商企业,也要大力吸引知名国外跨境电商平台企业,形成良好的有助于跨境电商企业发展的环境,打造跨境电商产业集聚区。

五、跨境电商物流规则及退货

跨境电商物流必须遵守相应的网上交易规则,即国际物流网规。下面从不同的跨境电商平台来具体了解物流规则。

(一)全球速卖通

1.全球速卖通物流规则解析

全球速卖通卖家须按照如下物流政策选择物流方式。

(1)俄罗斯。订单实际支付金额大于5美元的订单:允许使用标准类、快速类物流服务,不可使用经济类物流服务(即无挂号平邮)及简易类物流服务发货。

订单实际支付金额大于2美元且小于5美元的订单:允许使用线上简易类物流服务、标准类和快速类物流服务,不可使用经济类物流服务(即无挂号平邮)及线下简易类物流服务发货。

订单实际支付金额小于 2 美元的订单:允许使用线上简易类物流服务、线上经济类物流服务、标准类和快速类物流服务,不可使用线下经济类物流服务(即无挂号平邮)及线下简易类物流服务发货。

(2)美国。订单实际支付金额大于 5 美元的订单:允许使用标准类物流服务中的"E 邮宝""AliExpress 无忧物流—标准"(特殊类目商品除外)及快速类物流服务,其他标准类物流服务及经济类物流服务不可使用。

订单实际支付金额小于 5 美元的订单:允许使用标准类、快速类物流服务及线上经济类物流服务,线下经济类物流服务(即无挂号平邮)不可使用。

(3)西班牙。订单实际支付金额大于 5 美元的订单:允许使用标准类物流服务中的"AliExpress 无忧物流—标准"(特殊类目商品除外)及快速类物流服务,其他标准类、简易类物流服务及经济类物流服务不可使用。

订单实际支付金额小于 5 美元的订单:允许使用线上经济物流服务的"中外运西邮经济小包"、线上简易类物流服务、标准类物流服务及快速类物流服务,线下简易类物流服务及线下经济类物流服务不可使用。

(4)法国、荷兰、智利。订单实际支付金额大于 5 美元的订单:允许使用标准类物流服务中的"AliExpress 无忧物流—标准"(特殊类目商品除外)及快速类物流服务,其他标准类及经济类物流服务不可使用。

订单实际支付金额小于 5 美元的订单:允许使用线上经济类物流服务、标准类及快速类物流服务,线下经济类物流服务不可使用。

(5)巴西、乌克兰、白俄罗斯所有订单不可使用经济类物流服务发货。

(6)除俄罗斯、美国、西班牙、法国、荷兰、智利、巴西、乌克兰、白俄罗斯之外的其他国家订单实际支付金额大于 5 美元的订单:允许使用标准类及快速类物流服务,经济类物流服务不可使用。

2.退货纠纷处理

交易过程中买家提起退款申请,即进入纠纷阶段,须与卖家协商解决。

(1)买家提起退款申请。

1)买家提交退款申请的原因有:未收到货;收到的货物与约定的不符。

2)买家提交退款申请时间:卖家填写发货追踪号以后,根据不同的物流方式买家可以在不同的期限内提起退款申请。商业快递(UPS、DHL、TNT):发货后 6~23 天。EMS/顺丰:发货后 6~27 天。航空包裹发货:发货后 6~

39天。

3)买家端操作:在订单的详情页中,买家可以看到按钮"Open Dispute",单击该按钮就可以提交退款申请,当买家提交退款申请时纠纷即产生。提交后,买卖双方可以就退款申请进行协商解决,协商阶段平台不介入处理。

(2)买卖双方协商。买家提起退款申请后,需要卖家进行确认,卖家可以选择同意纠纷内容进入纠纷解决阶段,或者拒绝与买家进一步协商。

若卖家同意买家提起的退款申请,可单击"同意纠纷内容"进入纠纷解决阶段。买家提起的退款申请有以下三种类型。

1)买家未收到货,申请全额退款:卖家接受时会提示卖家再次确认退款方案,若同意退款申请,则退款协议达成,款项会按照买家申请的方案执行退款。

2)买家申请部分退款不退货:卖家接受时会提示卖家再次确认退款方案,若同意退款申请,则退款协议达成,款项会按照买家申请的方案执行部分退款及部分放款。

3)买家要求退款退货:若卖家接受,则需要卖家确认收货地址,默认为卖家注册时候填写的地址;若不正确,则单击"修改收货地址"进行修改。

卖家确认了收货地址后,需要等待买家退货,买家需在10天内填写退货单号;若10天内未填写,视为买家放弃退货,系统直接放款给卖家。卖家确认收货地址后,到买家填写退货订单号的30天内,卖家均可以选择放弃退货,则系统直接退款给买家。

若买家已经退货,填写了退货单号,则需要等待卖家确认。

卖家需在30天内确认收到退货。若确认收到退货,并同意退款,则单击"确定"按钮,速卖通会退款给买家。

若卖家在接近30天的时间内,没有收到退货,或收到的退货货不对版,可以提交至平台进行纠纷裁决,平台会在2个工作日内介入处理,卖家可以在投诉举报平台查看状态及进行响应。平台裁决期间,卖家也可以单击"撤诉"按钮撤销纠纷裁决。

若30天内卖家未进行任何操作,即未确认收货,未提交纠纷裁决,系统会默认卖家已收到退货,自动退款给买家。

若卖家不接受买家的退款申请,可以单击"拒绝纠纷内容"按钮并填写卖家建议的解决方案(这里所填写的退款金额和拒绝理由均是卖家给出的解决意见,若买家接受,则退款协议达成,若不接受,还须继续协商)。

买家若未收到货提起退款申请,拒绝时的附件证明必须上传。卖家可以提供发货底单、物流公司的查单、物流官方网站的查询信息截图等证据,证明已发货及当前物流状态。

买家提起货不对版的退款申请,拒绝时的附件证明为选填,卖家可以提供产品发货前的图片、沟通记录、重量证明等证据,证明已如实发货。

拒绝退款申请后,需要等待买家确认。若买家接受卖家的方案,则退款协议达成,款项会按照双方协商的方案执行;若买家不接受卖家的解决方案,可以选择修改退款申请,再次与卖家确认,继续协商。

(3)买家取消退款申请。买卖双方协商阶段,买家可取消退款申请。若买家因为收到货物取消了退款申请并确认收货,则交易结束进入放款阶段;若买家因为其他原因取消退款申请(如货物在运输途中,愿意再等待一段时间),则继续交易流程。

注意:第一,买家第一次提起退款申请的第 4 天若还未达成一致意见,买家可以提交至平台进行纠纷裁决;同时若双方一直在协商中,买家未提起纠纷裁决,从买家第一次提起退款申请算起的第 16 天,系统会自动提交到平台进行裁决。建议卖家主动积极与买家协商,尽快解决纠纷。第二,买家提起退款申请后在提交至平台进行纠纷裁决前有取消退款申请的权利,若买家在纠纷中存在一定误解,建议卖家积极与买家沟通,双方达成一致,买家如取消退款申请,则交易继续。

(二)亚马逊

1.亚马逊卖家退货处理

亚马逊越来越受到青睐,传统企业也好,电商运营企业也好,纷纷投入亚马逊,但各种各样的退货问题确认让很多卖家在处理的时候很困惑。

如果客户收到货物后不满意想退货,首先要与买家进行沟通,如是实物与描述不相符等原因,再想办法进行解决。如果客户坚持退货,产品退回的运费将由买家自己承担,当卖家收到买家的退货之后,再退款给买家。

如果是国内自发货,客户收到货后想要退货,货值不高时,可以干脆赠送给买家,跟买家协商让其留好评;货值高时,建议按照正常的程序,联系海外仓公司,让买家退货到当地地址,海外仓公司收到货物后,再办理退款。如果在当地有可靠的朋友,建议可以跟朋友协商,让买家把货物寄到朋友的地址,后期若有该产品的订单,再请其帮忙发走。

FBAe 订单引起的退货问题,货会退回至亚马逊仓库,然后由亚马逊处理。如果退回来的货物没有破损可以联系亚马逊重新贴标签再次销售;如果已经损坏,亚马逊会提示卖家这个产品已经不可再销售,卖家可以让亚马逊销毁,还可以让第三方海外仓公司运回国内,或者让可以提供维修退货服务的第三方海外仓公司帮忙处理。

佣金方面,退货时,卖家要求退货,亚马逊会扣除 20% 的佣金,退回 80% 的佣金给卖家,无论是部分退款还是全部退款都会这么操作。

2. 亚马逊退货流程

(1)一般退货流程如下。

1)买家提交"退货申请"。

2)卖家在卖家平台的"订单"→"管理退货"中查看退货申请及退货原因。

3)卖家根据"亚马逊产品退货政策",在卖家平台的"订单"→"管理退货"中处理退货申请。

4)如关闭申请,亚马逊会向买家发送邮件通知,邮件内包含卖家关闭申请的原因。

5)如批准退货申请,系统会将卖家的退货地址通过邮件形式发送给买家,卖家等待买家退货。

6)卖家收到退货,在"管理退货"或者"管理订单"页面操作订单退款。

(2)卖家如何处理退货申请。卖家可以在卖家平台,单击"订单"→"管理退货"查看并处理买家的退货申请。根据退货申请的状态,卖家可以进行以下三种操作。

1)批准退货申请。如果接受买家的退货申请,单击"批准退货申请"按钮。批准买家退货申请后,系统会将退货地址和退货说明通过邮件形式发送给买家。

请注意:这一步仅批准买家将退货商品发送给卖家,货款不会自动退给买家。另外,在"管理退货"页面上批准退货申请不会影响卖家绩效。

2)关闭申请。如果不接受买家的退货申请,建议卖家先与买家协商沟通达成一致意见后,再请单击"关闭申请"按钮。在卖家提交关闭申请后,亚马逊会向买家发送邮件通知,邮件内包含关闭申请的原因。

请注意:买家可以取消退货申请,而卖家只能关闭申请。如果买家一直不寄回退货商品或是不退货了,对于已批准的退货请求,卖家无须做任何操作。

3)进行退款。如果卖家已经收到买家退货商品或允许买家保留商品,应单击"进行退款"按钮对商品进行退款。

(三)eBay

下面以 eBay 美国站 2017 年的退货政策为例介绍,核心为提供免费退货时不允许收取手续费。

1. 提供更方便的退货流程

eBay 将退货政策信息显示在物品信息的"退货政策"字段中,买家可以更方便地看到,也能够让卖家更方便地处理退货事宜。应将退货政策信息添加在结构化数据(下拉菜单)区域。

2. 提供免费退货政策时将不允许再收取退货手续费

免费退货政策意味着买家可以免费退货,无须承担任何额外费用。如果卖家不提供免费退货政策,仍然可以选择向买家收取 10%、15% 或 20% 的退货手续费。但自 2018 年起,买家仅可看到"最高 20%"的退货手续费信息。

3. 自动接受退货请求

为了让买家能够更方便地完成退货流程,自 2017 年 10 月起,退货请求将有条件地被自动接受。当买家承担退货运费时,eBay 将自动接受退货请求,并向买家提供退货运单。如果卖家提供免费退货政策,或者由卖家承担退货运费,只有当卖家未能在三个营业日内回复买家提出的退货请求时,退货请求才会被自动接受。

自动接受退货请求将使买家能够快速、高效地将物品寄回给卖家,并且更快地收到退款。卖家也将可以节省时间,并更快地收到 eBay 退回的成交费。

如果卖家不要求买家将物品寄回,则可以手动控制退货流程。

4. 常见问题

(1)为什么卖家不能在物品说明中添加退货政策信息?

以结构化数据形式(下拉菜单)提供的退货政策信息可以让买家更方便地找到商品。这些信息经常与物品说明或政策详情字段(MyeBay—政策)中的信息重复或相互矛盾。因此,eBay 规定卖家不能在物品说明中添加退货政策信息,以确保可以向买家提供更佳的购物体验。

(2)可以在哪里显示有关退货政策的其他详情?

大多数情况下,买家只需访问退货政策页面,从结构化数据(下拉菜单)区域选择"详情"即可充分了解退货政策。这些信息会突出显示在使用桌面或移动设备浏览页面的买家面前。卖家可以使用退货政策详情字段(MyeBay—政策)添加相关信息(如"快递取货""适用退货门店"等),以便买家在购买前查看。

(3)卖家是否可以选择"不接受退货"?

可以。但如果不提供免费退货政策,商品无法享受 eBay 新营销工具提供的优惠。

(4)卖家是否必须提供 30 天或 60 天免费退货选项?

否。卖家有多种退货选项,但 eBay 建议提供 30 天或 60 天免费退货选项,因为这两种情况正在成为电子商务行业的标准。

(5)eBay 将采取哪些措施防止买家滥用退货系统?

eBay 将采取以下措施防止买家滥用免费退货政策。①及早发现可能滥用卖家退货政策的买家,阻止他们启动退货流程。②提供有关可接受退货方面的明确指南。③明确界定后果,包括对不遵守 eBay 退货政策标准或滥用退货平台的买家采取限制措施。

(6)如果由卖家承担退货运费,卖家为什么不能再向买家收取退货手续费?

许多消费者希望除了退货运费外(买家以任何理由退货),卖家不要再向买家收取退货手续费。因此,eBay 希望向买家提供符合行业标准的最佳购物体验。并且,部分买家认为 eBay 的退货政策很复杂,令他们感到困惑。通过简化退货政策,可以提升买家购物体验,增加买家的购物信心,从而促进卖家销售量增长。

(7)如果买家退回的物品受损或损坏,卖家应该怎么做?

如果卖家提供免费退货政策(卖家承担退货费用,并且不向买家收取退货手续费),若物品退回时受损或损坏,卖家可以仅退回部分货款。

(8)更新退货政策最简单的办法是什么?

如需更新退货政策,请转到 MyeBay(MyeBay—账户—业务政策)。在创建或更新物品刊登时,单击"退货选项"即可。

(9)自动接受退货请求如何能够改进退货流程?

买家始终希望能够更快速地退货。为加快退货流程,当买家想退货并愿意承担退货运费时,eBay 将省略退货流程中的一个步骤,自动接受退货请求。快速接受退货请求现在已成为电子商务行业的标准,新政策将使 eBay 成为更具竞争力的在线市场平台。

(10)如果卖家提供免费退货政策,eBay 是否会自动接受退货请求?

如果商品支持免费退货政策,eBay 将不会立即自动接受退货请求。卖家将有 3 个营业日的时间手动接受退货请求,并为买家选择退货运单选项。在这种情况下,卖家将负责承担该运单的成本。如果卖家未在 3 个营业日内同意买家的退货请求并为买家选择退货运单选项,eBay 将自动同意退货请求,并在适用的情况下提供退货运单。

(11)退货请求在什么情况下符合 eBay 的自动接受条件?

要符合 eBay 的自动接受条件,退货请求必须满足以下标准之一。①买家不再想要这个商品(退货理由代码包括"不合适""改变主意""找到了更低的价格""只是不喜欢它了"或者"订错物品")。②退货请求符合商品的退货政策。③国内退货请求,将在美国境内运送。④由买家承担退货运费。⑤是退货请求,而非换货或调货请求。

(12)eBay 是否会代表卖家接受买家提出的"物品与描述不符"退货请求?

eBay 不会代表卖家立即接受买家以下列任何理由提出的"物品与描述不符"退货请求。①不能正常工作或者有缺陷。②与描述或图片不符。③物品发错。④零件或配件缺失。⑤送达时已损坏。⑥看起来不是正品。

但如果卖家提供了免费退货政策,或者买家声称商品"与描述不符",而卖家未在 3 个营业日内给予回复,买家的退货请求将自动被接受,并向买家提供退货运单(如适用)。卖家也可以在您的退货偏好设置页面上设置自动退货规则,自动接受买家提出的"物品与描述不符"的退货请求。

(13)如果退货运单不适用于某笔交易,应该怎么做?

在部分情况下,退货运单将不适用,买家和卖家将需要做出其他运送安排。举例来说,在退货请求被接受后,买家可能需要自己从邮局获取退货运单,将物品寄回给卖家。

(14)eBay 是否会代表卖家自动接受不符合卖家退货政策(或不符合 eBay 退款保障政策)的退货请求?

如果买家的退货请求不符合卖家的退货政策或 eBay 退款保障政策,eBay 不会自动接受此类退货请求。卖家需要自行审查和接受此类退货请求。

(15)能否选择不加入自动接受退货请求流程?

不能。如果卖家提供了退货政策,eBay则希望确保退货流程尽可能顺利、快速地完成。如果买家以"不想再要您的物品"为由请求退货,而该退货请求符合退货政策,买家的退货请求将被自动接受。

(16)退货运费将由谁承担?

关于退货运费由哪方承担的问题,取决于卖家的退货政策。举例来说,如果卖家注明了"买家支付"退货运费,在买家想退货的情况下,买家需要支付将物品退回产生的运费。如果卖家提供了免费退货政策("卖家支付"退货运费),在买家使用退货运单的情况下,eBay将向卖家收取退货运费。

(17)如果买家将原物品退回,要求卖家"换货"或"调货",卖家应该怎么做?

如果卖家在退货政策中向买家提供了要求"换货"或"调货"这一选项,而不是全额退款,买家在提出退货请求时可以注明他们的偏好。"换货"和"调货"的请求将不会被自动接受,卖家需要手动接受此类请求,并与买家协商详细的解决方案。

(18)卖家愿意提供全额退款,但不希望买家将物品退回给卖家(例如在退货运费可能高于物品实际价格的情况下)时,是否可以自动全额退款?

可以。卖家可以使用eBay的退货偏好设置页面和自动退货规则,自动向买家退款。

六、跨境电商物流管理

在全球化和数字化的时代,跨境电商行业得到了迅猛发展。跨境电商物流管理是实现跨境电商的关键环节,它涉及货物的运输、海关手续、供应链协调等多个方面。

然而,跨境电商物流管理也面临着一系列的挑战,这些挑战对于实现高效、可靠的物流运作具有重要影响。因此,了解并应对这些挑战,对于跨境电商物流管理的发展至关重要。

(一)跨境电商物流管理的重要性

跨境电商物流管理在全球化和数字化时代的重要性不可忽视。随着跨境电商的快速发展,物流管理成为实现成功的关键环节。它不仅满足了消费者对全球商品的需求,还促进了国际贸易的便利化和经济的发展。良好的物流管理可以确保商品的及时交付、降低运营成本、拓展市场和增加竞争力。通过有效的物流管理,跨境电商企业可以提供更好的购物体验,增强客户满意度,建立良好的品牌形象,进而实现长期可持续发展。因此,跨境电商物流管理在推动全球贸易和经济增长方面具有重要的作用。

(二)跨境电商物流管理策略

1. 技术创新

通过引入先进的物流跟踪技术、大数据分析和物联网技术等创新技术,可以实现对物流流程的实时监控和管理,从而提高物流的可见性和效率。

物流跟踪技术是一项关键的技术创新,它利用传感器和追踪设备,实时获取货物的位置、运输状态以及环境条件等信息。这些数据可以通过云平台或物流管理系统进行实时监控和分析,使企业和消费者能够准确了解货物的位置和运输情况。基于这些数据,企业可以及时调整物流计划,优化运输路线,提供准确的交货时间,从而减少延误和信息不对称的风险。

大数据分析在跨境电商物流管理中也发挥着重要的作用。通过处理和分析大量的物流数据,企业可以获得对于供应链、运输模式、库存管理等方面的深入洞察。这些洞察可以用于优化物流决策,提高运输效率、降低成本。此外,基于大数据分析,企业还可以进行预测,如预测供需情况等,从而优化库存管理,提前应对潜在的问题。

物联网技术将物流设备和系统连接起来,实现了物流的自动化和智能化。通过将物流设备与互联网连接,企业可以远程监控和控制物流过程,实现自动化操作和实时协作。物联网技术还可以与其他系统集成,如仓储管理系统、订单管理系统等,实现信息的共享和无缝协同。这将提高物流的效率和精确性,减少人为错误和运营风险。

2. 合作伙伴关系建立

与物流公司、海关、供应商和仓储提供商等建立紧密的合作伙伴关系,是应对跨境电商物流管理挑战的关键策略之一。通过建立稳定和长期的合作关系,企业可以共享信息、优化流程和提高协同效能。物流公司是实际负责货物运输的重要合作伙伴,与其建立合作关系可以获得更好的运输服务、更优惠的运输价格和更高的运输优先级别。

与供应商和仓储提供商建立紧密的合作关系可以确保供应链的顺畅运作,提高库存管理和货物分发的效率。通过建立这些合作伙伴关系,企业能够更好地解决物流网络覆盖不全、海关手续复杂等问题,提高物流的可靠性和效率,为跨境电商物流管理提供有力支持。

3.供应链优化

通过优化供应链的设计和流程,企业可以提高物流的可见性和响应能力,从而实现更高效的货物流动和降低运营风险。

首先,优化供应链设计是供应链优化的核心。企业应对物流网络进行全面分析,优化物流节点的布局和设置。这包括选择合适的仓储位置和运输路线,以减少物流时间和成本。通过准确的需求预测和库存管理,企业可以减少库存积压和滞销商品,提高物流的效率和可靠性。

其次,加强信息共享和协作是供应链优化的重要环节。建立实时的信息共享平台,供应链各环节的参与方可以即时共享货物、订单、运输状态等相关信息。这有助于实现协同解决问题和快速响应,减少信息不对称和延误。通过信息共享,供应链中的各方可以更好地协调和合作,提高物流流程的顺畅性和协同性。

此外,引入供应链管理系统和技术工具是供应链优化的关键手段。物流管理软件、ERP系统和物流跟踪技术等技术工具可以帮助企业实现物流过程的自动化和智能化。这些系统和工具可以实现订单管理、库存管理、运输优化等功能,减少人为错误和提高工作效率。通过数字化的供应链管理,企业可以实时监控和管理物流过程,提高物流的可见性和响应能力。

4.风险管理措施

风险管理是跨境电商物流管理中不可忽视的方面。企业应建立健全的风险管理体系,以应对潜在的风险并减少损失。

首先,进行风险评估,对跨境电商物流环节进行全面的风险识别和评估,包括货物损失、假冒伪劣产品、交付延迟等。

其次,采取风险管理措施,如购买货物运输保险、建立质量控制体系、确保供应商合规性等。此外,制定应急计划,包括应对突发事件和供应链中断的预案,以便在出现问题时能够及时应对和恢复正常运营。定期进行风险监测和评估,根据实际情况调整风险管理策略,以保障物流运作的安全性和可靠性。

总体而言,在跨境电商领域,物流管理的重要性不可忽视。未来跨境电商物流管理将不断演进和创新,以满足消费者日益增长的需求和不断变化的市场环境。通过技术创新、合作伙伴关系建立和可持续发展的推动,跨境电商物流管理将进一步提高物流效率、降低成本,并为企业创造更多的商机和竞争优势。

第二节 跨境电商物流行业的发展

跨境电商物流是随着跨境电商蓬勃发展而对传统国际(地区间)物流的一种整合升级与改造,发展迅猛,主要发展方向是业务网络化、运价产品化、服务标准化、仓储自动化、过程数字化、流程可视化及交付可追踪化。

1. 跨境电商物流行业发展历程

2003—2008年,一些海外华人和有留学背景的华人从事跨境电商,主要跨境电商通过邮政寄递,一些大卖家也兼做物流,但传统国际物流商转型做跨境电商物流的比较少。

2009—2013年,一部分敏锐的国际货运代理开始融入跨境物流业,空运、铁运、专线、海外仓快速兴起,为跨境电商提供了更多可能。

2014年至今,物流时效进一步提升,平台、卖家、海外华人也纷纷加入,FBA(亚马逊物流)服务、保税仓、虚拟海外仓、退货维修等业务发展迅速。

2. 跨境电商物流行业发展现状

互联网向各个领域的不断渗透、经济全球化的不断深入,使跨境电商为全球企业的发展提供了无限的可能。针对碎片化订单,物流产品已经日趋多样化,时效提升较快,直邮和海外仓服务不断改善,但价格和客户体验仍然都有改进空间。越来越多的传统物流商转型升级做跨境电商物流,在提升物流专业度的同时,仍然需要针对跨境电商特点量身定制跨境电商物流产品。各国(地区)海关监管趋严的当下,如何通过自身服务让跨境电商更合规,让交付更便利是目前跨境电商物流面临的重要课题。

3. 跨境电商物流行业发展趋势

跨境电商行业的高速增长,将会大幅提升跨境物流的需求量,为跨境物流行业的发展带来强势的增长,同时对跨境物流提出更高的要求和挑战,比如更保险的清关、更高的时效等。邮政通道的优势在减弱,海外仓份额在增加,保税仓作用明显,新兴国家(地区)物流问题凸显,跨境电商物流行业面临重新洗牌的局面。跨境电商物流将呈现合规化、定制化的发展趋势,那些不符合跨境电商合规化要求的,满足不了跨境电商企业、卖家需求的物流企业将被淘汰,而能长久生存下来的,将是能紧随跨境电商企业、卖家的货量增长而成长的,能满足其个性化运营需求和合规化流程的物流企业。

未来,跨境电商物流行业和企业将向着业务网络化、运价产品化、服务标准化、仓储自动化、过程数字化、流程可视化及交付可追踪化的目标发展。

第三节 跨境电商出口物流方式

一、国际地区间邮政包裹

国际(地区间)邮政包裹方式主要包括中国邮政包裹服务、境内陆运/空运＋万国邮联组合的商业小包、平台集货直邮产品。邮政网络基本覆盖全球,国际(地区间)邮政包裹的优势是价格便宜,劣势是时效较慢、服务较差、投诉率高,存在丢包风险,如通过邮政小包方式发送美国的一般需 15～20 天。根据邮权归属,国际(地区间)邮政包括境内邮政和境外邮政,境内邮政又分本地邮政和其他地方邮政;境外邮政,如新加坡邮政、马来西亚邮政、泰国邮政等,整体服务质量较好,物流时效高,但退换货问题难以解决。

(一)中国邮政包裹服务

中国邮政包裹服务包括中国邮政航空小包和中国邮政航空大包。

1. 中国邮政航空小包

中国邮政航空小包又称中邮小包、邮政小包、航空小包,是指包裹重量在 2 千克以内,外包装长、宽、高之和不超过 90 厘米,且最长边不超过 60 厘米,通过邮政空邮服务寄往境外的小包裹。它包含挂号、平邮两种服务,可寄达全球各个邮政网点。挂号服务费率稍高,可提供网上跟踪查询服务。中国邮政航空小包出关不会产生关税或清关费用,但在目的地进口时有可能产生进口关税,具体根据每个国家(地区)海关税法的规定而各有不同(相对其他商业快递来说,航空小包能最大限度地避免关税)。

(1)资费与查询。

1)挂号资费。挂号资费的计算公式为

总费用＝标准资费×实际重量×折扣＋挂号费(8 元)

2)平邮资费。平邮资费的计算公式为:

总费用＝标准资费×实际重量×折扣

（2）规格限制。重量不超过 2 千克。

非圆筒形货物：长＋宽＋高≤90 厘米，14 厘米≤单边长度≤60 厘米，宽度≥9 厘米。

圆筒形货物：17 厘米≤直径的两倍＋长≤104 厘米，10 厘米≤单边长度≤90 厘米。

要写清楚收件人的地址和邮编。按照规定填写报关单及面单，申报物品要用中英文填写。

（3）时限标准。当日中午 12 点以前交寄邮局，一般晚上 8 点后可以在中国邮政官网查询包裹状态信息。其运输时效大致为：到亚洲邻国 5~10 天，到欧美主要国家 7~15 天，到其他国家（地区）7~30 天。

（4）操作流程。

1）中国邮政航空小包只能贴中国邮政格式的报关单。

2）收件人姓名、地址须用英文填写完整。

3）中国邮政小包报关单上内件物品、数量、重量及价值须由客户填写。

4）中国邮政小包报关单上寄件人签名处，要请客户签署自己的中文姓名。

5）包装要完好，不易破损，在包装袋外侧除地址标签外，尽量不要带其他无关标志。对于易碎品，最好外包装上贴有易碎品的标志，在邮包正面的中间位置贴上地址标签。

6）交货到邮局，并按国家（地区）分拣。

7）邮局排仓，安排上飞机等程序，发送到全球各个邮政配货中心。由各国（地区）邮政再次进行二、三级分拨，分别按城市、街道地址分拣，最终送达客户手上。

（5）查询赔偿。

1）平邮如丢失将不能获得赔偿。意大利、尼日利亚等国家邮包丢包率较高，请最好选用挂号或快递方式。

2）具体根据申报价值来赔偿，如中国香港小包最高不超过 294 元，并退还邮费，但挂号费不予退还。

3）中邮小包可提供保险服务，具体保费可以咨询中国邮政或者保险公司。

（6）交寄方式。可以预约取件，也可以卖家自己送去邮局。

（7）适用范围。适合总重量在 2 千克以下，且对运费敏感，对时效要求不高，货值比较低的商品。

2. 中国邮政航空大包

中国邮政航空大包又称中国邮政大包、中国邮政国际大包裹、中邮大包。中国邮政航空大包是适合邮寄重量较重（超过 2 千克）且体积较大的包裹，能发 2~30 千克的包裹（有些国家重量不超过 20 千克），可寄达全球 200 多个国家及地区。此渠道全程航空运输，只要有邮局的地方都可以到达。

(1) 资费与查询。中邮大包直接采用中国邮政官网上的计费方式，可在中国邮政官网查询具体资费情况。

中邮大包的计费方式为

总费用＝首重 1 千克的价格＋续重 1 千克的价格×续重的数量。

包裹重量要求不能超过 30 千克（部分国家不能超过 20 千克）。

中邮大包需要收取 8 元/件的报关手续费。

(2) 规格限制。重量限制为：0.1 千克≤重量≤30 千克（部分国家不超过 20 千克，每票快件不能超过 1 件）。

体积限制为：单边长度≤150 厘米，长度＋长度以外的最大横周≤300 厘米；或单边长度≤105 厘米，长度＋长度以外的最大横周≤200 厘米。横周＝2×高＋2×宽。

(3) 时限标准。

亚洲邻近国家：4~10 天妥投。

欧美主要国家：7~20 天妥投。

其他国家：7~30 天妥投。

(4) 操作流程。

1) 中邮大包只能贴中国邮政格式的报关单。

2) 收件人姓名、地址须用英文填写完整。

3) 中邮大包报关单上内件物品、数量、重量及价值须由客户填写。

4) 中邮大包报关单上寄件人签名处，请客户签署自己的中文姓名。

5) 包装要完好，不易破损，在包装袋外侧除地址标签外，尽量不要带其他无关标志。对于易碎品，最好外包装上贴有易碎品的标志，在邮包正面的中间位置贴上地址标签。

6) 交货到邮局，并按国家（地区）分拣。

7) 邮局排仓，安排上飞机等程序，发送到全球各个邮政配货中心。由各国（地区）邮政再次进行二、三级分拨，分别按城市、街道地址分拣，最终送达客户手上。

(5)查询赔偿。包裹可在中国邮政官网查询相关信息,且可全程跟踪包裹流向;如在包裹发出后1个月仍未妥投,可要求邮局查询,邮局查询回复正常时间为2~6个月;如包裹丢失,可向中国邮政申请索赔,中国邮政赔偿按申报的价值赔付,但最高赔偿不超过300元。

(6)交寄方式。预约提货或卖家自送到邮局。

(7)优劣势。

1)优势。第一,成本低。价格比EMS稍低,且和EMS一样不计算体积重量,没有偏远附加费,没有燃油费,相对于其他运输方式(如EMS、DHL、UPS、FedEex、TNT等)来说,中国邮政航空大包服务有较好的价格优势。采用此种发货方式可最大限度地降低成本,提升价格竞争力。第二,交寄相对方便,只要有邮局的地方都可以到达。第三,方便、快捷,采用单一的运单,并由公司统一打印,减少了客户的麻烦。第四,提供包裹的追踪查询服务。包裹离开当天可在中国邮政官网上查询到相关信息,且可全程跟踪。

2)劣势。相对于以克计重的小包,大包是按千克计费。与其他的商业快递相比,有限重。

(8)适用范围。适用于重量为2~30千克的货物。

(二)境内陆运/空运+万国邮联组合的商业小包

1. 陆运+中国香港邮政小包

中国香港邮政小包通关相对便利,毗邻深圳,可以走敏感货物(带电池产品),因为深圳的跨境物流商为带电池的产品提供深圳集货渠道,通过卡车运到香港,香港邮政的组合小包产品特别为带电池的品类量身定制了小包通道。

2. 空运+新加坡邮政小包

新加坡邮政早期投资了4PX,使4PX可以比较早地利用股东的邮政资源研发出境内空运+新加坡邮政的小包产品,通过自主研发的IT系统将境内单号和新加坡邮政单号关联,使客户可以全程追踪货物。

(三)平台集货直邮产品

1. AliExpress 忧物流

为了确保卖家在速卖通上可以安心经营,帮助卖家减少物流不可抗力因素的影响,速卖通与菜鸟网络联合推出了一款官方物流产品"AliExpress 无忧物流"。"AliExpress 无忧物流"具备多种优势,主要体现在时效、运价、操作系统、售后等几个方面。

(1)渠道稳定时效快。菜鸟物流与优质的物流服务商合作,搭建了覆盖全球的物流服务网络。同时,菜鸟物流拥有智能分拣系统,可以根据目的国(地区)、品类、重量匹配物流方式,时效性较快。

(2)运费有优惠。菜鸟物流作为货物物流集散商,在其与物流公司合作的过程中获得了较多的优惠价格,重点国家(地区)运费为市场价的8~9折。

(3)平台提供较好的售后服务及赔付措施。使用"AliExpress 无忧物流"的物流纠纷无须卖家响应,直接由平台介入核实物流状态并判责;物流原因导致的纠纷、卖家服务评级系统(Detail Seller Rating,DSR)低分不计入卖家账号考核;物流原因导致的纠纷退款由平台承担;卖家对"AliExpress 无忧物流"服务不满意可以在线上进行投诉。

(4)无忧物流的物流方案。物流方案包括三类:无忧物流简易、无忧物流标准和无忧物流一优先,具体情况如下。

1)无忧物流简易。这是专门针对速卖通卖家订单中,俄罗斯和乌克兰小于2 000克、西班牙小于500克、白俄罗斯小于2 000克、智利小于2 000克,订单成交金额≤5美元(西班牙≤10美元)的小包货物推出的简易挂号类物流服务。

2)无忧物流一标准。这是菜鸟网络推出的优质物流服务,为速卖通卖家提供境内揽收、国际(地区间)配送、物流详情追踪、物流纠纷处理,售后赔付一站式的物流解决方案。物流覆盖全球200多个国家及地区。

3)无忧物流一优先。这是菜鸟网络与商业快递合作的服务速卖通卖家的线上物流方式。目前可以到达全球176个国家和地区。在重量限制方面,俄罗斯的首重为100克,续重为100克,重量限制为30千克,以实际重量计费,不收取燃油费。俄罗斯以外的其他国家及地区,30千克及以下,按首重500克、续重500克计费;当货物重量为30~70千克时,则按千克计费。以体积重量和实际重量的较大者为计费重量,体积重量计算方式为

$$体积重量 = 长(厘米) \times 宽(厘米) \times 高(厘米)/5000$$

2. WishExpress

WishExpress 是 Wish 为了更好地满足平台用户对配送时效的要求而发

起的极速达项目,需要商家提前将产品运到目的地的海外仓,当商家收到订单时,产品从海外仓直接配送至目的地的用户手中,从而实现快速配送。WishExpress 项目俗称"海外仓产品项目",对于 WishExpress 项目中的产品,商户要承诺在规定时效内交付给用户。

对于参加 WishExpress 的商户,Wish 平台会给予如下差异化政策支持。

(1)参加 WishExpress 的产品将获得 3 倍以上的流量扶持。

(2)WishExpress 的产品在用户端呈现专属"车辆"徽章标志,此标志告知用户将快速收到产品,会极大地提升转化率。

(3)加入 WishExpress 项目的商户将获得 Wish 退货项目的资格,WishExpress 的产品可以退至设定的海外仓,从而降低退款率。

(4)加入 WishExpress,产品将会快速到达客户手中,从而提升产品的整体评分,并很快获得评价,缩短产品成长周期和回款周期。

(5)平台会针对 WishExpress 项目提供更多的产品支持,如营销、客服权限等。平台会对未满足 WishExpress 时效政策要求的商户执行相应的处罚措施。

WishExpress 确认妥投时间的要求为:自订单释放起 5 个工作日之内需确认妥投。

在订单可履行后下一个工作日结束前(以世界标准时间 23:59:59 为准),经由特定的物流服务商履行并确认的订单将可免除罚款。

二、国际商业快递

国际商业快递是指在两个或两个以上国家(或地区)之间所进行的快递、物流业务。

1. 特点

国际商业快递运输是国家与国家、国家与地区之间的运输,与国内货物运输相比,具有以下几个主要特点。

(1)国际商业快递运输涉及国际关系问题,是一项政策性很强的涉外活动。

(2)国际商业快递运输是中间环节很多的长途运输。

(3)国际商业快递运输涉及面广,情况复杂多变。

(4)国际商业快递运输的时间性强。

(5)国际商业快递运输的风险较大。

(6)国际商业快递运输相比于商业快递速度偏慢。

2.禁寄物品

(1)爆炸性、易燃性、腐蚀性、毒性、强酸碱性和放射性的各种危险物品,如雷管、火药、爆竹、汽油、酒精、煤油、桐油、生漆、火柴、农药等。

(2)麻醉药品和精神药品,如鸦片、吗啡、可卡因(高根)等。

(3)国家法令禁止流通或寄递的物品,如军火、武器、本国或外国货币等。

(4)容易腐烂的物品,如鲜鱼、鲜肉等。

(5)妨碍公共卫生的物品,如尸骨(包括已焚化的骨灰)、未经硝制的兽皮、未经药制的兽骨等。

(6)反动报刊书籍、宣传品和淫秽或有伤风化的物品。

(7)各种活的动物(但蜜蜂、水蛭、蚕、医药卫生科学研究机构封装严密并出具证明交寄的寄生虫以及供作药物或作以杀灭害虫的虫类,不在此限)。

三、专线运输

专线运输就是直达运输,是指某个城市到另一城市的直达运输。与专线运输相对应的是中转运输。所有的运输企业必然会有专线运输。

1.跨境物流专线

跨境专线运输区别于国内的物流专线,一般是通过航空包舱方式将货物运输到国外,再通过合作公司进行目的地国国内的派送,是比较受欢迎的一种物流方式。目前,业内使用最普遍的物流专线包括美国专线、欧洲专线、澳洲专线、俄罗斯专线等,也有不少物流公司推出了中东专线、南美专线。

2.中俄专线

中俄(Ruston)专线是黑龙江俄速通公司与阿里巴巴速卖通的合作项目,专为速卖通平台上的电商设立,是速卖通平台的"合作物流"。针对跨境电商客户物流需求的小包航空专线服务,渠道实效快速稳定、全程物流跟踪服务。

Ruston专线使用:

第一步,运费模板设置。在中俄专线下面找到"Russian Air Ruston"(中俄航空—Ruston专线)。

第二步,创建物流订单。选择线上发货选择 Ruston 专线—创建物流订单(选择上门揽收)。

第三步,打印标签并打包。单条打印物流标签;批量打印物流标签;物流标签。

第四步,中通上门揽收,中通收到上门揽收订单后24小时内联系发件人,并约定具体上门揽收时间;当天下发的上门揽收订单,将在次日内完成揽收。

第五步,登录Ruston专线查询网查询包裹跟踪信息。

四、海外仓储

设立在海外的一部分仓库,通常在跨境电商中应用。本国的产品,通过空运、海运等方式,到达海外的仓库,国外的消费者利用网络平台下单,购入产品,卖家只要通过网络下达指令给海外仓库,就能够完成销售。产品由消费者所在的国家发出,充分节省了货物运输的时间。

换言之,海外仓储根据跨境电商卖家的相关要求,为其提供货物分拣、保存与配送等一系列服务。卖家把自己的产品保存在海外仓库,当客户想要购买这些产品时,卖家迅速进行响应,向海外仓库下达指令,仓库人员再对产品进行分拣与包装,然后发往客户所在的地区,这显著优化了物流工作效率。此外,与海外仓库所在地的物流特征有机融合,有利于提升货物的安全性,减少其运输成本,让客户能够迅速拿到自己心仪的商品。

第四节 跨境电商进口物流方式

一、我国进口跨境电商的运输方式和途径

大宗的B2B商品的国际运输,还是依托传统的海运运输为主。B2C和C2C模式下的轻散货和对实效要求较高的商品,则以空运为主。另外,由于中欧班列以及其他跨境铁路运行顺利,越来越多的跨境电商产品将通过铁路运输。例如,2018年1月19日,首批通过中欧班列(蓉欧快铁)运输的进口红酒从成都国际铁路港清关出区,该批保税备货商品由进口红酒贸易商从德国采购,从蒂尔堡抵达成都国际铁路港,全程运输16天,比海运节约20~25天,通过国内保税仓发货,仅2~3天即可将跨境商品配送至消费者手中。

目前,进口跨境电商B2C和C2C模式下,向C(消费者)端邮寄的主要物流途径是通过国际邮政系统和国际快递物流。该模式适用于食品、纺织品、日用品等体积小、重量轻、运费低、时效性要求不高的商品。我国消费者一般多选择国际快递物流。国际快递是海外直邮,电子商务平台的发货时间较保税区发货要慢,部分电子商务平台的发货时间是预计下单后 10 天左右,但这种物流模式很大程度上丰富了电子商务平台的商品种类。

二、我国进口跨境电商物流模式

由于涉及多国、多段、多种交易模式、多种运输方式、多种物流途径,进口跨境电商的物流比较复杂,主要可以分为单一的跨境物流模式和海外中转的跨境物流模式两种。在我国的实践中,又经常有"保税区发货"和"海外仓直邮"等说法,在此一并介绍。

1. 单一的跨境物流模式

中国跨境电商企业和外国供应商达成友好合作,这是单一的跨境物流模式形成的首要条件。国外供应商向所在国的物流配送中心发送货物,该配送中心可能是中国跨境电商租赁的,也可能是自己建设的,货物的准备与仓储管理都由该物流配送中心负责,当中国买家在线上付款下单之后,该配送中心就开始打包商品,然后发往中国,订单一般通过单件包裹这一方式,交给国际快递公司负责。

2. 海外中转的跨境物流模式

(1)"两段中转"的跨境模式。国外供应商把国外电商企业所需的产品发到该国物流中心,备货与保存等工作由该国物流公司来负责,买家在线上平台下单之后,物流公司迅速打包商品,进行邮寄。该物流公司要整理各个买家的货物,然后交给国际物流公司,通过整批出货的形式,发往国外转运国,然后通过转运国的物流中心,对这些货物进行分类,通过单件的方式,由国际物流发送到各个客户手中。

(2)"两段收件"的跨境物流模式。该跨境物流模式类似于两段中转的物流模式前半部分,这两种模式都是通过国外供应商,把国内电商企业所需的货物发到本国物流中心,然后进行备货与仓储等工作。接收到客户的订单后,本地物流中心负责打包货物、出货等,再依照买家的收货地址,展开整合,接下来,国际物流公司通过整批运输这一模式,将货物发往买家所在的地区。货物到达买家所在的地区之后,由当地的物流公司负责配送到客户手中。

3. 保税仓(区)发货的跨境物流模式

保税仓(区)发货,要依赖国际段与国内段这两段物流。当国外的货物通过国际段运送之后,需在国内保税仓进行拆包、检验、分拣等程序。客户下单付款后,国内的快递公司再将货物发送给客户。

保税仓(区)发货有以下好处,首先,这种大批量集中运输的方式有利于减少运输成本,相比其他海外跨境的物流模式而言,在物流配送成本上具有一定的优势。其次,海外供应商提前将热门商品备货至保税仓,保税仓系统与海关和商检等部门实现对接,因此订单产生后能够及时清关,买家收货速度快,消费者一般在下单2～3天后就可以收到货品,其物流体验基本等同于国内购物。

保税仓(区)发货的物流模式一般适用于订单量较多的大型跨境电商企业,这些企业借用大数据对热门商品的种类和数量进行预测,将海外热门商品提前运输到国内作为储备,一旦有订单形成,就可以迅速报关检验发货。

4. 海外仓直邮的跨境物流模式

在实践中,海外仓直邮就是典型的单一的跨境物流模式。海外仓直邮是指货物集中存放在海外卖家的仓库,当买家下单后通过物流直接清关寄送到国内买家手里,或者先寄送到国内保税区清关后再进行国内配送。这种模式的主要特点是货物在海外仓库寄出后,中途基本不需要再次分包、转运或长时间储存。

海外仓直邮模式和保税仓发货模式从下单顺序和清关方式上的区别较为明显。在流程上,保税模式先入境,用户下单后才清关。直邮模式用户下单后才开始递送,在入境时才需清关。

5. 境外商品闪购模式

除了以上进口零售电商模式外,境外商品闪购是一种相对独特的做法,我们将其单独列出。境外商品闪购模式是以互联网为媒介的B2C电子零售交易活动,以限时特卖的形式,定期定时推出国际知名品牌的商品,一般以原价1～5折的价格供专属会员限时抢购,每次特卖时间持续5～10天,先到先买,限时限量,售完即止。客户在指定时间内(一般为20分钟)必须付款,否则商品会被重新放到待销售商品的列表里。

闪购平台一旦确立行业地位,将会形成流量集中、货源集中的平台网络优势。聚美优品的"聚美海外购"和唯品会的"全球特卖"频道纷纷高调亮相网站首页。两家公司都宣称对境外供应商把控能力强、绝对正品、全球包邮、一价全包。闪购模式对货源、物流的把控能力要求高;对前端客户引流、转化的能力要求高。任何一个环节的能力有所欠缺,都可能导致失败。其代表商家包括蜜淘网、天猫国际的环球闪购、聚美海外购、宝宝树旗下的杨桃派等。

6. 直购进口模式

直购进口模式是指境内客户在指定的跨境电商网站订购境外商品,并进行网上申报和计税,商品通过跨境物流直接从境外寄递进境,通过电商服务平台和通关管理系统实现交易的一种跨境电商进口模式。

7. 保税进口模式

保税进口模式是电商企业以商品申报进入海关特殊监管区域或保税场所,境内客户在网上交易后,区内商品逐批分拨配送,按商品缴纳税费的一种跨境电商进口模式。直购进口模式和保税进口模式最大的区别在于:前者是先下单再从境外发货,后者是先从境外发货再下单。

8. 平台模式

平台模式的运作模式较轻,重点在于售前的引流、招商、平台管理,售后方面在一定程度上介入物流和服务,以补充商家不足。其优势集中在SKU(最小存货单位)丰富,能够解决客户多元化、长期的需求,且选品灵活;劣势则是根据商家不同,在商品质量、价格、物流、服务方面参差不齐。

9. 自营模式

自营模式更类似于传统零售商,需要介入售前的选品、供应商管理、运营,并深入管理物流与服务。其优势在于货源稳定、商品质量有一定保障、服务到位、客户体验较好;劣势是SKU有限,且品类、品种拓展难度较大。

三、进口跨境电商的流程

1. 调研市场,选择商品

选品,即选品人员从供应市场中选择适合目标市场需求的商品。从这个角度看,选品人员必须一方面把握客户需求,另一方面从众多供应市场中选出质量、价格等最符合目标市场需求的商品。成功的选品,是最终实现供应商、客户、平台多方共赢的关键。选品要结合以下因素进行考虑。

一是公司的定位和网站定位。明确公司的整体定位和策略,是以建立品牌为主,还是追求销量为主。选品人员要考虑网站平台的目标市场或目标消费群体,通过对网站整体定位的理解和把握,进行市场调研、同行分析等,选择适合的品类进行研究分析。

二是目标客户定位。选品人员从客户需求的角度出发,选品要满足客户对某种效用的需求,如带来生活方便、消除痛苦等生理或心理需求。近年来,《跨境网购调查报告》显示,在客户进行跨境网购品类偏好方面,集中度比较高、客户最热衷购买的商品是服饰、母婴商品、护肤美妆、食品/保健品、电子商品五大类消费品。

三是商品的毛利。选品人员要了解物品的重量和体积,外贸中商品价格和重量/体积比例数值越大越好。考虑到碎片化销售,运费在总成本中的占比不容忽视。选品人员在选品时应该尽量选择单件重量轻、体积小且价值高的商品,实现高单价、高毛利率、高复购率。由于需求和供应都处于不断变化之中,选品也是一个无休止的过程。

四是政策和法规。选品人员必须熟悉和了解国家法律法规。跨境零售商品应为个人生活商品,国家禁止和限制进口的商品除外。

目前,试点保税进口模式的商品主要为日用消费品,如食品饮料、母婴用品、服装鞋帽、箱包、家用医疗保健、美容器材、厨卫用品及小家电、文具用品及玩具、体育用品等。很多贸易商认为,品类越广越丰富,经营越容易成功。尽管品类丰富会方便客户一站式购物,商品之间也可能产生关联销量,但是商品线过广的弊端也有很多。首先,保障所有商品的库存充足很难,偶尔的拆补在所难免,但经常拆补可能造成经营混乱,一旦缺货,电商企业可能遭遇投诉、退单,影响客户体验。其次,商品太多,定价可能不够精准,缺乏竞争力。再次,非畅销商品滞销,临期商品难免被打折处理,影响利润率。最后,商品线过长,人力有限,对商品的熟悉和了解不够深入,可能造成商品描述缺乏吸引力、咨询解答不够及时准确等,从而影响销售。

商品线的选择不是一次性到位的,电商企业可以根据销售情况,不断调整优化。随着对商品情况、行业情况等的理解加深,电商企业会更了解竞争对手品类的动态和价格变化,能够通过对行业和店铺的热销品牌、飙升品牌、货品的综合对比,分析布局商品线。

2.确定物流模式和选择支付方式

传统的进口跨境电商物流方式是中国境内贸易公司通过一般贸易方式将商品进口到中国境内之后,再通过自己的电商平台销售,或交由其他电商平台销售。这是在跨境贸易电子商务服务试点推行前,大多数合法商家都采取的方式。除此之外,还有5种物流模式,介绍如下。

(1)旅客行李:是指进出境旅客携带的全部行李物品。海关对行李物品的界定是自用合理数量,非以盈利为目的,因此并不适合跨境电商。

(2)个人邮递商品:指通过邮运渠道进出境的包裹、小包邮件以及印刷品等商品。通过邮运渠道到口岸邮局办事处监管清关的商品数量较大,但处理时效和服务质量有待提高。

(3)快件:指进出境快件营运人,以向客户承诺的快速的商业运作方式承揽、承运的进出境的货物。进出境快件监管一般都有信息化系统,因此处理能力和稳定性都比较好。

(4)跨境试点一般进口:2014年增列的海关监管方式,全称"跨境贸易电子商务",适用于境内个人或电商企业通过电子商务交易平台实现交易(保税电商除外),并采用"清单核放、汇总审批"模式办理通关手续的电商零售进出口。此种方式清关费用比邮件低,处理能力比邮件稳定。

(5)跨境试点保税进口:不但因备货仓储在境内而运营成本较境外低,而且发货时效快,退换货操作方便,客户体验好,综合物流成本最低。

进口跨境电商的物流模式表现出多样化的特点,贸易商应根据各自的需要选择适合的物流方式。进口跨境电商的竞争正从商品的竞争向供应链和整体服务的竞争转移,因此跨境试点一般进口和保税进口代表进口跨境电商的发展方向。

根据海关总署公告〔2014〕56号《关于跨境贸易电子商务进出境货物、物品有关监管事宜的公告》,电子商务企业或个人通过经海关认可并且与海关联网的电子商务交易平台实现跨境交易进出境货物、物品的,电子商务企业、监管场所经营企业、支付企业和物流企业应当按照规定向海关备案,并通过电子商务通关服务平台实时向电子商务通关管理平台传送交易、支付、仓储和物流等数据。企业开展跨境电商进口,通常需要具备自营或平台网站/网店,网站已完成网络内容服务商(Internet Content Provider,ICP)备案且正常运作,与海关、商检、电子口岸等完成对接。如果采用保税进口模式,根据海关总署《关于跨境电子商务服务试点网购保税进口模式问题通知》,参与试点的电商、物流等企业必须在境内注册,并按照先行海关管理规定进行企业注册登记,开展相关业务,并能实现与海关等管理部门的信息系统互联互通。

目前,各试点城市都推出了自己的跨境贸易电子商务平台,如上海的跨境通、宁波的跨境购等,而与海关签约且有保税仓库的企业有深圳保宏、前海电商供应链、捷利通达等。

此外,跨境电商在选择支付伙伴时,最好和已经获得政府主管部门准入的公司合作。目前,可以开展跨境电商支付的有支付宝、中国银联、PayPal、易极付、快钱、中国工商银行、财付通等。

3. 制定进口商品经营方案

企业在对进口商品价格趋势有一定的把握和预测、了解了供应商的资信以及明确了适合的物流模式后,就可以展开进口成本核算、制定进口商品经营方案了。进口商品的作价,应以平等互利的原则为基础,以国际市场价格水平为依据,结合企业的经营意图,制定进口商品的适当价格。

境内销售价格=进口价格+进口费用+进口利润。

进口费用=境外运费+境外保费+进口关税+进口消费税+进口增值税+实缴增值税+境内运费。

对于进口税,跨境零售目前实行不同于货物渠道的进口税,即不征收进口关税和进口环节税,而代之以行邮税。根据《海关法》的规定,个人携带进出境的行李物品、邮寄进出境的邮递物品,应当以自用合理数量为限。

行邮税=完税价格×税率。

按照《中华人民共和国海关总署公告 2010 年第 43 号》规定,个人邮寄进境物品,海关依法征收进口税,但应征进口税税额在人民币 50 元(含 50 元)以下的,海关予以免征。个人邮寄进出境物品超出规定限值的,应办理退运手续或者按照货物规定办理通关手续。但邮包内仅有一件物品且不可分割的,虽超出规定限值,经海关审核确属个人自用的,可以按照个人物品规定办理通关手续。

海关总署公告 2010 年第 54 号《关于进境旅客所携行李物品验放标准有关事宜》规定,进境居民旅客携带在境外获取的个人自用进境物品,总值在 5 000 元人民币以内(含 5 000 元)的,非居民旅客携带拟留在中国境内的个人自用进境物品,总值在 2 000 元人民币以内(含 2 000 元)的,海关予以免税放行,品种限自用,数量应合理,但烟草制品、酒精制品以及国家规定应当征税的20种商品等另按有关规定办理。进境居民旅客携带超出5 000元人民币的个人自用进境物品,经海关审核确属自用的;进境非居民旅客携带拟留在中国境内的个人自用进境物品,超出人民币2 000元的,海关仅对超出部分的个人自用进境物品征税,对不可分割的单件物品,全额征税。

应征行邮税的,海关总署公告2012年第15号规定,进境物品完税价格遵循以下原则规定:《完税价格表》已列明完税价格的物品,按照《完税价格表》确定;《完税价格表》未列明完税价格的物品,按照相同物品相同来源地最近时间的主要市场零售价格确定其完税价格;实际购买价格是《完税价格表》列明完税价格的2倍及以上,或是《完税价格表》列明完税价格的1/2及以下的物品,进境物品所有人应向海关提供销售方依法开具的真实交易的购物发票或收据,并承担相关责任。海关可以根据物品所有人提供的上述相关凭证,依法确定应税物品完税价格。

四、跨境电商保税仓物流服务发展现状及存在的问题

(一)跨境电商保税仓物流服务发展现状

近年来,跨境电商高速发展。到目前为止全国跨境电商平台已经达5 000多家,企业达20多万家,有6个跨境电商试点城市开展了保税备货进口模式,效果显著。保税物流逐渐成为国际物流的重要接力区,也成为促进进出口贸易增长的重要因素和满足顾客需求的关键环节。而保税仓作为保税物流的重要枢纽和业务载体,其物流服务无论是在发展环境方面、业务方面还是特性方面都与普通物流服务有所不同。

1. 业务现状

跨境电商保税仓物流服务的业务包括关务服务、仓储服务、金融服务和其他增值服务。具体发展现状如下。

(1)关务服务。根据国家海关总署规定,任何出入保税区的进口货物、区内流转及跨区域流转的货物都要按照程序办理相应的关务业务。保税仓作为跨境电商零售进口链条上的枢纽,有义务也有责任为商家提供这种服务。具体办理项目有:商品备案,进口货物清关,跨境仓流转,库内流转,跨关区流转,删改单,进仓异常处理,不合格产品销毁、退货,区内跨境仓退仓,一般进出口

贸易退仓,境外退仓,货物检测,货物报关转关等。

跨境电商进出境货物、物品的通关流程具体分为两步:一是申报前发送信息,二是办理通关手续。

(2)仓储服务。仓储属性是保税仓最基本的属性,在整个跨境电商供应链中,保税仓起到配送中心的作用,商家从海外进货,在保税仓内备货,保税仓根据消费者订单发货。和一般配送中心一样,保税仓要确保货物的完整性、时效性和信息准确性。保税仓储一般在进出境口岸附近进行。货物从进入保税仓再到出仓,一共需要经过三大步骤和七大环节。

1)三大步骤:一是,向海关申报报关单和检验检疫申报报检单;二是,商品进入库区的理货区,清点商品,办理核注信息;三是,仓库的作业人员将商品运输到存储区域的仓位上,并将数据维护进公司的仓库管理系统。

2)七大环节:第一,货物入库后,需展开清点识别工作,换句话说,就是对各货物进行划分、拆包,查看货物的条码是不是正确,包装有没有变形、损毁等现象。第二,在相应的仓位上保存货物。通常根据货物的条码来存放,有利于清楚识别这些商品。第三,接收到客户的订单之后,要到仓位上分拣客户所需的货物,然后送到包装区。第四,找到适宜的包装材料,根据订单要求,对客户所需商品进行打包处理、封箱。第五,在相应的纸箱上贴打印的快递面单。第六,放行包裹,遇到一些需要查验的包裹,要提交至监管部门进行审查。第七,放行包裹之后,交接包裹,然后开始配送服务。

(3)金融服务。保税仓提供跨境业务的保税和仓储业务,还为商家提供金融服务,其中物流企业、银行、经销商、生产厂家为整个金融链条的四大主体。第一,根据保税仓业务,这些主体签订合作协议,生产商把商品发到保税仓,当作质押物,保税仓负责保存、监督这些物品。第二,经销商要向银行缴纳取货保证金,然后银行将发货指令给予保税仓,保税仓根据要求发货。第三,通过销货经销商得到了一部分资金,再把保证金交给银行,然后银行发出提货通知单,生产商按照该通知单,将货物发送到保税仓,经销商继续去仓库拿货,这些主体就是这样协调配合、不断运行的。倘若缺乏保证金,那么,保税仓将不再发货。另外,保税仓也可以依靠其雄厚的资金实力条件,为稳定合作伙伴提供中短期融资,帮助资金周转困难的客户解决融资难题,垫付资金,短期融资,加速资金周转回笼,提升企业竞争实力。

(4)其他增值服务。货物的流通不会改变其物理特性,可以对其进行适当处理,展开临港增值服务。在保税仓,对客户所需的商品展开一些增值的辅助性操作,比如,分拣、打包、贴上条形码以及标志等。以图书为例,图书到达保税仓之后,工作人员对其进行打包,整理之后发往海外;海外一些过境商品到达保税区,选择适宜的包装材料,对商品进行打包处理,分拣整理后发送到国外一些地区,如此有利于减少商品成本。

2.发展特点

(1)复杂性。跨境电商的开展具有跨区域、跨语言、跨文化等特征,所以在货物的支付、发放过程中难免会存在诸多的跨境问题。国际贸易与国内贸易相比,它的复杂性就体现在它面对的是来自世界各地的客户,有着不同的语言、风俗、文化、思维方式。跨境电商保税仓所接触的主体有生产商家、销售商、银行、海关、国检及消费者。另外,跨境电商虽然发展很快但是起步较晚,其发展深受国家相关政策法规的影响,行业环境较为复杂。

(2)单一性。保税仓的模式采取集中采购和集中储存的方式,不可避免地造成了产品品类单一的局面,只能选择将爆品储存进保税仓,而且储存爆品需要进行市场调查,稍有不慎便会造成库存积压,这样反而会加大成本,资金需先流通海外再回流到境内电商财务。

(3)经济性。国家对于保税区的商品有征收低关税等优惠政策,同时保税进口采用的是大规模进口模式,这种采购方式降低了商品的采购成本和运输成本,因此产品的销售价格也会比海外直邮产品低,保税备货模式为进口产品带来更高的利润和更具竞争力的价格。保税仓能为跨境电商销售商节省不少的成本。

(4)时效性。由于商品储存在我国境内关外的保税仓中,所以当消费者在平台下单后,货物通过清关手续后就能直接从保税仓发出,省去了国际运输的时间,商品能在较短的时间内就送到消费者的手中,从而使其获得较好的消费体验。销售商选择保税备货进口这一模式,除了可以通过规模效应降低物流成本,还可以减少清关时间,提高发货效率。而大部分消费者选择国内跨境电商平台(以保税仓发货为主)购买海外产品,也是因保税仓发货较其他物流模式速度更快。他们想要节省购物的时间,得到电商快速即时的反应和及时的送货上门,这一切都离不开可靠的物流和送货服务的支持。

(5)安全性。保税备货模式进口商品作为跨境电商形式进口的商品,除接受海关监管外,也要接受检验检疫部门的监管。就目前看,跨境零售进口主要以母婴、日化等高价值产品为主。安全性是保税仓仓储服务的重点。安全性主要体现在4个方面:一是,货物的完整程度;二是,货物的有效期;三是,货物数量是否有差异(丢货、换货行为);四是,出库前货物包装是否符合规范。

(6)即时性。跨境电商保税仓业务是随着跨境电商的快速发展应运而生的。因此,保税仓物流服务深受跨境电商平台业务的影响。而跨境电商平台主要依靠时间或者数字营销方式来促进销售量的提高,如各大购物节。

(二)跨境电商保税仓物流服务存在的问题

1. 宏观层面存在的问题

(1)跨境电商保税仓物流服务的责任主体需要进一步明确。物流、海外供应商、国内代理商以及商家等,都是跨境电商保税仓物流服务的主体,尽管我国《中华人民共和国食品安全法》界定了线上食品交易的第三方责任与权利等,但是,跨境电商主体的责任依旧不清楚,不仅涉及天猫国际等模式,还包括顺丰等平台,包含了资金流等一系列服务,同时,还有采购与仓储等服务。以上平台的业务包括报关与报检等,当收货方和供应商等主体不是一个人,并且货物依旧归海外供应商所有,那么,此类关系,可能会严重影响保税备货模式里的监管等工作。

(2)跨境电商保税仓物流信息管理系统有待进一步优化。保税备货模式下,跨境电商保税仓物流中心的信息系统主要链接三个系统,即仓库管理系统WMS、海关信息系统以及国检监管系统,发生任何库存变动,上述关务商检三个系统均需要进行数据交互。由于保税仓商品的SKU众多、动销率高、库内商品的批次管理难度高,仓库管理系统中的库位信息经常和海关信息系统以及国检监管系统中的库位信息不符,在海关或国检查验的过程中会出现商品报关或报检号与该商品其他属性信息不一致的情况。这样会直接导致海关或国检对客户订单进行卡单(商家订单已推送至仓库WMS系统,但订单无法分配、打单),对商家销量、仓库信誉和客户体验带来负面影响。

2. 微观层面存在的问题

(1)组织管理制度不健全。首先,保税仓运行的组织形式是按照库内作业流程来构建固定的组织结构,这种组织形式的优点是每个组织的员工各司其职,有利于发挥员工的专业性。其缺点是组织结构过于细化,使部门之间容易出现责任难以界定,相互推诿的状况。其次,很多保税仓物流企业不仅缺乏科学的领导方式,标准工作制度、质量管理措施的制定和实施也是遥遥无期,直接影响员工的意识,从而对物流效率和服务水平产生影响。

(2)设施设备落后。当前,一部分保税仓有结构上的问题,仓库结构无法满足当前物流业的相关需要,一些设施滞后,没有及时更新。在布局上没有进行合理规划,空间非常有限,生产操作可能会互相影响。普通仓储安排了许多设施,但是特种仓库数量有限。

设施设备的完好直接影响顾客的需求质量。在保税仓的整个物流过程中,商品的入库、上架、下架、存储、盘点、拣货、包装发运等作业环节,涉及液压车、高位叉车、高位货架、RF 手持、拣货车、栏板车、气泡机、工作台、流水线等设备,这些设施设备是合理组织批量生产和机械化流水作业的基础。就目前看,保税仓物流设备的适应能力、配套能力适中,技术水平、先进程度较低。这对高效、高质、高量地完成顾客的需求质量,保证物流服务的准确性和完好性产生了不利的影响。

(3)信息技术应用性差。近年来,跨境电商保税仓越来越趋向于云仓储,信息技术的开发和应用受到各个跨境电商平台和保税仓物流企业的重视。但是目前国内跨境电商保税仓信息技术的实际应用状况并不是很乐观,这是因为跨境电商保税仓的主营业务量来自"双十一""618"等大促活动,6 000 平方米的保税仓要想在一周之内发货 25 万件,对现场环境的复杂性和作业灵活性的要求非常高,现有的信息技术并不能完全满足这些要求。跨境电商保税仓的员工综合素质普遍不高,很多员工宁愿使用更加顺手的传统方法,也不会采用新技术。

(4)物流流程设计不科学。服务质量是客户关系管理的重要内容,依赖于服务提供前、提供过程中和提供结束后流程的设计和管理。保税仓物流服务流程设计的目的就是建立起良好的客户关系,达到留住老客户、发展新客户的目标。由于我国跨境电商发展尚未成熟,保税仓的流程更多的是依据普通电商仓库的流程来设计的,但是跨境电商保税仓又同时涉及海关、国检、跨境电商平台、贸易公司、消费者等多个主体,并且跨境电商保税仓具有顾客多样化、顾客产品多样化、出货少批量、多批次等特点,现有跨境电商保税仓物流企业的流程设计尚不科学。应该在物流流程设计上更注重流程的柔性化设计,为顾客提供个性化的物流业务实施方案,能够具有根据顾客的个性化要求提供增值服务的能力;要不断优化和调整物流流程设计,提高物流效率和服务水平。

五、跨境电商保税仓物流服务质量评价指标体系的构建

跨境电商保税仓物流服务质量评价指标体系,是由诸多影响保税仓物流服务质量的指标构成的有机整体,既反映了指标之间的关联性,又反映了其系统性。跨境电商保税仓物流服务质量评价指标体系的构建是对保税仓服务效果进行综合评价的基础和前提,对保税仓物流服务效果进行评价,能够找出保税仓在发展中的薄弱环节,明确保税仓物流服务的改进方向。

(一)跨境电商保税仓物流服务质量评价指标体系设计

1.指标体系设计原则

跨境电商保税仓不仅为跨境电商平台企业、消费者提供物流服务,其运行还涉及海关、国检等政府性质的市场主体。对跨境电商保税仓物流服务的评价涉及众多属性,这些属性的评价标准各不相同,有性质表述也有数据支撑,因此其评价指标也是多种多样的。这些评价指标的设定必须全面、客观、有效地反映跨境电商保税仓物流服务质量的真实水平。

为了保证指标的科学性和有效性,一般要遵循以下原则来设计评价指标。

(1)科学性原则。为构建一套科学合理的跨境电商保税仓物流服务质量评价指标体系,在评价维度的确定和指标的选择过程中,必须以理论指导为依据,以实践事实为基础,将理论与实际相结合,运用科学的方法,识别出保税仓物流服务过程中的关键指标。科学性原则要求在构建指标体系的过程中必须对保税仓物流服务质量的影响因素进行深入分析,并充分参考现有相关理论基础与研究成果,以确保指标体系构建得科学合理。

(2)全面性原则。全面性原则要求所选择的指标能够涵盖影响跨境电商保税仓物流服务质量的各个重要因素,影响跨境电商保税仓物流服务质量的因素有很多,为了对跨境电商保税仓物流服务质量的评价更加科学和客观,必须综合考虑不同的影响因素。但是这些影响因素有很多,有主要影响因素也有次要影响因素,在设定评价指标的时候要分清主次,突出重点,全面考虑影响跨境电商保税仓物流服务质量的主要因素。

(3)系统性原则。由于跨境电商保税仓里的环境相对于普通的电商仓库环境较为复杂,很多指标之间存在相互联系、相互制约的关系。有些指标之间存在横向联系,有些则存在纵向联系,甚至不同层次的指标存在"你中有我,我

中有你"的关系。指标体系的建立应在将指标分类后再进行分层级构建,以保证其逻辑关系明确,层级结构分明,保证指标体系的系统性;同时,指标设计过程中要尽量做到少而全面,设计出的指标应该尽量与企业的有关统计资料、报表相互兼容。

(4)针对性原则。评价指标体系的建立要考虑保税仓运作与管理的特殊性,在设定评价指标时有所区分,对每类服务评价要有针对性,必须能够体现各自的特点。在指标体系建立过程中,应根据指标对保税仓物流服务质量的重要程度,有针对性地拟定指标,再进行综合评价。对跨境电商保税仓物流服务质量的评价是为了对其服务质量水平进行评判,发现影响服务质量水平的关键因素有哪些,并且有针对性地提出建议性对策。因此,要有针对性地设定这些目标,如通关效率、发货准确率等。

(5)可操作原则。影响指标的因素有显性因素和隐性因素,而在实际研究过程中有些指标的资料和数据可以准确并简易地搜集到,而有些指标的资料和数据则搜集起来较为困难并且准确度也有所折扣。因此,在评价指标的选取过程中,应保证指标与实际应用相符,尽可能提取关键、含义明确、易于获取与计算的指标,保证数据资料的可得性,以便于实现评价过程的可行性和可操作性。

(6)定量和定性相结合的原则。由于物流是讲究时效的服务行业,时间性和服务性极强,结果数据是否科学、顾客体验是否完美,直接影响着物流服务质量水平的高低。这也决定了跨境电商保税仓物流服务质量评价指标具有定量和定性双重性质。而本书在跨境电商物流服务质量指标的设定上是以量化指标为主,这样可以更大限度地降低主观因素的干扰,使评价结果更加科学有效。同时,由于保税仓环境的特殊性和复杂性,对物流服务质量的评价也涉及客户自身主观感知和判断,部分指标无法量化,如收费增值效果、库位优化程度等。因而,应通过定性与定量结合分析,保证指标来源合理可靠,评价过程有效客观,从而保证评价结果的真实性和参考价值。

2.评价指标设计思路

跨境电商保税仓物流服务包括多方面的内容,整体上有三大主要部分,即关务、仓储、金融。跨境电商保税仓物流服务质量评价指标的设定,需要考虑这三方面的内容。从跨境电商保税仓物流服务存在的问题可以看出指标的设定还需要从两个方面出发:一方面是顾客的期望值和感知度,另一方面是企业自身的组织支撑能力。因此,首先,要结合顾客的期望总结出跨境电商保税仓物流服务的从属特征;其次,找到与这些从属特征相关联的服务行为,设定服务行为的标准,对实际服务行为进行评价和改进;最后,还要考察组织支撑能力对物流服务行为的正负影响,并加以继承和改进。

3.评价指标设计标准分析

本书的目的是对跨境电商保税仓物流服务质量进行评价,找出关键性指标关联的行为,并加以改进。效益悖反理论是物流行业最常见的问题,企业一方面要确保服务质量的高水平,另一方面要确保成本的合理控制。本书假设在一种理想的环境下对跨境电商保税仓物流服务质量进行研究,提出改进性措施,通过加强跨境电商保税仓物流服务质量指标的相互作用,达到其物流服务质量的提高,而成本基本不变。

本书在借鉴物流服务质量评价指标体系的基础上,结合国内外跨境电商平台、论坛社区消费者的评论及投诉以及行业标杆企业和专家学者的建议,探索性地设计出跨境电商保税仓物流服务质量评价指标体系,具体分为基于客户感知质量的评价指标和基于组织支撑质量的评价指标。

(1)跨境电商保税仓物流服务功能性指标分析。跨境电商保税仓物流服务功能性评价指标是从顾客角度来测量保税仓在服务上的多样性、增值性。这一指标是完全从顾客的期望角度来设定的,它取决于跨境电商保税仓的物流服务能力和顾客对物流服务功能的期望。因此,根据跨境电商保税仓物流服务的特征,考虑跨境电商保税仓物流服务能力的资料数据以及顾客对物流服务质量的主观认知,可以设计出跨境电商保税仓物流服务功能性指标。

1)仓库服务多样性。反映的是保税仓有能力为顾客提供多方面的有效服务,跨境电商业务是一条完整的供应链,涉及国际供应商、国际海关、货代企业、国内保税区、贸易公司、跨境电商平台、消费者等多个主体。保税仓恰恰是整个链条上的枢纽,因此,提供多样化的服务更容易在行业竞争中获得顾客的青睐,满足其服务期望,如金融、仓储服务和关务服务。

2)仓库服务增值性。反映的是保税仓是否为顾客提供除合同约定外的服务或者个性化服务,如降低保证金、担保等金融服务、向客户更新海关信息、提供转仓设备耗材等。

(2)跨境电商保税仓物流服务时间性指标分析。跨境电商保税仓物流服务的时间性指标是从顾客角度测量保税仓物流服务在时间上的合理性。这一指标是从顾客体验上设计出来的，它取决于跨境电商保税仓的物流服务能力和顾客对物流服务时间的期望。因此，根据跨境电商保税仓物流服务的特征，仅考虑跨境电商保税仓物流服务在时效上的数据资料，可以设计出跨境电商保税仓物流服务时间性指标。

1）报关、转关时间反映的是保税仓报关转关所用的时间，关务组把报关资料整理好发给报关行，报关行负责具体报关工作，报关完成以后货物才能进保税区入仓。一般的报关时间为3～7个工作日。

2）库内作业及时性反映的是商家货物进入仓库之后的非生产性库内作业时间。如货物贴标、上架、下架、出库打托等。货物贴标的时间依据仓库人力和货物属性而定，如小瓶保健品每人每天可处理2 000～4 000件，而处理大瓶洗洁用品则慢一点。上架时间一般为商品贴完标之后1～3个工作日。出库打托时间依据出货数量而定。

3）订单处理时间反映的是从客户下单到生成拣货单，拣货领用后的时间。非大促情况下，上午10时前的单据，当日下午4时之前必须响应，下午4时前的单据，当前工作日内必须响应。

4）订单释放周期反映的是从接到客户订单开始到货物完全发运的时间，包括打印拣货单、拣货、验货包装、称重清关发运五个环节。非大促情况下，16时前的单据当天必须全部处理。

5）异常订单处理时间反映的是处理当前工作日及之前的漏单、漏拣、漏验、漏称重、漏清关发运订单的时间。非大促情况下，异常单必须在当前1个工作日内处理结束。

6）退货时间反映的是消费者把商品退还仓库之后，仓库把商品退还至商家的时间（由于海关总署规定跨境商品出库后的商品不能直接入库），非大促情况下1个工作日内处理结束。

7）换货时间反映的是仓库收到消费者寄回的商品后，补发货物的时间，非大促情况下1个工作日内处理结束。

（3）跨境电商保税仓物流服务安全性指标分析。跨境电商保税仓物流服务的安全性指标是从顾客角度测量保税仓物流服务的安全性。这一指标是从顾客体验上设计出来的，它取决于跨境电商保税仓物流服务的规范性和顾客对物流服务安全性的体验。因此，根据跨境电商保税仓物流服务的特征，考虑跨境电商保税仓物流服务在安全上的数据资料，可以设计出跨境电商保税仓物流服务安全性指标。

1) 库存准确率反映的是保税仓实际仓储数据相对于海关台账及商家 WMS 系统数据的一致程度,包括库位准确率(货位一致)、实际货品的属性准确率(品名、商家、数量、批次号等)。库位准确率应保持在 99.8% 以上,库存准确率应保持在 99.7% 以上。

2) 货物破损率反映的是顾客在保税仓内存放的由于仓库自身原因造成的破损货物的比例,应保持在 0.1% 以内。

3) 发货准确率反映的是保税仓发货的准确程度,规定为 100%。

4) 信息准确率反映的是客户及购买产品的属性与所发货物属性的一致程度,规定为 100%。

(4) 跨境电商保税仓物流服务的经济性指标。跨境电商保税仓物流服务的经济性指标是从顾客角度测量保税仓物流服务在收费上的合理性。这一指标是从顾客体验上设计出来的,它取决于顾客对物流服务在经济上的期望。因此,根据跨境电商保税仓物流服务的特征考虑跨境电商保税仓物流服务在经济上的顾客体验程度,可以设计出跨境电商保税仓物流服务经济性指标。

1) 收费合理程度反映的是顾客所有的仓内成本挂靠的合理程度。每项服务的收费标准都依据双方商务谈判后的合同标准。

2) 收费的增值效果反映的是顾客购买服务之后所接受的增值服务体验,具体由顾客主观判定。

(5) 跨境电商保税仓物流服务的舒适度指标分析。跨境电商保税仓物流服务的舒适性指标是从顾客角度测量保税仓物流在客户交互方面的舒适度。这一指标是从顾客体验出发设计出来的,它取决于客户交互的效果。因此,根据跨境电商保税仓物流服务的特征,考虑跨境电商保税仓物流服务在客户交互体验上的效果,可以设计出跨境电商保税仓物流服务舒适性指标:投诉率反映的是投诉客户数量占总客户数量的比例。投诉率的高低反映了客户接受服务舒适度的高低。投诉率应控制在 1~2 单/月。

(6) 跨境电商保税仓物流服务人员指标分析。跨境电商保税仓物流服务的人员指标是从人员综合素质和人效方面测试保税仓物流服务的员工情况。这一指标是从日常管理和生产量方面设定的。因此,根据跨境电商保税仓物流服务的特征,考虑人事资料及跨境电商保税仓员工的日常工作表现,可以设计出跨境电商保税仓物流服务人员指标。

1) 员工数量从侧面反映了跨境电商保税仓的生产力状况。一个 6 000 平方米左右的跨境电商保税仓的人员配备应为 32 人左右,并且生产小组人员至少要占总员工的50%。

2)员工学历反映了跨境电商保税仓员工的整体素质,影响着仓库的生产管理以及服务质量。关务系统部门必须全部为大专及以上学历,其他收货、库存、拣货、验货包装、发运部门负责人须为大专及以上学历,普通生产型员工须为高中(中专)及以上学历。总之,大专及以上学历的员工比例应达60%以上。

3)员工人效反映的是跨境电商保税仓的生产状况,是最能体现其生产力的指标。保税仓员工人效应保持在每人10~13单/小时。

(7)跨境电商保税仓物流服务设施指标分析。跨境电商保税仓物流服务的设施指标是从软硬件设备效率来测试保税仓物流服务的设施情况。这一指标是根据满足顾客需要的生产需求方面设定的。因此,根据跨境电商保税仓物流服务的特征,考虑保税仓日常生产所需要的基本操作场地、工具、环境,可以设计出跨境电商保税仓物流服务设施指标。

1)库存面积反映了跨境电商保税仓进出货物的能力,可细分为仓库总面积、可用面积、办公面积、作业面积。一般跨境电商保税仓的面积,小则六七千平方米,大则上万平方米,其中作业区面积占95%以上。

2)库存容量反映了跨境电商保税仓接纳货物以及优化库位的能力,一般指可用空库位的数量。库存容量可以细分为总库位、可用库位、存储位、拣选位、可用存储位、可用拣选位、高速周转区。大促期间各个大型跨境电商仓储都会面临爆仓的情况,大幅影响了作业效率。

3)信息系统严重影响着跨境电商保税仓的物流服务质量,主要包括仓WMS系统和关务系统。保税仓WMS系统是和海关总署以及跨境电商平台企业相连接的仓库专用系统,不仅和仓库日常生产作业息息相关,还关系着企业的数据安全。小型跨境电商保税仓一般会选择第三方提供的WMS系统,大型跨境电商保税仓往往会自行研发WMS系统,但是灵活性不及第三方公司。关务系统由海关提供,与企业无关。

4)操作设备是跨境电商保税仓日常生产的最基本的劳动工具。一般包括移动手持、办公用计算机、拣货车、高位叉车、流水线、气泡机、各种耗材等。这些设备的质量和便捷性对于日常生产的影响不是很大,但是在面对"双十一""双十二"这样的大促活动时至关重要,严重影响保税仓的作业效率。

(8)跨境电商保税仓物流服务方法指标。跨境电商保税仓物流服务的方法指标是从保税仓的作业效率来测试保税仓作业方法的科学性和有效性。这一指标是根据日常生产过程需要和生产结果反馈设定的。因此,根据跨境电商保税仓物流服务的特征,考虑员工使用的工作方法在日常生产中的效果,可以设计出跨境电商保税仓物流服务方法指标。

1)标准型作业方法是跨境电商保税仓的标杆性作业方法,也是衡量跨境电商保税仓物流服务质量的重要指标之一,作业方法是否规范、科学、有效,直接影响仓库的作业效率。每个环节的随性操作都会给此生产链的下游及整个仓库造成作业困难。

2)创新型作业方法是跨境电商保税仓提升服务质量的重要法宝。一方面跨境电商零售进口商品属性各异,种类复杂,标准化作业难度大;另一方面跨境电商保税仓物流作业季节性较强,主要业务集中在几个大促活动,这就对作业方法的创新提出了高要求。

在不同的环境下,针对不同的商品采取特定的作业方法,不仅可以降低作业成本,还可以提高作业效率。因此,保税仓物流服务一定要注重库内作业的灵活性和创新性。

(9)跨境电商保税仓物流服务的环境指标。跨境电商保税仓物流服务环境评价指标是从日常作业过程及作业效果来测量保税仓物流的作业环境。这一指标是从员工的工作角度来设定的,它取决于跨境电商保税仓的上层架构和企业文化。因此,根据跨境电商保税仓物流服务的特征,考虑跨境电商保税仓作业状态,可以设计出跨境电商保税仓物流服务环境指标。

1)制度架构反映的是跨境电商保税仓上层管理是否标准化、规范化。具体包括考勤制度、安全制度、库区作业制度、绩效考核制度、文化建设制度等。

2)工作氛围反映的是跨境电商保税仓部门之间的协同性。物流企业相对其他企业部门之间的联系更为紧密,任何环节的差错都会给整个团队造成不便,因此团结的工作氛围至关重要。此外,团队应保持一种积极向上的心态,相互学习,不怨天尤人。

3)库区环境可以侧面反映出跨境电商保税仓执行力和生产力方面的能力。整洁有序的库区环境不仅能使员工轻松愉快地工作,还能在顾客心中塑造一种标准规范的印象,形成"标签效应"。

4.评价指标体系的构建

本部分结合跨境电商保税仓物流服务的相关文献研究和跨境电商物流服务实地调研结果,对跨境电商保税仓物流的发展现状和问题进行了分析。在充分考虑前面指标设计原则和设计思路的基础上,探索性地开发出了具有9个一级指标,28个二级指标的跨境电商保税仓物流服务质量评价指标体系,二级指标中定性指标11个,定量指标17个。

本书建立的指标体系从顾客感知和组织支撑两个方面入手,将跨境电商保税仓物流服务功能性指标、跨境电商保税仓物流服务时间性指标、跨境电商保税仓物流服务安全性指标、跨境电商保税仓物流服务经济性指标、跨境电商保税仓物流服务舒适度指标、跨境电商保税仓物流服务人员指标、跨境电商保税仓物流服务设施指标、跨境电商保税仓物流服务方法指标、跨境电商保税仓物流服务环境指标定位为一级指标,且从顾客感知和组织支撑的综合视角出发,根据指标体现的不同方面的特征,选择仓库服务多样性、仓库服务增值性、报关、转关及时性、库内作业及时性、订单处理时间、订单释放周期、异常订单处理时间、退货时间、换货时间、库存准确率、货物破损率、发货准确率、信息准确率、收费合理程度、收费增值效果、投诉率、员工数量、员工学历结构、员工人效、库存面积、库存容量、信息系统、操作设备、标准型作业流程、创新型作业流程、制度架构、工作氛围、库区环境作为二级指标。

(二)基于灰色关联度分析跨境电商保税仓物流服务质量评价

1.评价方法概述和确定

不需要确定指标权重的服务质量评价方法有马田系统和主成分分析,需要确定指标权重的服务质量评价方法有逼近理想值的排序分析方法(Technique for Order Preference by Similarity to Ideal Solution,TOPSIS法)、灰色关联度分析方法等。不同的方法有不同的适应性,需要根据具体的问题选择评价方法。

(1)日本田口玄一博士等于2000年首次提出马田系统的概念。马田系统首先是采用正交表和信噪比优化指标体系,淘汰对结果影响较小的指标,然后预测样本到基准空间的马氏距离,并与评价阈值对比,从而有效评价样本质量情况。马田系统不仅可以对服务质量进行合格评定,还能进行星级评定,缺点是基准空间存在很大的主观性,阈值确定也是依靠经验。

(2)主成分分析,旨在利用降维的思想,把多指标转化为少数几个综合指标(主成分),其中每个主成分都能够反映原始变量的大部分信息,且所含信息互不重复。主成分分析法研究如何通过少数几个主成分来解释多变量的方差一协方差结构。主成分分析不适用对企业进行单独分析。

（3）TOPSIS法是由C. L. Hwang和K. Yoon于1981年首次提出的,主要依靠"理想解"和"负理想解"来排序,将理想值重新组成一个理想的方案,根据各方案与理想方案的距离来评价出最优方案。

（4）20世纪80年代初,灰色关联度分析是由邓聚龙教授研究出来的,其研究对象是"部分信息未知"和"部分信息已知"的"贫信息"系统。在系统发展过程中,若两个因素变化的趋势具有一致性,即同步变化程度较高,可谓两者关联程度较高;反之,则较低。灰色关联度分析首先是找到标准数列,即各反映样本行为特征的数据序列。然后算出样本与标准数据序列的关联程度,关联程度越高,结果越满意。该方法的评价结果比较客观,并且不要求全部数据,计算过程简单且易操作。

通过对以上服务质量评价方法的使用方法和特点进行分析,本部分选取灰色关联度分析作为跨境电商保税仓物流服务质量评价的方法。有以下几点理由。

1）跨境电商保税仓物流服务质量评价的目的在于对现有保税仓服务质量进行评价改进,不仅有定性描述还有定量评价,指标的处理过程涉及专家、顾客的主观评价,为了使评价过程更为公平客观,评价结果更加真实可信,还需要对某些指标数据进行数理方法评价。

2）灰色关联度分析可以运用此方法解决随时间变化的综合评价类问题,且能提供样本标准,使保税仓及其利益相关者在对样本进行改进时,更加容易且有效。另外,这种评价方法计算简单,操作性强并且结构直白,适合跨境电商保税仓物流服务管理。

2.评价指标权重的确定

在跨境电商保税仓物流服务质量的评价指标体系中,一种指标与同类任何其他指标相比,其发挥的作用、地位、对服务质量的影响程度都是不一样的。因此,要基于每个指标的重要程度对其赋予权重。指标权重关乎这一指标对总体服务质量的贡献率。科学有效的指标权重是跨境电商保税仓物流服务质量评价的关键。目前计算指标权重的方法有很多,主观赋权法有加权法、多元分析法、层次分析法、模糊统计等,客观赋权法有熵值法、线性规划法等。本书考虑到指标特征和可操作性选取层次分析法进行权重判定。

（1）层次分析法的应用。层次分析法（AHP）是将待决策问题分解成目标、准则、方案等层次,进行定量和定性分析的一种决策方法。层次分析法是先把待决策问题层次化,然后用求解判断矩阵特征向量的办法,求得每一层次的各元素对上一层次某元素的优先权重,最后再用加权和的方法递阶归并各备择方案对总目标的最终权重。

(2)构造保税仓物流服务质量的层次分析结构。对于跨境电商保税仓物流服务质量这个问题,层次分析模型结构有三层:最高层为目标层,提升物流服务质量;中间层为准则层,即保证物流服务质量的九个方面(功能性、时间性、安全性、经济性、舒适度、人员、设施、方法、环境);最下一层为具体方案,一共 28 个。

(3)构造判断矩阵并进行一致性检验。这一步主要是根据准则层和方案层对于目标层的不同影响,进一步确定权重。将准则层的九个因素(功能性、时间性、安全性、经济性、舒适度、人员、设施、方法、环境)设为 $[X_i(1,2,\cdots,9)]$,判断某层次某个因素 X_i 相对于另外一个因素 X_j 的重要值,这个重要值用 V_{ij} 表示,并建立判断矩 $A=(V_{ij})_{m/n}$,其具有以下形式。

$$A = \begin{bmatrix} V_{11} & V_{12} & \cdots & V_{1n} \\ V_{21} & V_{22} & \cdots & V_{2n} \\ V_{m1} & V_{m2} & \cdots & V_{mn} \end{bmatrix} \quad (4-1)$$

矩阵 A 中 V_n 的取值用 $1\sim9$ 级标度来确定,V_{ji} 的取值用 $1/9\sim1$ 级标度方法确定。

根据数学理论算出矩阵 A 的特征根 λ。层次分析法使用半段矩阵最大的特征根之外的其余特征根的负平均值作为判断矩阵是否偏离的指标,即:

$$CI = \frac{\lambda_{\max} - n}{n-1} \quad (4-2)$$

当 CI=0,$\lambda_1=\lambda_{\max}=n$ 时,判断矩阵具有完全一致性。由于评价指标较为复杂,判断矩阵在咨询多位专家之后形成,如果各专家的判断协调一致,没有相互矛盾,则称判断思维具有一致性。当判断矩阵的一致性指标 CI 与同阶平均随机一致性指标 RI 的比率小于 0.10 时,就认为判断矩阵具有满意的一致性,否则就要调整判断矩阵。

3.评价指标数据处理

跨境电商保税仓物流服务质量评价指标有定性指标也有定量指标,本书对 11 个定性指标数据的处理依据行业经理人 2 人、跨境电商平台经理人 2 人进行 10 分制打分,按照其合理程度划分等级:很不合理、不合理、不太合理、一般、较合理、合理、很合理,对应的分数依次为 0~2 分,2~4 分,4~6 分,6~7 分,7~8 分,8~9 分,9~10 分。采用加权平均法计算出指标最终得分,依据专家的权威性给专家做权重判定 $W_i(i=1,2,3,4)$。

设定 E 为专家集,$E=\{E_1,E_2,E_3,E_4\}$;设定 G 为指标集,$G=\{G_1,G_2,\cdots,G_n\}(n=1,2,\cdots,11)$;设定 X,Y,M,N 为评价对象,$X_{ij}(i=1,2,3,4;j=1,2,\cdots,11)$ 为 i 专家对 X 评价对象第 j 指标的打分,$Y_{ij}(i=1,2,3,4;j=1,2,\cdots,11)$ 为 i 专家对 Y 评价对象第 j 指标的打分,$M_{ij}(i=1,2,3,4;j=1,2,\cdots,11)$ 为 i 专家对 M 评价对象第 j 指标的打分,$N_{ij}(i=1,2,3,4;j=1,2,\cdots,11)$ 为 i 专家对 N 评价对象第 j 指标的打分。

设 $S_{cj}(j=1,2,\cdots,11;c=x,y,m,n)$ 为 C 评价对象第 j 个指标的得分,则计算公式为

$$S_{cj}=\frac{\sum_{i=1}^{4}c_{ij}\times w_i}{\sum_{i=1}^{4}w_i}(i=1,2,3,4;j=1,2,\cdots,11,c=x,y,m,n) \quad (4-3)$$

4. 灰色关联度分析

在跨境电商保税仓物流服务质量评价中的应用,对于跨境电商保税仓物流服务质量的综合评价,实际上是一个排序问题,在众多保税仓中排出优先顺序。灰色综合评价法主要是依据模型。

$$R = E \times W \quad (4-4)$$

式中:R 为 m 个评价对象的评价结果向量;W 为 n 个评价指标的权重向量;E 为指标的判断矩阵。

$$E=\begin{bmatrix} f_1(1) & f_1(2) & \cdots & f_1(n) \\ f_2(1) & f_2(2) & \cdots & f_2(n) \\ \vdots & \vdots & \cdots & \vdots \\ f_m(1) & f_m(2) & \cdots & f_m(n) \end{bmatrix} \quad (4-5)$$

式中:$f_c(j)$ 为 C 方案中第 j 个指标与第 j 个最优指标的关联系数。

灰色关联度的计算有以下几个步骤。

(1) 判定最优指标集。最优指标集的选择根据评价对象的实际情况而定,如果某一指标取最大值为好,则取该指标在各个评价对象中的最大值,如净收益;如果某一指标取最小值为好,则取该指标在各个评价对象中的最小

值。但是,在最优值的选取过程中还要考虑评价对象的实际情况,最优指标的选取要贴近现实,特别要注意物流企业普遍具有效益悖反理论。构造指标集矩阵得

$$D = \begin{bmatrix} l_1 & l_2 & \cdots & l_n \\ l_1 & l_{21} & \cdots & l_{31} \\ \vdots & \vdots & \cdots & \vdots \\ l_{1m} & l_{2m} & \cdots & l_{nm} \end{bmatrix} \tag{4-6}$$

式中:l_{jc} 为 C 方案中第 j 个指标的原始数值。

(2) 处理指标原始数据。因为评价对象的指标有不同的量纲和数量级,所以不能直接比较,为了确保结果的科学性,需要对指标原始数据进行规范化处理,化为 $V_{jc} \in [0,1]$。

$$V_{jc} = \begin{cases} \dfrac{l_{jc}}{l_j^{\max}}, 1 \leqslant j \leqslant n, 1 \leqslant c \leqslant m, l_{jc} \in B \\ \dfrac{l_j^{\min}}{l_{jc}}, 1 \leqslant j \leqslant n, 1 \leqslant c \leqslant m, l_{jc} \in C \end{cases} \tag{4-7}$$

第 j 个指标的变化区间为 $[l_j^{\min}, l^{\max_j}]$,$l_j^{\min}$ 为第 j 个指标最小值,$l_j^{\max}$ 为第 j 个指标最大值,其中 B 为效益指标,C 为成本指标。这样 $D \to G$ 矩阵。

$$E = \begin{bmatrix} v_1 & v_2 & \cdots & v_n \\ v_1 & v_{21} & \cdots & v_{n1} \\ \vdots & \vdots & \cdots & \vdots \\ v_{1m} & v_{2m} & \cdots & v_{nm} \end{bmatrix} \tag{4-8}$$

(3) 计算综合评价结果。根据灰色理论将 G 矩阵第一行作为参考数列,将其他行作为比较数列,利用关联性分析求 f_{cj} 的值,即 C 方案中第 j 个指标与第 j 个最优指标的关联系数。

$$f_{cj} = \dfrac{\min\limits_{c} \min\limits_{j} |v_{j*} - v_{jc}| + \mu \max\limits_{c} \max\limits_{j} |v_{j*} - v_{jc}|}{|v_{j*} - v_{jc}| + \mu \max\limits_{c} \max\limits_{j} |v_{j*} - v_{jc}|} \tag{4-9}$$

μ 位于 $0 \sim 1$ 区间内,一般取值 0.5。

$$r_c = \sum_{j=1}^{n} w_j \times f_{cj} \tag{4-10}$$

若 r_c 越大,说明第 c 保税仓越接近目标方案,可以据此排序。

第五章　跨境电商物流供应链管理

第一节　邮政与物流专线

一、国际邮政小包

(一)国际邮政小包概述

国际邮政小包是目前跨境电商中运用比例较大的国际物流服务。顾客个人可以利用邮政小包的形式发货,邮政公司通过万国邮政联盟完成进出口流程。中国邮政、德国邮政、日本邮政等都是具有代表性的国际邮政小包服务提供商。

国际邮政小包寄递方便、价格合理、可以进行全程物流追踪,安全可靠。

2018年11月8日,中国邮政中欧铁路国际包裹业务全面展开,国际邮政小包可以通过中欧班列直接抵达欧洲23个国家。中欧班列国际邮政小包业务的投入运营响应了国家"一带一路"倡议,为跨境电商企业和消费者个人的跨境电商物流寄递问题提供了新的解决方案。

(二)国际邮政小包业务发展

国际邮政小包业务包括国际平包、挂包和E邮宝,具有全球通达性、合法性、清关便利和价格低等特点,其中跨境电商出口小包类产品占B2C跨境出口市场的五成以上,但同时也受到了国内外市场环境及科技进步的影响,包括国际终端费上涨、国内扩大开放,以及大数据、人工智能、金融科技、智慧物流等技术的蓬勃发展。

1. 当前国际邮政小包业务发展存在的问题

一是国际邮政小包的价格优势,会受到终端费上涨的影响。二是国际邮政小包的跟踪服务质量低于很多竞争对手。三是国际邮政小包业务的欠费问题比较严重。四是中国邮政开展金融、寄递、电子商务、报刊、媒体和集邮等多种业务,各种业务发展不平衡,科技水平落后,数据和信息技术投入不足,未发挥综合优势。

2. 国际邮政小包业务发展建议

(1)金融信贷和寄递业务相结合。邮政开办金融和寄递等多种业务,响应用户多种需求,可为用户提供全生态服务,因此可结合金融信贷服务加强对寄递用户的监控,用寄递客户壮大"金融翼"的实力。

全国邮政业务中,国际邮政小包欠费非常突出。我国商业环境中也存在欠费和欠债问题,一个企业主注册多家公司,逃匿资产和税收,一旦欠费,法院执行面临困难。目前,政府层面不断加强宣传和执行力度,净化商业环境,力争三年内解决执行难问题,而企业自身也应积极采取措施,肃清发展障碍。一是呼吁 Wish、eBay 和速卖通等电子商务平台加强对商家的控制力度,邮政与各个主要电子商务平台合作,加强对商家欠费监管。二是发挥金融业务对用户的监控作用,信贷以企业主财产为抵押,可以有效解决企业主注册多家企业和逃匿资产的行为。目前,商业客户对信贷需求十分迫切,因此邮政金融信贷应充分发挥激励作用,对及时交运费的企业提供信贷优惠。同时,代理金融以存款利差分成作为收入来源,可以发挥代理金融网点与本地客户关系密切的优势提供信贷产品,开拓新市场。三是寄递业务和邮政储蓄业务要互相协作。寄递类客户是邮务产品中规模最大的高质量用户,而国际邮政小包客户是寄递类产品的最优质客户,可以将寄递客户交叉给邮政金融事业发展。实现寄递和金融大数据交叉营销,通过寄递用户挖掘金融用户。寄递类业务用户平均年龄 37 岁,与全国平均年龄接近,邮政金融、报刊和集邮等业务客户年纪较大,年青一代客户可通过寄递业务识别邮政品牌,成为邮政其他板块业务的忠诚客户,同时寄递业务也可以得到金融用户数据。

(2)从跨境出口为主转向进出口均衡。万国邮政联盟计划逐步消除发展中国家和发达国家的终端费差距,终端费的大幅上涨,将迫使国际邮政小包业务上调资费。中美邮政渠道终端费价格不平衡,引起美国不满。在欧洲,英国店主对中国到英国的邮政跨境低运费也很不满。

我国是世界主要出口国,出口比例远远大于进口。我国当前贸易政策是大幅度增加进口,平衡国际贸易,倒逼国内产业升级,满足消费者对高质量消费品的需求。邮政应充分利用政策红利,增加跨境进口业务,以此平衡跨境出口终端费的增长,降低价格上涨传导给用户的副作用。

邮政跨境进口市场优势较大,跨境进口用户以中产阶级为主,跨境进口小包发展也将提升邮政品牌地位。建议邮政增加海外国际邮政互换站,建设海外回国仓和回国线路,同时把跨境进口与电子商务业务发展相结合,加大对邮乐网投入,组织货源,增加跨境进口产品电子商务自行销售规模。

(3)开拓"一带一路"市场。国际邮政小包类产品主要流向美国和欧洲等发达国家和地区,在东南亚、非洲和中东等国家规模较小,这些国家终端费不高,因此开拓"一带一路"市场潜力较大。

(4)拓展工业生产资料市场。全球化生产日渐呈现本地化趋势,更加靠近用户,工业生产资料运输比例将不断扩大。工业 4.0 向消费端和生产端两个方向发展,有观点认为邮政更应重视消费端,但是从现有国际邮政小包用户看,邮政在生产端有较大市场。

(5)大力拓展 B2B 市场。电子商务化是邮政的第二次转型,与邮政合作的电子商务平台包括 Wish、速卖通、LAZAD 和万邑通等,以 B2C 平台为主。B2B 跨境出口市场比较成熟,发展趋势是碎片化订单,订单小、次数多、交货时间短和避库存,适合国际邮政小包产品特点。目前,中邮国际小包 B2C 占比高达 78%,要想拓展市场需要更多关注 B2B 平台。

各大平台根据时效和可跟踪性水平来定义物流质量,高价产品用高质量物流运送,这要求国际邮政小包提高服务质量。Wish 和速卖通正在扩展增加妥投信息服务。各大平台为保证服务质量,逐步要求卖家必须使用推荐的物流公司,因此入选成为平台物流公司很关键,入选后物流收入也能得到一定保障。因此,邮政要深化平台合作,通过提高质量、加入平台物流系统,来扩大 B2B 市场规模。

中国邮政是集金融、物流、媒体、信息和电子商务于一体的综合企业集团,应借助互联网思维,充分发挥多个业务板块的协同效力。国际邮政小包类产品,应与金融业务相结合,作为多种业务集成的突破口。为满足国内消费者对跨境进口需求的增长,邮政应关注跨境进口,平衡终端费上涨。

关注工业品类和 B2B 市场,减少对 B2C 市场的依赖,开拓 3C 类和其他受到运输限制的商品市场。随着终端费价格上涨,邮政急需提高产品质量,为客户提供更多时限短、时限稳定和跟踪信息多的小包产品,优化客户体验。

二、国际物流专线

国际物流专线是针对特定国家或地区的跨境专线配送方式。国际物流专线的物流方式、运输时间、运输路线、终点与起点基本上都是固定的。

与国际邮政小包相比,国际物流专线的物流效率更高一些,且其物流成本比国际商业快递低,同时,能够确保通关效率,从跨境电商的角度来看,其是线路固定的、比较适用的物流解决方案。然而,国际物流专线的不足之处,就是存在地域局限性。其专线主要有:路桥专线、港口专线、铁路专线、固定线路多式联运等。典型案例包括:国际传统亚欧航线、中俄专线、顺丰深圳—台北全货机专线等。国际物流专线,可以为跨境电商提供高效服务,如阿里电商物流制定的物流策略等。

第二节 商业快递与集货物流

一、国际商业快递

(一)国际商业快递的优势

DHL、UPS 以及 FedEx 是目前国际上具有代表性的提供商业快递业务的公司。跨境电商平台的商品通过国际商业快递物流企业进行运输通关配送。我国许多商业公司也积极拓展国际快递业务,比较有代表性的有顺丰速运、圆通速递等。国际商业快递可以针对不同消费者,不同货物量身定制国际物流解决方案,可以全程追踪物流信息,价格稍高但是安全性和实效性有保障。国际商业快递的缺点是偏远地区一般没有网络,无法配送。

国际商业快递公司的优势如下所述。

1. DHL 的优势

DHL,又称敦豪航空公司,优势在于:
(1)服务区域广,派送网络遍布世界各地。
(2)价格低。
(3)时效快,正常情况下 2~4 个工作日通达全球。
(4)建立了欧洲专线及周边国家专线服务,服务速度快、安全、可靠、查询方便。

2. UPS 的优势

UPS,又称为联合包裹服务公司,优势在于:

(1)服务区域广,覆盖200多个国家和地区。

(2)服务好,提供全球货到付款服务,可免费、及时、准确地上网查询服务,加急限时派送服务,有超强的清关能力。

(3)价格低,主力打造美国专线,北美特惠。

(4)时效快,正常情况下2~4个工作日通达全球,特别是美国48小时能到达。

3. FedEx 的优势

FedEx,即联邦快递公司,优势在于:

(1)服务区域广,可通达全球220多个国家和地区,美洲和欧洲在价格和时效方面尤其具有优势。

(2)时效快,正常情况下2~4个工作日即可通达全球。网站信息更新快,网络覆盖全,查询响应快。

(3)服务好,FedEx 提供国际快递预付款服务以及免费、及时、准确的上网查询服务。

(4)价格低,到中南美洲及欧洲区域的价格有明显优势。

(二)国际快递业务派件流程优化原则

首先,服务客户原则。流程的制定应体现为顾客创造有益价值的服务理念,强调流程为顾客而设。价格高低、服务的好坏会影响客户决定使用哪家快递公司。在价格定位的清晰的目标市场中,服务就是目标客户的选择快递公司的唯一标准。因此就必须从客户的角度出发,优化客户服务体验,提升快递时效,增加客户依赖度,提高快递公司国际业务的市场占有率。

其次,整体流程最优原则。在流程优化的过程中,应充分体现系统论思想,注重整体流程的系统优化,以整体流程全局最优为原则。即从整理流程优化角度出发,对现有流程进行删减、重排、简化、整合,从而做到整体流程最优化。流程优化中可能部分环节并不能做到最优或相较之前成本更高或更复杂,但该环节优化可以使整体流程更合理、更优,得到 $1+1>2$ 的效果。

最后,信息系统集成化原则。即最大限度地实现信息系统整合和时时共享,充分运用最新的 AI 智能技术,形成数字信息的获取、处理和共享使用机制。将打通流程环节的信息流,从客户下订单开始将订单数字信息快速分解至后续流程之中,通过订单系统、运力管理系统、关务系统,动态管控快递,根据客户需求提供最优的快递派件服务。

(三)国际快递业务派件流程优化目标

其一是降本增效。这是企业转型升级、提升核心竞争力、实现可持续发展的重要手段。从传统做法看,减少运营成本可能会带来服务质量的下滑。而本研究通过深入研究快递公司自身现状,行业标杆企业流程及未来行业发展趋势,流程优化可以在确保质量稳定的前提下,促进企业降低成本、提高效率和效益,实现企业转型升级的目标。

其二是创新业务模式。快递公司作为国内营收最大的民营快递公司,作为世界营收第四名的快递公司,在主营快递服务上,不能仅仅靠国内快递业务流量支撑,更需要国际快递服务的加持。此外还应该通过创新业务模式,引领行业发展,掌握行业核心竞争力。具体有创新研发智能交互信息系统平台,把客户需求转换成数字信息,通过订单系统、分拨中心管控系统、运力管理系统、关务系统,将快递的揽收环节、中转分拨环节、口岸操作环节及末端派送环节等业务流程串联起来。另外还需要自主研发智能无人运力,比如新能源无人车、无人机等揽收端、派送端运力资源,建设智能无人分拨中心。并通过智能交互系统管理运力资源、分拨中心,突破现有的某环节完成后再进行下一环节的业务流程模式,在揽收完成后根据订单信息,配置出最优的运输路径、运力班次,完成进出口预申报工作。通过使用以上创新的业务模式,不但可以降低了人力运营成本,还可大大降低出错率及由此产生的纠错成本,而且提高的作业效率。

(四)国际快递业务派件流程优化策略

1.前端揽收环节优化对策

科学技术是第一生产力。电子运单的使用,绿色环保,增加了客户下单的便利性,但由于快递公司将一些强制性规范及要求镶嵌在了客户下单系统,如果客户下单时没有符合系统设定逻辑,则无法下单。这种操作却给客户,以及收派员揽收造成了极其严重的负面影响。有些客户在多次尝试录入信息,并且弄不懂提示文字后愤愤取消订单,有些收派员在经过长时间操作后无法揽收,给客户留下不专业的刻板印象。

由于 IT 程序员及需求管理员没有国际进出口经验,不熟悉一线揽收场景,使得系统实用性不佳,需要不断地进行优化及测试,满足业务发展的需求。而且系统研发人员需要与产品、关务、法务等部门沟通确认系统的逻辑设置、选项、提示文字等是否符合规范。

(1)简化下单和揽收系统。从客户角度出发,为了服务使用不同语言的客户,增加下单系统英文版本或使用中英文对照版系统。让看不懂中文的客户也可以使用系统自助下单,获取这部分客户的市场份额,增加业务收入。

通过增加智能识别及分析系统,设计逻辑规则,减少客户在下单系统中的填写或选择的项目。

针对系统提示客户填写或选项不符合规范的情况,除下单系统提供具体规范性要求文字说明,再增加正确样本及模板展示,让客户更直观地明白填写规范。例如:寄件人姓名写成王女士时,提示:寄件人姓名不规范,请使用身份证件姓名;收件人电话不规范,该目的国家电话规则是＊＊＊＊＊＊＊＊,请与收件人确认后修改;未提交报关发票时,请添加报关用发票,并展示发票样式模板;等等。

通过关联系统,减少收派员揽收系统操作,降低收派员揽收难度及复杂性。即对客户下单系统进行信息逻辑关联,并将结果映射至收派员揽收系统,减少收派员操作。提供中英文运单,方便收派员及后续操作环节查看及操作。

(2)删减部分揽收操作环节。根据岗位要求,收派员、仓管员都需要对揽收的物品等进行检查,检查是否符合揽收规范、包装是否牢固、报关单证是否齐全。不单工作项重复,而且由于收派员及仓管员能力及英文水平有限,且国际快递进出口规则规范多,收派员、仓管员很难确保每票国际快递100％符合操作规范。这些工作内容不适合收派员及仓管员岗位,应把这部分操作规范调整至中转分拨环节,由掌握国际快递操作规范要求的理货员执行。既减轻收派员及仓管员压力,揽收操作更多的快递,提高收派员、仓管员的效能,又提升国际快递质量。

通过简化下单及揽收系统,删减部分揽收操作规范要求,并通过快递公司员工 OA 系统对收派员进行周期性国际业务基础知识线上培训,使收派员熟练掌握国际快递揽收操作规范,提升揽收环节作业效率。

2. 集散网点环节优化对策

(1)增加分拣作业时长。

1)删减部分分拣前作业内容。在集散网点，仓管员既要对托寄物、运单、单证进行二次检查，又要分拣快递，装车发运。考虑仓管员的教育水平及个人能力有限，进行上述工作既影响其效能，又不能完全发现快递的运单及单证的问题，将国际快递各类检查工作进行调整，分别由收派员及国际理货员执行。参考国内快递操作流程，仓管员从收派员处接收到国际快递后，仅需检查快递包装，无需检查运单内容及报关单证。经优化，可将单票国际快递的检查时间由10~20分钟缩短至5分钟以内，给仓管员留出充裕的分拣作业时间。

2)增设接驳员岗位，增加交件频率。目前收派员一般在装车发运前30分钟才将揽收的快件带回集散网点，留给仓管员检查快递及分拣的时间不足，造成大量快递无法在最近的一个发车班次装车发运。通过增设接驳员岗位，使之成为收派员与仓管员之间的衔接桥梁，将收派员揽收的快递多频率的带回集散网点，并将到达的快递带给收派员派送。既能让收派员专注工作于自己区域内客户，避免往返集散网点取送快递，提升收派员效能，又可以在两个发车班次之间多次将揽收的快递带回集散网点，将仓管员检查、分拣快递的工作化整为零。仓管员在收到接驳员交回的快递后就能即刻检查及分拣，使仓管员合理的利用两个发车班次之间的时间操作处理快递。

(2)简化中转包使用规则。快递公司现行的中转包使用规则是不同产品，不同流向的快递转入不同的中转包内。具体是，国内快递按产品类型及流向独立用包，国际快递按标快、标快＋、特惠分别独立用包。由于目前每日国际快递件量不大，没有必要按照国际快递产品类型进行分拣及装包，每个集散网点将本班次发运的国际快递合并在一个中转包内进行中转即可。

同时为避免因错误装包造成对后续中转的负面影响，提升中转分拣正确率，规范作业，可以对仓管员增加中转包使用规范考核制度。如被后续环节同事投诉装包错误，视情节，给予取消仓管员的操作计提，扣减业务分、行政分等处罚应用。

(3)取消部分运输班次。目前国际快递揽收量少，且每天第二、第四个班次装载率低，可以将该两个班次取消，从而提升其他班次的装载率，降低运营成本，并且可以给仓管员充足的操作时间处理上午及下午揽收的国际快递。

3. 中转分拨环节优化对策

(1) 增设国际快递理货员。根据揽收环节、集散网点发运班次的优化方案,以及对标主要竞争对手的操作人员岗位设置,在收件省会机场中转站点(中转场)设立 4~6 名国际快递理货员。其工作内容有:①负责检查国际快递托寄物是否符合揽收标准,检查报关单证是否规范;②按规划路径对本省国际快递进行分拣;③根据航空运力系统内舱位信息,做快递国际段舱位预配载;④通过电子口岸系统,向海关做出口快递报关申报。

设立理货员虽然增加了岗位人工成本,但是承揽了收派员、仓管员及运力管理员、报关员的部分工作,提高了相关岗位人员的工作效率。并且理货员团队人员少,人员流失率小,岗位职责单一,通过培训便能在短时间熟练掌握国际快递操作规范,大幅度提升国际快递质量及时效。

(2) 提高智能机械化率。建立无人智能分拨中心,将现在使用皮带输送机＋人工分拣的分拣系统更新升级。研发智能分拨中心管控系统,并通过应用 5G 技术、自动分拣机、无人 AGV(搬运叉车),及 RFID 射频识别等建立起智能无人分拨中心。使用智能分拨中心管控系统指挥,通过 AGV 调度系统,进行快递搬运、车辆安全、避让、优先任务执行等工作,从而实现分拣前、后端无人 AGV 自动装车、卸车作业的操作。智能分拣系统取代人工操作,降低人工成本,并提高分拣准确率。

(3) 使用运力管理系统调整航空运力。为保证时效及客户体验,需要保持现有的每日 5 个高频发运班次。因快递公司从某省到深圳及杭州等出口口岸的自有全货机只有夜晚的飞行班次,白天的航空快递就需要继续使用其他航空公司的散航舱位,就无法通过减少散航舱位,提升自有全货机装载率。但可以将 20%~30% 的富余舱位对外销售,将自有全货机装载率提升至 70%~80%,通过运费收入降低运营成本。

针对外部采购的航空运力,可以通过使用运力管理系统,基于揽收模拟数据,动态管理航空运力:运力富余时,可对外销售富余舱位;运力不足时,及时采购外部运力。

4. 口岸操作环节优化对策

(1) 使用运力管理系统动态配载。研发运力管理系统,与快递路径实时监控系统、关务系统及航空公司舱位管理系统对接。

首先,根据以往历史数据分析建模,通过大数据及云计算,模拟测算全年每日国际快递抵达某出口口岸的时间点,以及飞往各目的国的快递量。再根据各航空公司飞往各目的国的航班及舱位供给,模拟测算每日应向哪些航空公司预定哪些航班的多少货量,提前锁定部分舱位。通过系统大数据模型分析,尽量减少预定舱位与实际使用舱位之差。

其次,根据快递公司全网国际快递揽收情况,在快递揽收后即配载至某出口国际段航班,并将信息发送给理货员及报关员,以便其根据配载信息做出口报关申报。同时,根据快递路径实时监控,在规定的截止时间前,动态调整配载方案。即一旦某票快递出现错捡或其他因素无法赶上规划航班,则该系统自动将该票快递从该航班配载信息中剔除,并根据其实际情况重新配载到新的航班上。同时,根据快递所处环节将新的航班信息发送给理货员或报关员。

(2)增设人工复核出口报关信息。目前由于快递从服务网点发出前没有专业人员检查国际快递托寄物是否符合进出口规范,检查报关单证是否规范,只能在国际快递抵达出口口岸后由报关员检查信息,工作量大且容易,且时间紧迫,无法一一核实,造成出欧报关方式及信息与实际不符。鉴于此,可以在国际快递抵达揽收地机场站时由国际理货员票票核查,发现问题立即处理。

(3)使用关务系统做进口预申报。研发关务管理系统,与运力管理系统及快递路径实时监控系统对接。

首先,将各目的国对各类托寄物征收的进口税率及规则,以及进口单证要求及模板导入关务系统,建立各国税率税则及单证要求数据库,并定时或临时更新。

其次,国际快递在我国口岸起飞后,该系统将快递申报信息发送至目的国快递公司报关行,协助报关员做进口预申报。同时将快递信息匹配单证要求及税率税则数据库,并自动向收货人触发快递到达预报邮件:列明收件人需要配合的事项、提交的单证及预估每票国际快递的进口税费明细,要求收件人提前做好准备并缴纳预估税费。

5. 末端配送环节优化对策

(1)使用 AI 智能无人机派送。通过使用 AI 智能无人机多次派送快递,提升收件人亲自签收的概率,降低派件遗失率。同时随着快递公司快递门到门、面对面签收的服务在全球推广,必将成为行业的创新发展模式,引领行业发展。

(2)通过整合海外优质物流商资源建立全球服务网络。在长期与我国政局关系稳定,地缘关系近,华人集中的国家及地区,加快快递公司自营公司及网络建设。而欧美等与我国关系紧张的国家、地区,则需要根据具体情况通过合作、投资入股等形式与当地清关代理公司、第三方物流公司开展快递服务业务。快递公司在外海建立网络的主要途径有:①海外投资,设立独资公司;②收购当地报关行、物流或快递公司;③入股当地报关行、物流或快递公司。

(3)设立24小时客服团队。针对时差及造成异常件的处理进度缓慢,可在我国建立24小时多语种的客服共享中心,及时与全球各地自营网点及代理沟通,提升异常快递处理速度,加速客户诉求的完成效率。

二、集货模式

1. 集货模式的定义

集货模式,即:首先把商品发送到本地区的仓储中心,积累到相应数量后,通过国际物流公司,转送到海外,再配送到买家手中,或预先收集各个地区的商品,再依次运送至客户手中。目标一致的其他跨境电商企业经过商榷,达成合作,建立战略合作伙伴联盟,然后设置共同物流中心,由此构建突出优势,以减少物流成本。例如,米兰将仓储中心设置在成都等地区。

集货模式是一种物流运输方式,也被称为集拼模式或拼货模式,是在供应链中的一种重要环节,旨在减少运输成本、提高效率和降低物流风险。

2. 集货模式的优点

(1)降低运输成本。集货模式通过集中多个货物或订单,实现了货物的共同运输,从而减少了运输成本。相比于单独运输每个订单,集货模式能够以更高的运输效率和更低的成本完成运输任务。

(2)提高运输效率。集货模式能够在一次运输中携带多个货物或订单,减少了空载率和往返运输次数,提高了运输效率。同时,集货模式还能够通过合理的货物整理和装载,最大限度地利用货物的运输空间,进一步提高了运输效率。

(3)降低物流风险。集货模式能够将多个货物或订单集中在一起运输,减少了物流环节中的分散风险。相比于单独运输每个货物,集货模式能够更好地控制和管理货物的运输过程,减少货物的损失和损坏风险。

(4)提供灵活的配送方式。集货模式可以根据不同的需求提供多种配送方式。无论是集中配送还是分散配送,都可以根据实际情况进行选择,以满足客户的需求。这种灵活的配送方式可以提高客户的满意度和忠诚度。

3. 集货模式的缺点

(1)需要较高的组织和协调能力。集货模式涉及多个货物或订单的整合和协调,需要较高的组织和协调能力。如果组织和协调不当,可能会导致运输延误、货物丢失或损坏等问题。

(2)增加货物损失和损坏的风险。由于集货模式涉及多个货物或订单的共同运输,一旦发生货物损失或损坏,可能会影响到其他货物或订单。所以,对于易碎或贵重货物的运输,需要特别注意货物的包装和保护。

(3)配送时间可能较长。由于集货模式需要集中多个货物或订单,所以可能会导致配送时间的延长。特别是在货物量较大或运输距离较远的情况下,配送时间可能会更长。

(4)对信息系统的要求较高。集货模式需要对货物的信息进行管理和跟踪,因此对信息系统的要求较高。需要建立完善的信息系统,实时监控货物的位置和状态,并及时与客户进行沟通。

4. 集货模式实践应用

在电商行业中,集货模式被广泛应用。电商平台可以通过集货模式将多个订单集中在一起,减少运输成本。同时,集货模式还可以提供灵活的配送方式,满足不同客户的需求。

综上所述,集货模式具有降低运输成本、提高运输效率、降低物流风险和提供灵活的配送方式的优点。然而,它也存在组织和协调能力要求高、货物损失和损坏风险增加、配送时间可能较长和对信息系统要求高的缺点。在实践中,集货模式被广泛应用于电商物流、零售行业和制造业等领域。通过合理的应用和管理,集货模式可以为企业提供更高效、更经济的物流解决方案。

第三节 海外仓与边境仓

一、海外仓

海外仓模式是指由跨境电商交易平台、物流服务商独立或共同为卖家在销售目标地提供的货品仓储、分拣、包装、派送、退货等一站式控制与管理的服务。卖家根据销量预测提前备货到海外仓,当订单产生时,当地海外仓会第一时间做出快速响应,及时进行货物的分拣、包装及递送。

海外仓为《2016年政府工作报告》(以下简称《报告》)新词。该《报告》指出,扩大跨境电商,支持出口企业,建设一批出口产品海外仓,促进外贸综合服务企业发展。

海外仓有助于解决跨境电商物流的种种难题。外贸企业通过海外仓库本地发货给消费者,缩短了交货时间、降低了通关风险。消费者可以实现轻松的退货和换货,提升了购物体验。物流仓储在跨境电商中起着举足轻重的作用。其中,海外仓是解决跨境电商物流成本高昂,配送周期长的有效途径。

随着跨境电商竞争越发激烈,无论从买家需求更好的购物体验,还是平台提高整体服务水平的角度,鼓励卖家使用海外仓实现本土发货已成为未来平台重点策略之一。2019年,阿里巴巴速卖通发布了一系列跨境电商业务战略升级举措,助力跨境电商卖家在竞争激烈的电商市场中抢占先机。其中,海外仓建设就是其至关重要的一项举措。例如速卖通联合菜鸟物流重点推进海外仓建设。

二、边境仓

将仓库设置在跨境电商的目的国的邻国边境地区,可能是租赁的仓库,也可能是自己建立的,这就是边境仓。借助物流运输,提前把商品发送到边境仓,卖家借助网络收到买家订单信息之后,仓库发送客户所需商品。比如,中俄跨境电商边境仓等。

跨境电商虽然机会大,但是不可避免地要面对跨境物流、支付结算、各国政策变化、消费者购买习惯这些变数,存在较大的风险。一般来说,境外仓在欧美市场运行比较成熟,通常是一些尺寸大、运输较困难的商品,会放在境外仓。边境仓其实是在境内的,和普通仓库的区别也不过是比较靠近边境,物流会比较快,但比起境外仓,会慢1~2天。但是风险可控,清关是白色的,因此对于邻国的跨境出口,推荐边境仓。

第四节 第三方物流与第四方物流

一、第三方物流

第三方物流是指独立于供需双方,为客户提供专项或全面的物流系统设计或系统运营的物流服务模式。第三方物流公司提供的服务有很多,包括物流决策的支持、物流系统的开发、物流信息的处理、集货物流、运输公司和货代公司的优化选择、仓储管理、物流咨询服务以及代付运费等服务。

第三方物流有助于顾客集中主营业务、减少物流基础设施投资、缩减库存、加快客户资金周转、提高顾客服务水平以及缩减客户物流成本,提升顾客企业形象。第三方物流提供准确、经济、高效的运输方式,满足不同订单的需求,简化顾客供应链管理。跨境电商流程复杂,对物流的要求比较高。尽管一些跨境电商公司有自己的物流中心,但是也需要与第三方物流公司合作解决国际物流配送问题。尤其是在进入国际市场的时候需要与当地的第三方物流公司合作。许多第三方物流公司也利用自己丰富的进出口贸易的经验和海外营业网点积极的为跨境电商企业服务,如菜鸟为商家打造的具备极致性价比的跨境物流枢纽服务,助力商家管理多渠道备货、存储、中转、发货。

二、第四方物流

1. 第四方物流的概述

第四方物流是指可以提供物流信息系统、物流咨询服务与供应链管理以及物流规划等服务,其可以对物流服务提供商的资源、技术等进行优化整合,制定有效的供应链应对措施物流服务模式。其充分挖掘社会资源,对其进行有效配置,从而对物流相关信息进行互联互通。为了解决跨境物流、跨境电商的烦琐性问题,第四方物流公司应运而生。兰亭集势于2015年1月下旬,开启"兰亭智通"跨境电商物流平台,其能够整合全球物流服务资源,推出了大数据智能分析、国际智能化路径优化、多家物流供应商协同配送、公开比价竞标等服务。再如,顺丰和DHL达成合作关系,推出了国际供应链管理服务等。

2. 第四方物流的特点

客户将物流外包给第四方物流企业,第四方物流企业则根据自身拥有的优势资源并结合自己整合的各方优势资源为客户量身打造最合适的物流方案,不仅仅降低了企业的物流成本,提供了完善的物流方案,更重要的是企业将物流外包以后,可以更加专注于自己的核心作业,提高在市场上的竞争力。对于社会而言,第四方物流整合了各方优势资源,提高了社会资源的利用率,降低整个社会的物流费用,打破区域之间的独立性,加强全社会经济的共同发展。第四方物流相对于传统物流有以下特点:

(1)规划整个供应链物流系统运行方案。从第四方物流的定义可以看出第四方物流提供的整套供应链解决方案涉及的内容较多,企业与上游的供应商进行的采购活动,企业自身进行的制造活动、需求预测、内部物流的运行以及企业与下游销售商之间的销售、配货活动,这些环节都是第四方物流所要考虑与规划的。在以信息为支撑技术的基础下,第四方物流力求为企业设计一个全方位的物流解决方案。

(2)提供的供应链解决方案是最优方案而非成本最低方案。最优而非成本最低有两个方面的含义:一方面是指第四方物流提供的物流方案有可能使某个环节的成本高于未采用第四方物流方案时的成本,但是从整体来讲,其所耗费的成本比单独采用传统物流服务的成本低,因此在一些环节成本偏高属于正常现象,应用第四方物流要从整体上来把握最终的效果;另一方面是指第四方物流提供的物流服务不是以成本最低为目的,而是以企业获得最大利润为目的,并且这种与企业上下游的物流服务相联系的关系是长久的关系,而非暂时性的,这种稳定的关系可以从减少再次寻求物流服务的成本。如果企业采取以最低成本为目标,某些情况下就会阻碍物流整体方案的运行,从而影响企业运营最优化的实现。

(3)通过影响整条供应链来创造价值。第四方物流整合自身以及相关企业的优势资源、能力和技术,这些相关企业包含第三方物流提供商、信息技术提供商、客户、供应链管理咨询公司以及金融服务商等合作伙伴。第四方物流通过合理的选择合作伙伴并进行相应的培训,将整个物流运作流程进行优质的改造,使得各环节运作协调一致,从而提高整个供应链的效率,通过提高这些参与供应链各个环节的战略合作伙伴的服务技能来创造新的价值。

第五节 保税区与自贸区物流

一、保税区与自贸区物流概述

保税区或自贸区物流是指跨境贸易中,通过保税区或自贸区仓库进行分拣、包装等集中运输物流配送。保税区或自贸区物流具有规模物流和集中物流的优点,物流时间短、成本低。亚马逊中国就是一个代表性的案例。亚马逊中国在上海自贸区,引入了全球商品线,跨境电商企业可以首先把货物放在自贸区。消费者下订单时,从自贸区发货。通过在自贸区或保税区的仓储,跨境电商企业可以有效利用自贸区、保税区的各项优惠政策,特别是保税区和自贸区在商检、通关、结汇、退税等方面的优势。

海关特殊监管区具有链接国内外市场的特殊政策和功能的区域,设在我国境内并且经过国务院的批准,海关对特殊监管区进行封闭监管。目前,我国海关特殊监管区的主要模式有出口加工区、保税区、保税港区、跨境工业园区、综合保税区、保税物流园区等模式。其中综合保税区是政策最优惠、开放层次最高、手续最简化以及功能最齐全的特殊监管区。

二、保税区、自贸区物流是发展国际物流的最佳场所

1. 区位优势

实践证明,得天独厚的地理条件、优良的港口和现代化的设施设备完美结合、高效快捷的货物操作能力往往是世界大型国际物流中心所具备或者应该具有的条件。而在我国,保税区、自贸区物流的交通、港口条件等区位优势都基本保证了物流服务的市场需求。一是基本上都位于沿海港口城市、内陆口岸及靠近沿海的内河港区,处在对外开放前沿,交通联系十分方便。二是港口条件良好。全国保税区、自贸区物流中除深圳沙头角保税区是靠近边境口岸外,其余大多是水深港阔、设施完善、业务繁忙的天然良港。三是所有保税区均有广阔的腹地空间,以经济发达区域众多城市为依托。四是多数保税区在土地规划、区域规划、水电、通信等方面都形成了良好的硬件环境,同时适应保税仓库的需要,形成了大面积的现代化仓库等设施,为物流业的发展奠定了坚实的基础。总体而言,我国保税区、自贸区物流的区位优势比较明显,对发展国际物流具有很大的优势。

2. 规划设计优势

我国保税区、自贸区物流的规划设计,普遍以发展外向型工业(尤其是高科技工业)为战略目标,以知识、技术、资金密集项目为战略重点,同时也强调第三产业、新兴产业在区内的重要地位。按照这样的规划设计,我国保税区、自贸区物流基本体现了综合性功能:一是国际贸易业务,即区内允许设立经营国际贸易的企业,从事现货、期货和转口贸易;二是仓储业务,即区内的保税仓储为进出该区的货物提供现代化的仓库、场地、堆场等;三是加工业务,即对进入区内的货物进行升级、包装、挑选等加工业务;四是运输业务,即保税区、自贸区物流设立船队、车队,快捷便利地运输保税货物;五是信息业务,即利用与

国际市场的紧密联系,通过现代化的通信设施和良好的展销场所,了解瞬息万变的世界商情。由以上规划思路可以看出,我国保税区、自贸区物流的功能设计大多体现在国际物流的各个子系统或者子环节上,只要充分、适当地考虑各区的不同情况,因地制宜地发展物流经济将是极好的思路。

3. 政策优势

保税区、自贸区物流作为我国内地对外开放程度最高的区域,从性质、功能以及运作方式上,基本类似于国外的自由贸易区,因此,在关税、税收、业务运作、金融、外汇等方面往往都有许多与国际管理接轨的优惠政策,从而为保税区、自贸区物流发展成为区域性的物流中心提供了有利的政策和功能保障。有利的政策:国外货物在保税区、自贸区物流与境外自由进出;在区内储存的货物品种和仓储时间不受限制;货物可以进行分级、包装、挑选、分装、改装、刷贴商标或标志等商业性加工;境外企业的货物可委托给保税区、自贸区物流企业在区内储存并由其代理进口销售;对来保税区、自贸区物流投资经营国际物流的企业,国家也赋予了优惠的税收、外汇等政策。

良好的发展国际物流条件,使保税区、自贸区物流成为吸引国际物流企业的重要区域。保税区聚集的国际物流企业,已成为国际物流运作的主体。

三、保税区、自贸区物流的国际物流运作模式

国际物流作为保税区、自贸区物流的基本功能,是保税区、自贸区物流的突出优势所在。目前,保税区、自贸区物流的国际物流分为进口、转口和出口三种方式,各方式运转模式如下:①境外入区保税物流经保税区、自贸区物流仓储、加工、展示,办理征税手续或手册加工手续后,提出保税区、自贸区物流进境。②入区保税转口物流经保税区、自贸区物流仓储、加工、展示后,经保税区、自贸区物流装运出境。③出口货物买断入保税区、自贸区物流,经仓储、加工后装运出境或复办理进口加工手续进境。

第六章　跨境电商赋能经济发展路径的多维探索

第一节　跨境电商赋能实体经济发展的机制与路径

实体经济既是国民经济的支柱与基础,也是构建未来发展战略优势的重要载体。我国虽已成为世界第二大经济体与制造业中心,被称为"世界工厂",但实体经济整体仍表现为"大而不强,强而不精"的状态。实体经济是中国式现代化建设的根基,也是中国经济稳定增长的主体,因此应坚持把发展经济的着力点放在实体经济上[①]。但是目前,我国实体经济面临前所未有的发展困境与问题,亟须进行转型升级。数字技术的应用普及,推动了数字经济的蓬勃发展。数字经济的发展为实体经济转型提供了契机,也推动了我国实体经济不断转型升级。跨境电商作为数字经济的典型代表,近些年来发展迅速。海关总署发布的数据显示,2022年我国跨境电商进出口2.11万亿元,同比增长9.8%[②]。跨境电商历来备受国家的关注与重视。自2014年起,国务院政府工作报告已连续10年提出要发展跨境电商等贸易新业态。跨境电商作为外贸新业态新模式,成为拉动中国外贸增长的重要动力[③],推动了传统外贸和包括制造业在内的传统产业转型升级。因此,应大力推动跨境电商与实体经济的融合发展,使得更多实体企业通过跨境电商新模式实现高质量发展。

---

① 郭克莎.坚持把发展经济的着力点放在实体经济上[J].财贸经济,2022(12):10.
② 顾阳,崔浩.超40万亿元,我国外贸规模再创新高[N].经济日报,2023-01-14(02).
③ 王喜荣,余稳策.跨境电商发展与传统对外贸易互动关系的实证分析[J].经济与管理研究,2018(2):80.

一、跨境电商赋能实体经济发展的机制分析

数字贸易是毋庸置疑的跨境电商贸易的重心。这种贸易方式依托强大的互联网平台和先进的数字技术来完成商品的在线交易,充分体现了贸易的意义和价值,为信息共享与普惠贸易等目标的达成带来了积极的影响。跨境电商的健康发展,有助于世界范围内各种资源、技术、方法和消费等要素的整合和集中,是加快供给侧与消费侧结构性改革的有效路径,也是推动产业转型与创新发展的必经之路。

1.跨境电商缩短了实体经济的跨境贸易链

以往国际贸易背景下的实体企业一般会频繁地参加各种各样的线下展会活动,以求能够挖掘潜在的客户,与客户签订订单合同,再通过传统销售渠道和路径来完成交易。这个过程涉及诸多环节和链条,不仅需要投入大量的时间和精力,还要消耗更多的资源和资金。在互联网快速发展和广泛普及的今天,线下展会逐渐淡出了人们的视野,使得跨境贸易更加依赖互联网平台的搭建和运营。不管是实力雄厚的大型实体企业还是实力较弱的中小微实体企业,都可以依托跨境电商平台来传递和接收信息,或是参与一些线上的商品交易活动,有效简化了传统实体企业的跨境贸易过程和环节,为跨境电商行业的健康发展提供了新的思路和方法。

2.跨境电商重塑了实体经济的全球价值链

在以往的国际贸易模式中,实体企业要想达成出口商品的目的,必须途经层层供应链和交易环节,最终才能将商品交付给国外的消费者。这一整个供应链必然会导致实体企业支出大量的出口交易成本,所创造的利润也会落入中间商的手中。随着跨境电商的出现和应用,国际贸易的贸易链层级被进一步简化,跨境贸易的效率相较于以往有着显著的提升,还能有效控制与跨境贸易相关的成本。跨境电商与其他贸易方式相比有着强烈的普惠性,能够为中小微实体企业提供参与国际贸易的机会和平台,进而有效降低整体的跨境交易成本,防止大型实体企业继续垄断国内的国际贸易业务,从长远的角度来说有利于中小微实体企业的健康发展。

3.跨境电商催生了实体经济的新型产业链

跨境电商的参与主体有很多,除企业以外还包括跨境支付、跨境物流以及

跨境供应链等其他主体。现如今,跨境电商交易在全球范围内时刻发生,进而促使实体经济延伸出新的产业链,以数字支付、跨境交易等最具代表性。站在实体企业的立场来讲,可基于跨境电商来传播国内的文化、技术和理念,从而潜移默化中对输出国的数字贸易平台建设、贸易结算方式以及物流运输渠道等产生直观的影响,为实体企业长效发展提供了以往没有的产业链服务。由此可见,跨境电商的健康发展能够满足实体经济对各种产业链与业务链的需求。

4.跨境电商提升了实体经济的竞争韧性

跨境电商是有效降低实体企业参与国际贸易成本的途径,是挖掘实体企业价值增长空间的方法,同时还是持续不断增强我国实体经济发展能力的渠道。跨境电商的出现和推广,给实体企业的发展提供了新的思路和方向,能够有效增强实体企业的组织协调能力和资源整合能力,是提高实体企业核心竞争力的必要选择。此外,跨境电商在增强实体企业的市场敏锐性和灵敏度等方面发挥了重要的作用,可以促使实体企业根据国际市场环境的变化来优化生产过程,拓展销售渠道,提高服务水平。总而言之,跨境电商的兴起与发展能够一定程度上增强实体企业在市场竞争中的韧性。

5.跨境电商驱动了实体经济的产业转型

对我国实体经济的发展现状进行总结,可概括为八个字,即"大而不强,强而不精"。随着数字技术在跨境电商领域的推广和应用,实体企业可以深入了解到国外消费者的真实需求,从而对消费者的需求变化进行预测和分析,然后生产出契合国外消费者心理预期和消费习惯的产品或服务,重新调整我国实体经济的产业结构,让我国实体经济可以更好地与国际市场接轨。实体经济的发展有助于增强各个行业和产业的基础能力,从而构建完善健全的产业链,为实体经济的变革与转型奠定基础。在跨境电商贸易稳定发展的过程中,我国本土的产品与品牌正遭受强烈的冲击,在这一大环境下,只有尝试对产品与产业进行转型和升级才能满足消费者的差异化购物需求,才能维持实体企业的经营和发展。

二、跨境电商赋能实体经济发展的路径

现如今,我国实体经济的发展已然步入重要的转型期。跨境电商的兴起与发展能够一定程度上加快我国实体经济的转型,为其带来了新的发展思路

和机遇。

1. 依托跨境电商平台效应,扩大自主品牌出海规模

我国跨境电商平台在长期发展与实践中基本趋于成熟,在全球范围内有着一定的影响力和竞争力,其中最具代表性的跨境电商平台有阿里速卖通、拉扎达(Lazada)等。跨境电商平台是构筑整个电商生态系统的重要组成部分,是发挥平台集聚效应的核心主体。作为实体企业,需依托跨境电商平台来广泛落实商品的线上交易工作,既要突出自身的特色,也要合理利用已有的资源,基于跨境电商平台与生俱来的集聚效应来与国际市场接轨。跨境电商运营模式给企业带来了走出国门、走向世界的机会[①],为实体企业的品牌建设和宣传提供了宽阔的平台和载体。由此可见,实体企业需要注重自主品牌的建设,依托范围广、功能丰富的跨境电商平台来挖掘海外的潜在客户,主动参与境外商标注册等一系列的海外贸易交易实践活动,凭借自身的品牌优势来持续增强产品的议价能力,为企业创造可观的经济利益和其他利益。而站在政府的立场来说,则需要在政策和制度上为实体企业的跨境电商贸易提供支持与保障,适度下调市场准入门槛,对各项政策的申报条件作出适当的调整,号召国内的实体企业积极参与跨境电商贸易活动,让民族品牌和本土品牌走向世界。

2. 立足数字技术赋能优势,推动产业技术创新

作为实体企业,需把先进的数字技术引入到跨境电商业务的组织与开展中,借助大数据、云计算等各种数字技术来增强对海量数据的处理能力,通过跨境电商平台的搭建和运营来构建一体化的全产业链,以数据流动来实现各市场主体的互联互通。我国实体经济的快速发展得益于技术的变革和创新。站在实体企业的角度来说,需将技术创新视为自身发展的重要任务,根据全球消费市场的多元化需求来提出最适合的跨境电商业务发展模式。随着跨境电商行业的兴起与发展,实体企业需注重自身的转型和改革。基于技术的变革和创新来加快实体经济的发展脚步,通过新旧动能的快速转化来赋予实体企业更强的发展驱动力,利用先进的数字技术来更新传统产业的结构形态和应用服务,尽快实现实体经济的现代化和智能化发展。实体企业需早日意识到

---

① 谌楠.政府扶持性政策在促进跨境电商发展中的有效性问题[J].浙江社会科学,2016(10):89.

数字技术对于自身发展的重要性,积极参与一系列的自主创新和研发活动,强调对知识产权的有力保护,加快技术成果转化的速度,进而研发出极具特色的核心技术,持续提升企业的核心竞争力。除此之外,实体企业还需要积极与其他国家的企业展开战略合作,通过相互间的交流和互动来积累丰富的经验,引入先进的发展理念和技术手段,构建互惠互利的合作机制,为我国实体经济的变革与转型带来积极的影响。

3.借助政府宏观引导政策,盘活企业主体活力

政府制定的一系列的扶持性政策有助于加快跨境电商的发展进程①。首先,政府应通过制度和政策建设来促进实体经济与跨境电商的协同发展,基于各种激励性或扶持性政策的提出与实施,来为实体经济与跨境电商的协同发展提供支持与保障,引导实体企业逐渐朝着国际化的方向发展,真正做到合作共赢。其次,政府应带领实体企业逐渐朝着跨境电商产业的目标过渡。通过颁布实施一系列的扶持性政策来鼓励实体企业构建完整的跨境电商运营模式,将数字化技术和理念应用在原材料采购、产品的生产和加工以及企业管理等各个环节中,在实践中探索适合跨境电商与实体经济相互结合的发展路径。再次,政府需鼓励跨境电商企业优化设计产业结构和产业模块,强调业务的可持续发展,摒弃传统的粗放式的发展模式,拓宽运营渠道,细化产业链条,让跨境电商企业明确自身的市场定位,精准把握经营方向,与实体经济建立长效、稳定、和谐的合作关系,让跨境电商能够真正为实体经济服务。

需要明确的一点是,实体经济是影响我国国民经济建设与发展的关键因素。就目前而言,我国实体经济已经步入由大到强的重要时期,受到诸多因素的直接影响,导致我国实体经济的转型和变革承担着巨大的压力。跨境电商的兴起与发展为产业转型带来了新的机遇,也使其面临着新的挑战。在实体经济发展停滞、虚拟经济强烈来袭的大环境下,跨境电商可基于数字技术的应用来重构实体经济的跨境贸易链,并在这个过程中催生出新的产业链,赋予实体经济坚不可摧的竞争韧性,加快实体经济的产业转型和升级。总而言之,跨境电商与实体经济的相互结合已无法阻挡,对于跨境电商和实体经济的转型有着至关重要的战略意义和现实意义。

---

① 刘晓欣,田恒.虚拟经济与实体经济的关联性:主要资本主义国家比较研究[J].中国社会科学,2021(10):65.

第二节　跨境电商平台赋能中小企业国际化的机制

一、跨境电商平台赋能中小企业国际化概述

中小企业充分利用跨境电商平台赋能实现更高质量的国际化,是新发展格局下我国经济实现更高水平发展和提质升级的重要微观基础。当今世界面临"百年未有之大变局",加快推进数字经济发展,对培育新形势下我国企业国际竞争新优势具有重要的战略意义。中小企业是各国经济发展的主要驱动力,经济全球化背景下,国际化是中小企业获得成长机会的重要方式。我国中小微企业(含个体工商户)占全部市场主体的比重超过90%,贡献了全国80%以上的就业、70%以上的发明专利、60%以上的GDP和50%以上的税收。但由于自身资源的限制,目前我国中小企业参与国际化运作的比例并不高,2020年中国企业创新创业调查显示,受访中小企业有出口等国际化活动的仅占1/5。数字经济的发展,特别是跨境电商平台的创新升级,为中小企业弥补资源缺陷和拓展国际市场提供了新的可能。数字化变革带来了全社会、全产业、全要素资源配置效率提高和价值创造模式改进,深刻改变了市场不确定性的性质和企业应对这种不确定性的方式。其赋能效应主要体现在:降低交易和协调成本,降低(国际)市场进入壁垒;使中小企业更容易与不同利益相关者进行跨境联系;提高信息交流的效率;获取国际市场知识等。依托跨境电商平台所赋予的新能力,中小企业拥有了更加灵活的国际化工具,通过"即时"联系全球市场,极大促进了中小企业的国际化发展。

尽管跨境电商平台致力于为中小企业的国际化扩展提供支持,但我国中小企业的数字化实践却并非一帆风顺。我国企业在数字化转型方面有显著成效的占比不足10%,中小企业数字化速度明显参差不齐,"即使是看上去与中小企业特别相关的数字技术(如云计算),在小公司中的应用仍然特别有限"。中小企业是否以及如何从跨境电商平台获益?为何仍然有中小企业"不想""不能"或"不愿"利用数字化机遇快速进入全球市场?中小企业依托跨境电商平台进入国际市场存在哪些现实约束?如何激发中小企业数字化转型和利用跨境电商平台赋能作用的积极性并取得实效?上述问题不仅影响着我国中小企业能否高效融入"双循环"新发展格局,也决定着我国经济更高质量发展的

微观基础。

二、跨境电商平台发展为中小企业国际化提供新机遇

1.跨境电商平台为中小企业国际化提供新动力

从传统角度来理解,一些规模大的公司在国际竞争上具有优势,表现得也比较积极。一些规模较小的企业则把重点放在国内市场竞争上。而在经济全球化的背景下,国际分工进一步细化,全球化竞争环境日益激烈,为小企业参与国际竞争创造了有利的条件。中小企业想要实现长远发展目标,就需要积极创新,研发新产品,提高服务质量,获得持久发展的动力,在国际化竞争的背景下,中小企业有了新的发展机遇。

探究中小企业国际化发展的动因,主要受到不同因素的共同作用和影响,如公司高管、创始人的教育背景,企业的形象和声誉,掌握的知识产权等。从政府角度来看,为了营造良好的环境,引导中小企业参与国际市场的竞争,政府会积极发挥职能作用,提供政策扶持,不断完善激励机制等,加快中小企业的现代化发展步伐。中小企业和大企业相比劣势较为明显,资金不够充足,拥有的资源也比较有限,外部环境的波动变化对中小企业的影响更为显著,了解中小企业存在的不足,在跨境电商发展的过程中,提供各方面的扶持,对于规模的扩大和竞争力的增强有较大的帮助。

随着跨境电商的快速发展,中小企业参与国际市场的竞争已经成为一种常态,市场准入门槛有所降低。

2.跨境电商平台为中小企业国际化提供新途径

通过梳理传统国际化理论得知,本土企业在国内市场竞争中往往表现得比较积极,来获取优势竞争资源,从而在市场竞争中获取优势,在国内市场竞争趋于稳定的前提下,企业才会考虑进军国际市场。对于中小企业而言,有其自身的发展局限性,想要参与国际竞争往往受到较多因素的影响,比如,企业文化、法律环境等,中小企业进入复杂国际竞争市场的能力不强,在跨境市场竞争中容易受到不稳定性因素的影响,发生风险的可能性较大,如有不慎,可能会造成较大的经济损失。中小企业需要了解目标市场所在国家的文化背景、文化习俗、社会规范等,并重视关键资源的挖掘和利用,才能够避免过大的差异,更好地融入国际竞争市场环境中。因此,中小企业国际化和空间"邻近性"有很大的关联,属于正相关关系,为了降低风险,减轻竞争压力,中小企业

会选择进入风险低的国外市场,来控制成本,扩大经济利益获取空间。

当前有越来越多的中小企业在参与国外市场竞争中,并没有按照传统进程来执行,并且有明显的"天生国际化"企业特征。当前,数字经济的发展趋势日益显著,互联网就好比一张大网,把不同的市场竞争参与主体更紧密地关联起来,比如生产者、销售者、消费者等,中小企业如果能够掌握关键数字技术,就能够在跨境竞争中占据主动优势,加强与不同国家市场之间的联系,这为中小企业实施跨境电商创造了有利的条件,也刺激更多的中小企业进入国外市场。

3.跨境电商平台为中小企业国际化提供新资源

通过大量的事实得知,中小企业没有较强的国际竞争实力,与其自身存在的局限性有很大的关联。中小企业规模不大,掌握的优势竞争资源不多,获取的市场信息少,国际化进程慢,资金实力不足,这些都使其在跨国竞争中承受着较大的压力,常常感到力不从心。中小企业没有较大的规模,无法获得规模经济,生产率不高,在国际竞争中占据被动地位。与此同时,中小企业掌握着有限的资源,没有较强的风险应对能力,需要投入较高的成本,容易受到一些干扰因素的影响,陷入被动竞争局面。因此,中小企业需要考虑怎样利用有限资源,来获取经济利益最大化。

跨境电商平台和数字化网络的发展,为中小企业的国际化发展提供了有利条件。对于中小企业而言,可以借助电商平台节省成本,提高关键资源的利用效率。在信息技术不断提高的背景下,对经济发展和社会建设都带来了较大的影响,政治、经济、文化、技术等方面的高度联通成为可能,大大提高了资源配置效率,为资源的合理配置创造了有利条件。跨境电商平台为中小企业创新发展提供了重要的平台支撑,同时也加强了中小企业之间的互动交流,更好地达成合作。跨境电商平台扩大了企业的交易范围,达到良好的网络互联效果,为企业产品和技术创新提供良好的条件。

三、跨境电商平台发展与服务模式

1.我国数字经济发展现状

我国社会已进入新发展阶段,数字经济高速发展,并与实体经济深度融合。数字经济是指以数据资源作为关键生产要素、以现代信息网络作为重要载体、以信息通信技术的有效使用作为效率提升和经济结构优化的重要推动力的一系列经济活动。

中国信息通信研究院2021年4月发布的《中国数字经济发展白皮书》显示,2020年我国数字经济规模达到39.2万亿元,位居全球第二,占GDP比重约为38.6%。我国的数字经济在基础设施、用户数量、企业规模、技术水平、商业生态等方面均位居世界前列,并维持了10%以上的持续高速增长,我国在电子商务市场、移动支付、金融科技和多个数字经济领域已经成为全球引领者。

为推动跨境电商健康发展,实施更高水平的对外开放,我国陆续出台一系列举措,加快推进跨境电商综合试验区建设,创新和规范发展跨境电商新业态。截至2022年1月,全国分六批次在132个城市设立电子商务综合试验区,依托中东西地区互济,协同助力跨境电商高质量发展。

2.跨境电商平台的发展

跨境电商是指分属不同关境的交易主体,通过电子商务平台达成、进行支付结算,并通过跨境物流送达商品、完成交易的一种国际商业活动。作为互联网经济的重要组成部分,跨境电商进一步改变了传统贸易方式,在更大范围推动了全球商务互动交换模式、资源共享方式与商业价值创造等创新。从全球范围看,跨境电商平台的发展正快速经历一系列迭代创新,高效赋能各类企业特别是中小企业,推动中小企业融入更广阔的国际市场。

2021年,我国跨境出口B2C电商市场交易规模已接近2.5万亿元。伴随我国制造"价廉物美"的产品定位深入人心,加上直播电商及社交电商等新兴业态推波助澜,预计未来五年中国跨境电商仍将保持15%～20%的增速。

3.跨境电商平台服务模式

经过十余年的发展,跨境电商行业衍生出多种类型的企业,根据运作模式不同,可分为平台型和大卖家两种类型。其中,平台型电商往往具备更高的竞争壁垒和更广阔的成长空间,主流电商平台在经历"信息撮合型平台""在线交易型平台"两个阶段发展基础上,体现出向"生态型平台"演进的明确趋势(见图6-1)。

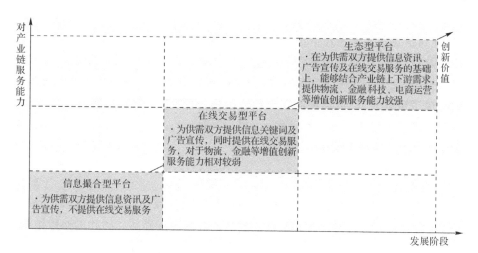

图 6-1　主流电商平台发展趋势

依托迭代创新所形成的强大协同优势,生态型平台更有利于赋能中小企业实现国际化。通过大数据、云计算、人工智能等新一代技术的系统化改造,以及对跨境物流、信用管理、电商运营、金融服务等的有效渗透及整合,生态型平台有助于在更大范围推动资源共享以及畅通生态圈各参与方之间的联系,为中小企业突破其在国际化发展中存在的各类瓶颈提供重要支撑。

四、跨境电商平台赋能中小企业国际化的机制分析

跨境电商平台的出现打造了健康、良好的生态系统,为中小企业参与国际化竞争创造了良好条件。跨境电商平台赋能机制主要体现在几个方面:企业参与国际竞争的成本大大降低;削弱了国家差异造成的负面影响,这些差异主要体现在制度、文化、技术等多个方面;为品牌形象的塑造提供机会,以此来扩大企业国际影响力;拉近了企业和消费者之间的联系,有利于双方形成良好的合作关系;为企业网络互通和创新发展提供了便利。与此同时,中小企业需要利用跨境电商平台的优势,积极参与到国际竞争中,从整体上增强中小企业的核心竞争实力。

1.跨境电商平台使中小企业获得关键资源补充

跨境电商平台的出现和应用,为中小企业的国际化进程创造了条件,使其能够顺利地参与到国际竞争中,灵活地使用关键资源和技术的优势,达到增强国际竞争实力的目的。互联网的覆盖范围不断扩大,数字工具的使用已经成

为常态,为企业获取市场信息提供了条件,能够削弱信息不对称造成的负面影响,提高信息资源的利用效率,提高资源分享率,可以有效降低交易成本,扩大企业盈利空间。"移动革命"的出现为中小企业客户价值创造提供了支撑平台,进一步加快了企业数字化转型的步伐,跨境电商平台为中小企业的资源获取提供了可能,营销成本控制在合理范围内,有助于企业管理客户关系,提高财务管理绩效水平。中小企业主动参与到国际分工中,对其国际市场服务能力水平的提高有促进作用。

2.跨境电商平台改变中小企业价值创造方式

中小企业在跨境电商平台进行交易活动,使其原有的商业模式有了较大的变化,形成了新的国际商务逻辑。数字化转型发展是顺应时代的必然结果,对中小企业的经营活动造成较大的影响,改变了原有的业务开展流程,而且整体的运营体系都有了新的变化,相关利益方之间的联系也更加密切。在数字经济快速发展的背景下,企业需要积极与相关利益主体展开合作,实现信息和资源上的优势互补,形成良好的合作关系,为共同价值目标的实现而努力。因此,中小企业可以充分利用跨境电商平台的优势,提高平台资源的利用效率,搭建互联共享的协同网络,为优势资源的共享以及价值创造模式的转变创造条件。

3.跨境电商平台促进中小企业参与创新活动

跨境电商平台有其自身的特征,使用灵活性高,具备较强的整合能力,能够满足不同主体的使用需求,具有明显的开放性特征,这些为中小企业价值创造活动的开展提供了可能,加快了中小企业国际化步伐,积极探索新的商业模式,增强竞争实力。数字化环境比较特殊,没有边界限制,存在较强的互联性特征,容易受到不稳定性因素的影响,对企业网络创新提供内在动力。打破了时空因素的约束和限制,使用的创新模式更加灵活多变,对复杂环境有较强的适应力。在数字化平台建设的过程中,开放式创新的优势更为突出,与中小企业的国际化转变发展有较强的适配度,中小企业资源创新更加频繁。

4.跨境电商平台推动中小企业价值链重构

参与跨境电商平台可以帮助中小企业创新商业模式,对其价值链的优化起到促进作用。跨境电商平台的构建和应用,直接拉近了企业和消费者之间的关系,企业对国际市场不同消费者的需求有一个更加详细的了解,有利于其全球价值链的优化和调整。中小企业可以充分发挥平台优势,重视生产研发工作,不断提高营销服务水平,重视产品交付效率的提升,通过关键优势资源的整合利用,来打破传统价值链的约束和限制,增强中小企业的国际竞争实力,为中小企业国际化特定机制(见图6-2)的构建提供可能。

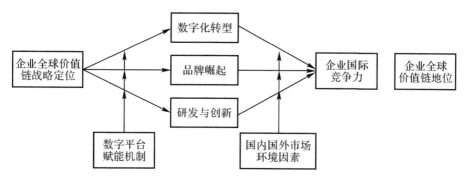

图6-2 跨境电商平台赋能中小企业国际竞争力的机制

跨境电商平台能够赋能中小企业国际化进程,主要体现在以下几个方面:第一,借助数字化平台的优势,提高企业经营管理的自动化水平,扩大中小企业的国际交易范围,有效控制交易成本,削弱信息不对称造成的负面影响。除此之外,还提高了信息搜索效率,更好地挖掘和利用重要数据信息,为企业决策活动提供重要依据。第二,平台流量大,能够和资源衔接有机整合起来,为企业形象塑造创造有利条件。第三,充分利用大数据挖掘技术的优势,在海量数据中,挖掘重要信息资源,为企业经营活动指明正确的方向,研发出满足消费者需求的产品,增强产品开发能力和创新能力。

上海对外经贸大学经济学田野调查师生团队在研究中,把跨境电商平台中一些规模不大的企业作为研究对象,通过访谈来获取研究所需的重要信息,结果发现中小企业国际化转型会经历不同的过程,面临各种复杂的问题,消费者背景复杂,产品需求、偏好等都不同相同,想要满足不同消费者的需求并不简单。中小企业对目标市场遵循的社会规范、文化背景等了解不够深入,无法取得规模经济,仅仅依靠单一企业,无法顺利实现市场规模扩大的目标。跨境电商平台为中小企业的国际化进程提供了便利,降低了执行成本,可以有效规避风险。

五、发挥跨境电商平台对中小企业国际化赋能作用的对策建议

1. 创新监管制度,做优、做强、做特跨境电商平台企业

跨境电商是国际贸易发展一大趋势,能带动更多企业直接参与国际贸易,也有利于大中小企业融通发展,促进国内制造业升级和品牌成长。因此,促进跨境电商平台企业作用发挥的关键在于进一步创新跨境出口监管制度,全面深化"放管服"改革,充分鼓励跨境电商平台企业的创新积极性。一是支持跨境电商"大平台"建设,允许电商企业做大规模,进而提升跨境电商平台企业的全球竞争力,提高平台企业支持中国企业特别是中小企业"借船出海"的服务能级;二是鼓励跨境电商平台企业向行业纵深发展、成长为行业领域"龙头",通过提升平台企业自身的差异化和特色化,发挥比较优势,在全球范围内积累特定行业知识和网络、提升资源整合能力,为不同类型和行业的中小企业"借船出海"提供更为精准、高效的赋能服务。

2. 贴合企业实际,主动扶持中小企业数字化转型与模式创新

依托跨境电商平台提升中小企业国际竞争力,需要深刻理解影响中小企业数字化转型与模式创新的痛点和难点。国家《"十四五"数字经济发展规划》中明确提出大力推进产业数字化转型,实施中小企业数字化赋能专项行动。目前,我国31个省区市政府工作重点均提出要积极探索助力中小企业数字化转型升级的新模式,如湖北省黄石市以大冶作为试点,探索主管部门、方案提供商、标准服务方、金融机构四方合作机制,以"标准宣贯、需求对接、实施改造、效果验证、成效奖励"的模式为中小企业提供数字化改造服务。因此,政府主管部门需深入追踪研究数字平台赋能中小企业的有效路径,复制推广成功模式与经验,为中小企业数字化转型提供必要扶持,进一步降低中小企业数字化转型的约束与风险。

3. 优化要素市场,为中小企业数字化出海集聚关键资源

依托跨境电商平台提升中小企业国际竞争力,还应着力于为中小企业数字化转型与模式创新创造条件,应结合中小企业数字化转型迫切需要,开展中小企业数字化赋能专项行动。国际数据公司(International Data Corporation,IDC)研究显示,86%的中小企业已经意识到"技术正在推动行业变革",但是持续的数字化人才和数字化技能的短缺仍然是限制中小企业顺利

实现数字化转型的主要阻碍。一是要加大数字化专业人才培养,这既包括掌握网络、数据、制造、管理等方面知识的高层次复合型人才,也包括贴合中小企业发展阶段所必需的专门数字化实践应用人才;二是要为中小企业的数字化转型提供技术扶持,为中小企业量身定制"一站式"数字化转型方案;三是加强对中小企业数字化转型的专项资金扶持;四是集聚一批数字化平台企业和技术配套企业,为中小企业顺利"上线"牵线搭桥。例如,西班牙政府于 2021 年 11 月启动了"数字工具包"计划,支持对象既包括中小企业,也包括为企业提供数字化转型支持的服务商;而德国政府则推出了"数字中心倡议""中小企业数字化"等项目,为中小企业和初创企业提供数字化所需的专家支持和建议。

4. 传递典型经验,激发中小企业的数字化转型内生动力

依托跨境电商平台提升中小企业国际竞争力的关键,还在于激发中小企业数字化转型内生动力,推动中小企业从"赋能"走向"使能",重点解决中小企业"不会转""不能转""不敢转"的难题。虽然大胆拥抱数字经济时代的新机遇、不断提升企业生存能力和韧性,已经成为更多中小企业的普遍共识,但"知易行难",许多中小企业在数字化转型过程中仍然处于起步阶段。中国电子技术标准化研究院针对中小企业开展的调查显示,2021 年,处于数字化初步探索阶段的中小企业占比为 79%,处于应用践行阶段的占比为 12%,而达到深度应用阶段的中小企业仅占 9%。针对该问题,一方面需要加强典型经验的梳理传播分享;另一方面要从给予减税降费和人才支持等引导政策入手,为中小企业顺利参与跨境电商平台提供实质性扶持。

5. 多种模式并行,充分利用跨境出口 B2B 和 B2C 多元化优势

要获取持续的国际竞争力,中小企业还应重视在参与跨境商务过程中多种模式并行。尽管中小企业依托跨境电商平台采用 B2C 模式,可以减少销售中间环节、获取成本优势,但仍应该重视通过跨境电商 B2B 模式集聚当地市场知识和分销网络资源,还要重视通过参与海外仓建设获取新的优势。Wind 数据库信息显示,2019 年,我国 17.2 万亿元出口贸易总额中,跨境电商出口规模为 8.0 万亿元。其中,跨境电商 B2B 出口为 6.3 万亿元,占全部跨境电商出口规模的 78.75%。2021 年 7 月 1 日起,我国在北京、天津、南京、杭州等 10 个海关开展跨境电商 B2B 出口监管试点,通过增设 B2B 出口专属监管代码,大幅简化了通关流程。这不仅标志着中国跨境电商 B2B 时代的开启,也为中小企业采用多种跨境出口模式提供了新选择。

6.提前战略布局,积极开展产品创新和品牌塑造

依托跨境电商平台与本地市场的连接优势和流量优势,中小企业还应重视持续进行产品创新和加快推进国际品牌塑造。利用跨境电商平台强大的数据处理能力和连接本地市场的网络效应,中小企业有条件主动开展共享学习和开放创新,因地制宜持续创新产品设计,不断提高产品的多样化水平,通过做深做强国际利基市场,努力成为细分领域的领导者。同时,中小企业也应提前开展国际品牌规划,依托数字化跨境平台的流量优势和"曝光"能力,提升自身产品的国际识别度和国际消费者忠诚度,以此推动企业国际竞争力和全球价值链地位持续攀升。

第三节 跨境电商赋能共同富裕的发展路径

一、社会主义制度是跨境电商赋能共同富裕的基石

社会主义制度是我国的根本制度,它的形成和发展与我国国情有较高的适配度。我国实施改革开放政策后,为社会主义市场经济的发展提供了良好的环境,为不同市场参与主体参与市场竞争带来了新的机遇,大大提高了社会生产力水平。跨境电商是顺应时代发展的重要产物,与数字经济发展方向保持一致。数字信息的获取对于当前企业竞争有很大的影响,重要信息资源的获取,可以让企业抓住发展良机,主动出击占据优势竞争地位。当前,跨境电商的发展已经成为主流,与传统产业的融合创新发展是必然趋势,传统产业想要实现持续发展目标,就必须大胆革新,有效呈现出社会主义经济制度的核心特征与优越性,跨境电商的发展为发展业态的创新与发展提供了良好的条件,同时助力全新商业模式的发展[1]。跨境电商呈现良好的发展态势,有利于发挥社会主义经济制度的优势,为我国数字经济产业的发展注入源源不断的动力,大大提高了我国的社会生产力水平。

共同富裕是社会主义经济发展的最终目标,跨境电商的发展有利于提高社会生产力水平,为社会经济制度优势的发挥创造有利条件,有利于社会资源的优化配置,同时也为产业的创新发展指明正确的方向。在理解共同富裕核

---

[1] 中国共产党马克思恩格斯列宁斯大林著作编译局.马克思恩格斯选集:第2卷[M].北京:人民出版社,2012.

心思想的时候,需要与社会主义现代化发展总目标结合起来①,跨境电商的发展,为增强我国企业的国际竞争实力提供了可能②。跨境电商赋能共同富裕建立在社会主义制度的基础上。

二、从社会视角论跨境电商赋能共同富裕

1. 扩就业增收入是跨境电商赋能共同富裕的表现

进入到转型发展的特殊环境下,我国社会的主要矛盾已转化为人民日益增长的美好生活需求和不平衡、不充分的发展之间的矛盾。不能忽视我国不平衡发展的现状,城乡发展差距大,不同行业发展也不协调,东部地区发展快,西部地区发展速度慢,地区经济差异大。

跨境电商的发展在解决我国不平衡发展问题上起到一定的作用。跨境电商的开展需要建立互联网交易平台,交易主体、信息以及商品之间的对接突破了时空约束和限制,可以降低信息不对称造成的负面影响,实现社会资源的优化配置。跨境电商没有较高的进入门槛,为大众创业提供了一个良好的渠道,尤其是较早进行互联网创业的群体,在跨境电商开展中更有优势。中小企业在国际化发展的过程中,依托电商平台,借助信息技术,与不同国家和地区的消费者建立起交易关系,对于全球价值链的优化有促进作用③。跨境电商的优势较为突出,能够实现商业资源的优化配置,为不同参与主体优势的发挥创造条件。跨境电商在发展过程中,提供了较多的就业岗位,提高了社会就业率,对于上下游产业链的优化创造条件,为低收入群体的创业发展指明正确方向。在国家政策的扶持下,跨境电商为社会提供了大量的就业岗位,提高了人们的收入水平,有助于实现共同富裕目标。

2. 满足社会消费需求是跨境电商赋能共同富裕的落脚点

共同富裕就是要确保人们基本的生活需求得到满足,同时为精神文化的发展创造有利条件,缩小收入和消费差距④,共同富裕并不是一部分富裕起来,而是要实现全社会的共同富裕。当前,经济全球化发展的趋势无法阻挡,

---

① 李军鹏.共同富裕:概念辨析、百年探索与现代化目标[J].改革,2021(10):12-21.
② 张夏恒.共生抑或迭代:再议跨境电商与全球数字贸易[J].当代经济管理,2020,42(11):43-50.
③ 马述忠,潘钢健.跨境电商平台与中小企业核心竞争力:基于阿里巴巴国际站的案例研究[J].湖北大学学报(哲学社会科学版),2021,48(6):136-148.
④ 刘尚希.共同富裕的两个维度[N].北京日报,2021-08-02(010).

全球商品多样化、差异化与人们的差异化需求相适配。从社会消费角度分析，跨境电商的开展，能够把更多不同类型的商品引进来，把我国制造的商品销售出去，满足人民的差异化需求，提高人们的幸福感指数，从中也能够体现出跨境电商赋能共同富裕的优势，说明跨境电商的发展能够更好地解决当前我国面临的社会问题。我国在鼓励跨境电商发展之初的试点之一就是9610与1210海关监管方式的创新，无论9610还是1210，都是跨境电商进口模式。我国跨境电商试点工作也在有序开展，逐渐增加跨境电商零售的试点城市，从不同国家进口更丰富的商品，满足人们的消费需求。近些年，我国颁布实施了一系列的政策，鼓励跨境电商零售进口的发展，促进了跨境电商零售模式的创新，加快了我国跨境进口的有序发展，为共同富裕赋能。

三、从经济视角论跨境电商赋能共同富裕

1. 推动经济发展是跨境电商赋能共同富裕的根基

共同富裕的实现需要经济的稳定有序发展，对国家强盛、人民富强有着重要的意义[①]。社会主义市场经济在发展过程中，需要通过共同富裕的目标来体现社会主义市场经济的现实要求，系统反映出当前中国特色社会主义核心思想的内涵。想要实现共同富裕目标，就必须充分发挥社会主义市场经济体制的优势，坚持走社会主义道路，积极发挥基本经济制度的优势。从宏观维度上分析，我国经济当前处于转型发展的重要时期，经济发展不再一味地要求发展速度，更关注发展质量，在此背景下，经济结构、增长方式都有了新的变化，需要进一步加强现代化经济体系的建设，为经济发展注入源源不断的动力，推动产业结构的优化。跨境电商的形成和现代化经济体系有密切关系，是其重要构成部分，发挥着重要作用。跨境电商的发展，为产业结构的升级优化提供了动力，有助于区域间的协同发展，同时能够充分发挥生产要素的优势，提高我国经济发展水平。推动经济发展是跨境电商赋能共同富裕的重要根基。

2. 引领新业态新模式是跨境电商赋能共同富裕的突破

跨境电商的发展有利于提高我国的数字化水平，推动我国数字产业的快速发展，尤其是一些新兴数字产业的发展成了可能。跨境电商和传统产业在发展中紧密联系起来，有效规避了传统产业的劣势和不足，为产业数字化转型

---

① 唐任伍，李楚翘. 共同富裕的实现逻辑：基于市场、政府与社会"三轮驱动"的考察[J]. 新疆师范大学学报(哲学社会科学版)，2022，43(1):49-58.

发展指明了正确道路。共同富裕目标的实现,需要强有力的产业基础,才能为目标的实现提供强有力的保障。跨境电商不仅能有效突出数字产业优势,而且还能够获得良好的联动效应,为数字产业的规模化发展创造有利条件。大力发展跨境电商,可以推动传统产业的改革与创新,促进了传统外贸结构的转变,逐渐形成新的业务模式,为数字技术作用的发挥提供了良好契机。举例说明,很多传统企业积极开展跨境电商交易活动,如海外购物直播等,把产品销往各个国家和地区,为我国经济发展提供重要动力支持。由此可知,跨境电商的发展为共同富裕目标的实现注入了源源不断的动力。

3. 盘活生产要素是跨境电商赋能共同富裕的新驱动

我国迎来了数字经济时代,与此同时,国家制定了共同富裕战略,该战略是在我国经济发展特征的基础上提出的,换言之,数字经济是跨境电商的一个核心组成要素,其与共同富裕融为一体。由于数字经济的逐步推进,共同富裕势必会通过以跨境电商为主的数字经济,进行稳步发展。数字经济还有一个鲜明特点,即数据变成了重要的生产要素之一,跨境电商速度加快,充分体现了数据要素向生产层面渗透的现状。《中华人民共和国国民经济和社会发展第十四个五年规划和2035年远景目标纲要》强调进入数字时代,要积极挖掘数据要素潜力。跨境电商为数据在国际间快速传输提供了有利契机,特别是通过数字平台和网络技术,与世界各国的供需信息相对接,促进了数据要素在供应链中的流动与转化。数字技术的快速演变和使用,特别是人工智能、区块链技术等重要科技,逐步向产品流通与生产层面渗透,让交易成本、生产成本以及流通成本等显著减少,商品活动的各个主体有助于提升产业链效率。通过资源配置情况来看,跨境电商让数字场域和物理场域的物流、资金、信息以及人力等资源,进行了充分整合与优化,以促使产业链中的资源迅速、有序流动,这显著改善了资源配置的效率。该优势为共同富裕的稳步推进奠定了良好根基,为实现共同富裕提供了可靠助力。因此,通过经济微观层面来看,共同富裕和跨境电商这两者的契合度很高,后者的快速发展,对实现共同富裕具有重要作用。

我国经济发展踏上新征程,在此发展背景下,党和国家十分重视共同富裕这一重要事业。该战略以我国获得脱贫攻坚伟大胜利等背景为着眼点,集中体现了我国经济发展状况,这既是通过中国共产党的引领形成的,展现了共同富裕的政治性,还根据广大民众的实际需求,有效缓解了社会发展不充分的问题,从而为解决人民不断提升的幸福生活需求与社会发展不均衡之间的矛盾,做了良好铺垫,体现了共同富裕的社会性质。共同富裕离不开经济发展这一重要前提,需要经济的有效支撑。共同富裕尽管属于社会及政治问题,但是,其也是经济层面的问题,具有显著的经济特征。

通过政治角度来看,跨境电商赋能共同富裕,积极发展跨境电商与各民族人民共同富裕呈现政治的一致性。跨境电商的蓬勃发展,也是坚定不移走中国特色社会主义道路的结果。我们党非常重视跨境电商发展,借助跨境电商推动全民走向共同富裕,这一目标具有良好的政治保障。通过社会这一面看,全面发展跨境电商,为共同富裕提供强大动能,能够迎合民众对幸福生活的要求,这是帮扶弱势群体、增加就业岗位以及增加社会收益等的可靠路径,有助于应对社会发展不均衡等难题。

通过经济这一层面来看,跨境电商促进共同富裕发展,不管是要素配置、经济制度层面,还是产业发展层面,积极发展跨境电商,都能为共同富裕的实现夯筑坚实的基石,确保共同富裕拥有良好的经济支撑。

通过长期来看,跨境电商为实现共同富裕赋能,具有十分重要的作用,同时,还有经济、政治、社会提供的强大动力。因此,为了促进共同富裕稳步展开,既要密切关注跨境电商,还需重视创建一系列配套资源,并制定有效的引导与鼓励政策、提升相关主体活力、不断改善电商运营的环境。此外,还需努力预防跨境电商风险危机,清除时代的一些阻力,让跨境电商焕发生机与活力,从而推动其高效、稳健、向好发展,全面展现其助推共同富裕的效能。

第四节 跨境电商赋能边境地区经济发展的路径

一、边境地区发展跨境电商的优劣势分析

(一)优势

1.产业有特色

尽管大部分边境地区在产业结构优化方面处于劣势,但却拥有不可替代的特色产业。从农业的角度来讲,边境地区有着丰富的耕地资源,为农作物的种植创造了得天独厚的条件,使得农作物的产量不断提高,且生产出各种各样的特色作物。同时,边境地区的畜牧业也非常发达,为中部等其他地区提供了大量的特色畜产品。从工业的角度来讲,边境地区的工业发展能够与当地农

业产生紧密的关联,这也为农副产品和轻工产品的生产和加工带来了积极的影响,展现出独特的区域特色,最具代表性的有新疆地区的水果、内蒙古地区的奶制品和肉制品等。不得不说,边境地区凭借这些特色产业在出口跨境电商的建设与发展方面取得了无可比拟的竞争优势。

除此之外,部分边境地区的产业发展能够与周边的国家形成互补关系。例如,新疆和接壤的哈萨克斯坦等国长期有着贸易往来,会把当地的机械器具、服装配饰或电气设备等出口到周边国家。与此同时,也会向哈萨克斯坦等周边国家进口一些当地短缺的货物物资,如化学制品或矿物等。作为边境地区的企业,可以通过实地考察和调研来充分掌握国外市场的具体需求和消费者的偏好,从而制定针对性的营销策略和经营方式,在最短的时间内抢占更多的市场份额,促进自身的发展。

2. 资源禀赋好

与其他地区相比,边境地区在地理和自然环境等方面有着得天独厚的优势,也使得这些地区拥有了丰富且极具特色的自然资源。以黑龙江省为例,它被称为是世界上三大黑土带之一,有着排在全国首位的耕地面积,种植着水稻、大豆或玉米等多种农作物,也生产加工出大量的乳品和肉类等物资。再比如新疆,该地区在特色林果种植和农牧资源开发储备等方面独具优势,为中部和东部地区提供了源源不断的物资支持。这些资源禀赋都为边境地区跨境电商的建设与发展提供了必要的环境和条件,是促进特色产品和产业持续发展的有效支撑,也是进一步提高边境地区国际竞争力的最优路径,是让产品真正"走出去"的科学规划和策略。

(二)劣势

1. 经济基础差

经济基础对跨境电商发展起重要的支撑作用。边境地区在经济基础上处于明显劣势,主要体现在消费能力弱、财税支持不足、劳动力成本高、经济数字化程度低和发展观念落后五个方面。

(1)消费能力弱,制约进口跨境电商的发展。2020 年全国城镇居民人均可支配收入 43 834 元,农村居民人均可支配收入 17 131 元。而沿边九省区的城镇居民可支配收入均低于全国水平,农村可支配收入除辽宁省稍高出 319 元外,其他省区均低于全国水平。这说明边境地区的可支配收入低,消费能力弱。这会限制进口跨境电商的发展,即使边境地区能够获得大量的国外低价产品,本地市场也不足以消纳。

(2)财税支持不足。经济基础差导致边境地区难以对跨境电商新业态的发展提供足够的财税支持,许多发达地区的财税优惠政策在边境地区是难以直接复制的。

(3)劳动力成本高。边境地区的劳动力成本较高。近年来边境地区人口流失严重,劳动力不足导致其雇佣成本高,导致在生产条件相同的情况下,企业更愿意选择劳动力成本低的地区或国家。

(4)经济数字化程度低。

1)信息基础支撑不足。许多边境地区处于边陲山区,信息基础设施不健全,建设难度大,通网率和信号覆盖率低,信息云化、智慧化、融合化程度差,至于5G、大数据等新型数字技术设施目前更是欠缺。

2)电商发展缺位。一是缺乏电商发展传统。边境企业对于电子的商务嗅觉不敏感,对于电子商务中的竞争性经营技巧和规则也不熟悉,经营经验不丰富,需要过渡期来适应跨境电商市场的规则体系。

二是缺乏大型跨境电商平台和服务企业入驻。一些本地小服务商资质不足、没有足够的服务能力,所提供的替代性端口功能单一,只具备信息传递和数据统计功能,有些本土企业采取独立站的方式自主经营,但成本高,且自有站点的设计性和功能性相对欠缺。

三是跨境电商综合服务平台缺位。这是边境地区发展跨境电商面临的共有问题。该平台一般由当地政府所建,功能包括金融、通关和物流等,一方面为政府职能部门之间搭建工作平台,另一方面是服务跨境电商企业。

(5)发展观念落后,不利于新业态落地。边境地区企业和个体的小作坊思维还比较严重,许多边民仍然处于被动发展的要、等、靠阶段,主动经商创业的魄力不足。

2. 产业结构不优

边境地区的工业较弱,且多为中低端制造业,缺乏高端制造业,并不具备生产优势。因此在发展出口跨境电商时,不适合沿袭工业发达地区的"什么产品卖得好就制造什么"的策略,需将目光投向农业和部分优势工业,将这一部分产品作为目标出口产品。

3. 物流水平不高

物流水平影响跨境电商运单在国内段的运输时效,在配送环节起关键作用。大部分边境地区的物流水平不高,主要体现在以下两方面。

(1)交通条件差。边境地区交通条件差,尤其西部地区的物流运输效率在全国最低。虽然现今大部分边境地区主城市有公路、铁路相通,但是边境县乡、农村的道路情况还较差,过货能力不强,同时载货汽车的利用率低,这对于形成物流网络、实现货物集约配送是不利的。

(2)物流体系建设不健全。边境地区的物流网点普遍分散,区域物流中心、物流园、冷链物流中心、包装中心等建设不全。而跨境电商订单时效性强,对物流水平要求高,因此边境地区还需进一步强化物流调配能力,健全物流体系。

4. 营商环境不优

营商环境范围较宽泛,包括企业经营过程中遇到的政务、市场、商务成本、基础设施和生态环境等。营商环境决定了城市对企业的吸引力。

边境地区的营商环境有待进一步优化,主要体现在以下三个方面。

(1)简政放权有待继续推进。边境地区在简化政务、精简流程、多批合一、多审合一方面还需改进,"互联网+政务"发展慢,政务信息平台建设滞后,影响政企联络效率,不利于优化企业的经营体验。

(2)要素的供给水平有待提升。企业经营成本高。受经济基础制约,边境地区企业普遍存在融资困难,用电、用水、用地、用工成本高等问题,且要素供给制度灵活性和区分性差,高经营成本导致边境地区对企业的吸引力差。

(3)社会服务环境有待提高。边境地区的社会公共服务较东部地区尚显不足,这对于招商引资和企业用工有较大影响,也意味着边境地区在引资、引智、引人方面需通过提供更多优惠待遇和条件来代偿由社会服务环境不优带来的负的外部效应。

5. 人才匮乏

边境地区在跨境电商人才方面处于劣势,主要体现在人才总量少、人才质量不高、人才吸引力差三方面。

(1)人才总量少。沿边地区经济发展慢,教育资源相对匮乏、高等教育和职业教育发展水平滞后,导致本地培养的跨境电商人才不多。

(2)人才质量不高。跨境电商需要精通语言、经济学、电子商务模式等的复合人才,也需要熟练电商操作、国际物流运营、售后服务、仓库管理等的专业人才。边境地区的劳动力素质有待提高,多数不具备上述专业能力。

(3)人才吸引力差。沿边地区的人才吸引力远不如东部发达地区。地理位置偏远、经济基础薄弱、公共设施条件不佳等导致沿边地区人才吸引力差。一方面,许多劳动者因为条件艰苦、安家难等不愿去边境就业;另一方面,本地的高学历或高技能人才也外流严重,随着各地"抢人大战"愈演愈烈,很多大学生和研究生都选择去东部发达地区工作。

二、案例分析——以新疆塔城地区为例

塔城地区位于新疆维吾尔自治区西北部,总面积10.54万平方千米,辖3个县级市、3个县、1个自治县。2020年塔城获批重点开发开放试验区,范围包括塔城市以及额敏县、乌苏市等,面积15 954.43平方千米。

2020年,塔城地区实现地区生产总值737.57亿元,同比增长4.3%。塔城拥有巴克图国家级口岸,是我国向中亚合作的重要窗口和边贸经济核心区。近年来,塔城地区的经济社会发展取得了明显成效,基础设施不断完善,农副产品加工、基础装备制造、矿产资源加工、能源产业、纺织服装、旅游文化等产业优势不断凸显,外贸规模不断扩大。

目前,塔城地区的跨境电商发展尚处于起步阶段,仅有少数外贸企业涉足跨境电商业务,缺乏大型服务平台入驻,尚未形成产业集聚和规模经济。

(一)与周边国家的跨境电商合作潜力

塔城地区周边与其贸易关系密切的国家主要有哈萨克斯坦、塔吉克斯坦、乌兹别克斯坦、吉尔吉斯斯坦、土库曼斯坦和俄罗斯等。本节对这些临近贸易伙伴国的贸易商品结构和跨境电商发展进行分析,研究塔城地区与各国进、出口产品的互补情况等,分析与其在跨境电商上的合作潜力。

从贸易产品结构来看,塔城与周边国家在贸易上具有产品互补性,在跨境电商合作方面有较大潜力。从出口上看,各国对我国的机电产品和服装、纺织品以及玩具等轻工产品需求较大,塔城也通过此类产品打开突破口,输出优质的纺织产品、农副产品和轻功制品等。从进口上看,各国出口中国以矿产、金属和化学物等能源资源型产品为主,与跨境电商零售进口的关联程度较低,但塔城可进口相关产品后发展资源加工等产业。

近年来,在电商发展方面,随着全球经济数字化进程不断推进,各国电商发展较快,为开展跨境电商合作提供了基础。以俄罗斯和哈萨克斯坦为例,在俄罗斯的电商进口产品中,来自我国的电器、服装、汽车零件、化妆品、家居用

品、体育用品等需求旺盛,已成为俄罗斯跨境网贸市场中最主要的商品。在跨境电商市场上,我国对俄罗斯的产品优势主要集中在轻工产品上。塔城可直接出口本地特色农产品、食品、服饰鞋帽等,同时培育发展汽车零部件生产、电器制造等轻工制造业。近年来,哈萨克斯坦电商发展迅速,交易规模不断扩大。哈萨克斯坦的电商物流主要通过邮政系统,近年来不断简化通关流程、精简手续,且对很多税费的进口税做了优惠和降低,政府还积极与阿里巴巴等中国企业展开合作,有利于塔城企业进入其电商市场。

(二)有利条件

1. 区位条件佳

塔城是边境战略支点城市和丝绸之路经济带北通道口岸城市,发挥着边贸经济核心区和一带一路桥头堡的作用。从塔城地区出境,北上经由土西铁路可到达俄罗斯新西伯利亚,过乌拉尔山,到达俄罗斯欧洲部分,继续向西最终到达欧洲西部,这是新疆通往欧洲最近的通道。

2. 农牧业发展好

(1)生产规模大。塔城地区素有"粮仓、肉库、油缸、糖罐"的美誉,是新疆重要的果蔬和粮食出口基地。2020年,第一产业对经济增长的贡献率为30%,拉动经济增长1.3%。2020年全年粮食种植面积408.77万亩,粮食产量240.42万吨。全年猪牛羊禽肉产量8.67万吨,年末牲畜存栏514.01万头,年末拥有农业产业化龙头企业251家,拥有各类标准化规模养殖场650余个。

(2)特色突出。在粮食、肉类、油脂、果蔬、饲草料、糖业、种子的生产上优势明显,沙棘、食葵、番茄、黑加仑、籽用瓜等产品特色突出,特色农副产品加工产业兴旺,与哈萨克斯坦等国家在农产品加工产业上的跨境合作潜力大。

3. 制造业有基础

塔城地区的制造业总体规模并不大,但特色鲜明,其制造优势的形成主要得益于农副产品加工。塔城地区在农副产品精深加工方面特色鲜明,特色果蔬、饲料、轻工生产、机械设备组装有较强特色。

4. 交通基础畅通

(1)域内交通互联。塔城域内有巴克图经开区和巴克图国家级口岸,形成了开发区—城市—口岸"三位一体"的区域经济空间格局,高标准交通道路连接各区县和团场,形成了四通八达、立体开放的交通道路网络。

(2)对外交通便利。塔城机场与火车站辐射全疆和全国重点城市,且高速公路网络密集,219国道、克塔高速公路、省道201、221等交错铺展,已经初步形成了高速公路—铁路—民航互补的立体化交通网络。有助于跨境电商进出口实现东联西出的引领作用。

同时塔城背靠塔额盆地,与哈萨克斯坦直接距离近,且通往中亚、欧洲国家距离也更近,这使得塔城出口产品,尤其是农产品便于保鲜存放,降低了运输成本。

5. 开放基础优

2020年,塔城地区外贸进出口总额为4.61亿美元,比上年下降37.1%。其中,进口0.14亿美元,出口4.47亿美元。主要出口果蔬、番茄酱、轻工产品和机动车辆器械等,主要进口油葵、面粉、肉类、中草药等。

塔城坐拥国家一类口岸——巴克图口岸。巴克图口岸距乌鲁木齐557千米;西与哈萨克斯坦的巴克特口岸隔界相望,相距仅800米,直接辐射哈萨克斯坦的4个州9个城市,而继续向西可辐射至俄罗斯阿尔泰边疆区的巴尔瑙尔市和新西伯利亚市,市场潜力极大、辐射范围极广。巴克图口岸过货能力强,是全国第一个农产品快速通关"绿色通道"的陆路口岸,也是新疆唯一获批肉类进口的指定口岸,客流、商流、信息流畅通,直接联系哈萨克斯坦和俄罗斯5个州10个新兴工业城市,将是未来塔城发展跨境电商、提高向西开放水平的重要途径。塔城邻近哈萨克斯坦的4个州,其日用产品主要依赖进口,与塔城的产业互补性强,市场潜力巨大。

6. 政策

(1)塔城重点开发开放试验区政策,支持当地先行先试,探索有利于试验区发展的财税、融资、通关等方面的可行政策,这为跨境电商政策创新、制造优势提供了宝贵机会。

(2)巴克图口岸边民互市政策提供了价格优势,免征进口税和进口环节税,哈萨克斯坦公民进入交易区72小时内免签证,有助于互市贸易和跨境电商融合发展,优化跨境交易和结算路径。

(3)贸易方面,农产品绿色通关、大宗商品快速通关等为电子商务货物流

第六章 跨境电商赋能经济发展路径的多维探索

通提供了便利。

(三)不利条件

1. 产业结构不优

塔城地区的产业结构不优,一产重,二产、三产弱。

农牧业方面,塔城地区农牧业发展已有规模,在粮食、肉类、特色林果等生产具有规模优势,但由于地区偏远,农业信息化程度低,同时农业科技人才不足,导致农牧业生产的现代化程度不足,在作物种植、牲畜养殖方面还采用着传统的生产方式,相比东部农业发达地区(如山东、河南等地),缺乏高新机械、科学组织模式和智能农业技术等的引入,农牧业的发展后劲不足,生产效率有待提升。

工业方面,塔城地区逐步建立起了以矿产加工、轻工制造为支撑的工业体系,但发展不够全面。当地工业以轻工业为主,重工业乏力。一方面,由于科技支撑较薄弱,同时工业扶持政策不够完善,导致技术和资本聚集不够强,先进技术和生产装备还不够多,所生产产品的高科技含量比较低;另一方面,工业制造体系不全面,因此产业结构简单,生产分散,没有形成稳定健全的工业体系,产业链短。因此要发展跨境电商,就要考虑先利用已有优势,从轻工生产、初级加工产品做起,待产品规模逐渐形成,技术、资金、人才逐渐集聚,再通过相应政策指导和支持,引导要素流向加工业发展主方向,完善上下游和旁侧产业部门,逐步形成具有塔城特色的外向型工业体系。

在跨境电商产品战略上,塔城应强调其优势产业即农牧业的引领和核心作用,从优质农产品出口和农副产品加工上打开突破,在生产和加工两方面做足文章。一方面立足生产,以现有种植和畜牧业为基础,引进先进农业生产技术、方法和人才,推动农牧生产由规模化走向科学化、效率化和规范化,为优质农产品出口以及农副产品加工制造提供保障;另一方面强化加工,解决农产品加工中工艺水平不高、产品附加值低的问题,要推动农产品加工业从粗加工、基础加工向精加工、深加工方向发展,强化终端产品、高端产品的供应能力,以跨境农副产品交易为核心,以特、精、深、强为方向,引进精深加工技术,补齐工业短板,从而逐渐完善自身产业结构。

2. 基础设施有待进一步优化

口岸基础设施有待进一步完善,口岸的区域功能划分不合理、部分查验设施陈旧老化等限制,严重影响了通关效率。

交通基础设施有待加强。公路方面,塔城地区一级及以上等级公路有689千米,占地区国、省道总里程的30%,占地区全路网总里程的7%。公路等级低,大通道优势未能充分发挥,制约地方经济的发展;铁路方面,克塔(克拉玛依—塔城)铁路已列入计划动工,但在与哈萨克斯坦的铁路网连接方面仍存在障碍。

3. 发展内生动力不足

(1)整体创新驱动能力不强。塔城地区目前整体的生产方式还相对粗放,外向型产业的国际竞争力还没有培育起来。塔城地区整体科技创新底子较为薄弱,行业科研技术人才和团队少,对高科技技术和人才缺乏吸引力,这也是边境地区普遍存在的情况。而在当前经济发展阶段,技术进步对经济增长的贡献早已远超资本贡献率和劳动贡献率。因此,科技和智力支撑不足,产业创新活力不强,是塔城经济发展的根源性问题,也是跨境电商长期发展的隐痛。若要发展跨境电商,内生动力不足,则产品附加值难以提高,产业升级不易完成,竞争优势难以培育,在远期必将导致进、出口产品结构和规模僵化。

(2)通道经济留存能力差。内生动力不足,加上缺乏强有力的本地企业和技术配套,就使得塔城的要素留存能力与流经当地要素的高数量和高质量不匹配,无法进一步有效留住资金流、商品流和人才流,导致通道经济畅通,但是留在本地的很少,长期将越发沦为经济通道,不利于本地经济的高质量可持续发展

4. 营商环境有待优化

与东部地区相比,塔城地区的市场发育滞后,在政府服务能力、市场活跃程度、企业经营氛围、资源供给能力、产业链完整性等方面存在一定差距。在金融支持方面,国有企业和大企业占优,中小微企业获得感不强。在政府政策方面,政策的导向性和使命感足够强,但是制度供给的精准性不够,在准入许可、经营运行等政策环境仍不够优化,行政效率低、行政成本高仍是影响企业来塔经营的重要短板之一。最后,政企互通渠道单一,缺乏行业协会等主体来联系和协调企业,导致信息传递难,企业获得感不足,政企系统的灵活性有待提高。因此塔城也可能需要在产业政策和招商优惠等方面付出更高的代价,来弥补企业吸引力弱的短板。

塔城营商环境优化难度大。塔城地区集地方政府和兵团力量共建,在兵地融合共建方面与其他地方体制不同,因此一些跨境电商综试区的政策无法

直接迁移复制,提高了政策创新的难度。

5. 出口产品附加值低

产品附加值是指通过产品在加工、流通和营销等环节等产生的超过原材料价值的增加值。塔城的优势出口产品主要是农副产品和轻工制造产品,但附加值较低。

(1)科技含量低。塔城出口的农副产品主要为原产品和初级制成品,缺乏精加工、深加工产品,总体处于价值链的低端环节,虽然量多但不增值,长期看还有风险,成为国外的"廉价工厂",如当地出口至俄罗斯的番茄酱,为桶装的初级制成酱料,是产业链中的中间产品,不直接卖向消费者,而是卖向国外工厂,单位价格低廉,但经过国外工厂的精、深加工和贴牌之后,就可"摇身一变"成为高端饮食产品,单位价格飙升。此类产品还有很多,由于缺乏精、深加工工艺、科技含量低,导致塔城出口的许多产品长期处于价值链低端,产品价值被国外公司"榨取"。

(2)品牌建设缺失。塔城主要的产品优势在于农产品,而农产品具有鲜明的地域性,好的出口品牌意味着地域标识性和国际市场客户群。因此,打造标识性区域品牌、推进农产品区域品牌建设,对于塔城出口农产品提值增收具有重要意义。

(3)品牌意识薄弱。塔城大部分农业生产企业及个体受传统农业生产观影响重,对农产品品牌建设的重要性认识不足,没有意识到品牌对于其产品附加值和市场价格的影响力,只注重生产、不注重营销和品牌建设,导致塔城农产品在国际市场上缺乏品牌竞争力,区域辨识度低。

(4)品牌形象有待重塑。塔城虽为粮油、牲畜和特色林果等的重要主产区,但有影响无品牌的问题明显,出口农产品为中间产品,没有在相应国际市场打出鲜明的形象。缺乏具有国际知名度的龙头品牌,不少品牌只是单纯地备案注册,缺乏后续持续发力和有效宣传,成为仅仅具备识别功能的"纸上品牌"。

政府的指导和支持作用还不够强。当地政府应整合资源、挖掘地域特色底蕴、给予企业鼓励指导、健全品牌建设政策体系,为本地品牌建设背书。

6. 经济数字化程度低

(1)数字基础设施建设与利用水平不高。信息配置和使用效率偏低,且缺乏数字经济发展规划,数字经济发展重点不明确。塔城应进一步加强互联网基础设施建设,明确将农业和农副产品加工业作为数字设施的供给重点,才能为跨境电商营造良好的发展环境。

（2）新型数字技术发展弱。塔城地区的5G、大数据、区块链和人工智能等高新信息技术聚集少，当地数字技术人才和资本相对匮乏，且受制于数字技术设施建设不完善，导致新型产业和技术发展得不到有效支持，数字经济发展较慢。

（3）传统产业数字化转型不理想。当前塔城的农业生产、加工和轻工制造产业仍主要采用传统生产模式，产业技术基础差，数字化转型难度高，生产设备数字化率、联网率低，产业数字经营水平低。

（4）企业的数字经营理念淡薄。塔城企业在推动数字经营时应从难度小、成本低的环节入手，由浅入深，先在交易、服务方面强化数字技术的使用，强化数字经济发展观和理解力，再逐渐向产业领域转移。

7. 配套物流体系尚未健全

在对外物流方面，虽然当前塔城地区已形成有一定运输能力的运输体系和路网，但当前其巴克图口岸出口主要以公路运输为主，本身存在运输时间慢、单次运量小等的缺点，过货能力受到限制，运输完全随订单而定，缺乏计划性。

在域内流通方面，塔城农产品冷链物流体系还不完善，尤其区域性冷藏冷冻设施和配送中心还不齐全，冷链流通率低，导致出口产品在塔城域内段的物流储藏成本较高。

8. 电商专业人才缺失

塔城地区缺少跨境电商专业人才，这与当地发展观保守、产业结构落后、经济数字化程度弱等都有关系。虽然许多边民有参与边境贸易的经历，但文化水平较低，对数字经济和跨境电商理解不深。

三、来自成功边境地区的经验启示

1. 霍尔果斯

2020年，霍尔果斯获批综合保税区，也是中哈霍尔果斯国际边境合作中心中方配套区区域，具备经济开发区、合作中心、综保区多区叠加的政策优势，享受先行先试、省级经济管理权限等特殊机制和一系列优惠政策。2021年，霍尔果斯的跨境电商业务达到了16.9亿元。霍尔果斯在跨境电商发展方面的经验如下。

(1)积极建设产业园区。霍尔果斯建立集物流、仓储、报关检验、跨境金融、跨境电商双创孵化等功能于一体的一站式电商产业园,实现保税加工、物流、交易和商业洽谈等功能,并以优惠招商政策吸引国内外跨境电商企业入驻,在园内形成了跨境电商产业集群。

(2)大力提供优惠待遇。霍尔果斯推出了一系列税收优惠政策,大大提高了对企业的吸引力,吸引了众多物流、支付企业入驻经营。在招商引资方面,设有奖励返税政策。新设立企业当年留存霍尔果斯开发区财政的增值税、营业税、所得税总额在 300 万～500 万元、500 万～1 000 万元、1 000 万～2 000 万元、2 000 万元以上的,按比率予以奖励。在土地使用方面,商业、工业、仓储用地还可以实行弹性出让,推行先租后让、租让结合等使用方式。

(3)注重基础配套设施建设。霍尔果斯建设了跨境电商监管中心、分拨中心、国际快件中心、跨境云仓等一系列跨境电商重点项目,形成了全面的基础设施支撑体系,提高了交易响应速度和物流效率。

(4)注重金融支持。霍尔果斯注重向跨境电商企业提供金融支持。中、农、兴业等七家商业银行入驻,并向跨境电商企业定向开拓贷款业务。霍尔果斯也是跨境人民币创新业务试点中心和离岸金融业务试点中心,可以开展人民币对坚戈等货币挂牌、兑换等,方便了跨境电商结算。

2. 东兴

东兴沿海沿边,对接东盟,是沿边金融改革试行区、边境经济合作区和边民互市贸易区。东兴的跨境电商发展特色在于与互市贸易相结合。

(1)创新边贸模式。东兴市以边贸为着力点,成功打造了边贸电商的"东兴模式"。东兴形成了"互市贸易—落地加工—线上线下分销"的跨境电商进口模式。该模式将 20 名边民组成一个互助组,并且通过边民互助组对边民进行指导,实现抱团互贸、集体采购。边民从互市区购进初级产品,无需缴纳关税,但须严格按照各级政府部门的相关法律规定。离开互市区后,多余的自用商品可以交易,但要完税。同时,鼓励将购进的初级产品用于落地加工,最后销往国内市场。不仅促进了互市贸易区的经济发展,也为边民提供了许多就业机会。

(2)围绕产业特色打造优势产品。东兴市在发展跨境电商时,紧紧围绕食品、红木家具、沉香加工、农副加工等特色产业,打造了一批高销量的跨境电商产品。在生产上,组织农民标准化种植,深度结合农产品优势开发加工产业。在品牌上,注重品牌建设,形成了以"红姑娘"红薯,"万诚"海鸭蛋等为主的网销品牌。

(3)强化跨境电商基础设施。东兴市的跨境电商发展迅速,得益于高质量的基础设施建设。东兴建立了保税物流中心,实现保税仓储、加工、信息处理、检疫检测等功能,并且与越南东盟国家和内地城市开展保税物流合作,吸引了大量货物来东兴集散。同时建设专开展落地加工,服务国内市场。东兴、霍尔果斯等成功边境地区也正是在找准优势的基础上先行创新,才实现了跨境电商的快速发展。因此,边境地区要塑造竞争力,必须紧抓优势。

但是,塔城的优势(见表6-1)只存在于产业链的部分环节,也就决定了其跨境电商初期发展方式只能是部分的而并非整全的。

表6-1 塔城发展跨境电商的优势

1	资源和产业优势	农牧业特色产品、农副产品加工
2	政策优势	重点开发开放试验区政策、边民互市贸易政策
3	区位优势	毗邻哈萨克斯坦,联通中亚、西亚、欧洲

因此,以塔城为代表的边境地区不必急于健全全部产业链,而应把有限的财力投入到具有优势的环节(互市贸易进口、农副产品加工出口等),待这些产业环节起色后,再逐步壮大产业体系,即开展"由部分到整体"的发展。为方便说明,在下文的短期一节中,将以塔城为例,对边境地区跨境电商的短期发展提出具体建议。

四、边境地区跨境电商发展的路径建议

(一)路径建议

边境地区在发展跨境电商时,可按照"短期做成、中期做大、长期做强"的渐进式发展路径。

(1)短期:指跨境电商发展的初期阶段。此阶段,边境地区应以"做成"为目标,在可取业务模式下,健全基础配套设施和服务,利用资源、产业、政策和区位优势,打开业务通路。

(2)中期:随着跨境电商的交易逐渐形成规模,资源不断集聚。在中期,边境地区可适当发力,扩展产业体系。

(3)长期:此处长期指时间上的持续,而非割裂的中期之后的时间段概念。边境地区的基础设施、营商环境和发展理念等落后于东部发达地区,且想要优

化非一日之功。改善这些条件,要从实际出发,与地方经济发展节奏同频共振,长期持续努力。

(二)短期:以塔城为例

1. 确定业务模式

塔城对外贸易的目标市场国家主要有俄罗斯和中亚五国等。塔城可先开展 9610(集货模式)、9710(B2B 直接出口)和 9810(海外仓出口)三种模式。

9610 模式使用的商品品类广,与塔城地区以农副产品、轻工制品、生活用品为主的出口产品结构相契合。

9710 和 9810 模式申报便利,单票低于 5 000 元人民币且不涉证、检、税的货物通过出口统一版系统申报,该系统不再汇总申报报关单或备案清单;超过 5 000 元人民币或涉证、涉检、涉税的货物通过 H2018 通关系统申报。

在 9810 海外仓模式方面,塔城企业可选择租赁或自建海外仓。就目前几个主要目标市场国家的海外仓建设来看,俄罗斯数量较多,中亚五国布局零星。据不完全统计,我国在俄罗斯有超过 30 家海外仓,在哈萨克斯坦、吉尔吉斯斯坦、塔吉克斯坦和乌兹别克斯坦也已建仓并运营 27(如海外仓集团的 FTZCOC 海外仓)。

1210(保税进口)监管方式则由于试点政策限制而暂时无法开展,但是可以利用"边民互市＋跨境电商"的方式实现低价进购的功能代偿。目前,塔城也正在加快申请保税物流中心(B类)和巴克图综合保税区,若获批成功就可开展 1210 业务。

2. 完善跨境电商基础设施

(1)完善实体。作为塔城,需严格依据海关规定和要求来配置卡口等基础服务设施,为巴克图口岸各项基础设施的建设与改造提供有力的支持,进一步增强口岸的通行能力。此外,还应该对巴克图现有的口岸配套设施进行优化与升级,构建一体化的口岸服务体系。

(2)建设平台。塔城需依据现行的海关规定和规范制度来搭建现代化的信息管理平台,丰富该平台的功能。注重口岸的数据化发展,为口岸的电子化运营创造有利的外部条件。通过一系列的措施来加快巴克图口岸跨境物流服务平台的信息化发展,早日开发并应用配套的智慧安检信息系统,基于电子货运信息平台的创建与运维来赋予口岸新的功能和作用。

(3)促进互市贸易信息化的发展。塔城可尝试对东兴市的贸易发展模式和先进经验进行借鉴,引入先进的发展理念和手段,基于便民互市贸易电子管理平台的开发与运营来实现电子贸易平台和跨境物流服务系统的有机结合,在深度贯彻落实互市交易方案的同时,将通关检验与监督管理等其他环节紧密地关联在一起,进而建构出一体化的互市贸易信息管理体系。

3. 进口:发展"跨境电商＋互市贸易"

塔城可尝试依托"跨境电商＋互市贸易"等政策机制来以较低的价格来完成商品进口,在本地工业的促进下构建一体化的产业链条,将进口的商品用于自身的经营和发展,或是向国内其他地区的市场分销。不过,由于本地市场并不具备较强的消纳能力,所以塔城需要精准把握市场定位,与国内其他地区的市场建立良好的贸易往来关系,扮演贸易"中转站"的角色。相关策略和措施包括:

(1)场地建设。为互市贸易的监管和服务提供所需的基础设施,为互市贸易在加工园区的落地创造有利的环境条件。

(2)推进互市贸易和跨境电商并网运行。塔城应尽快将先进的电子信息技术和手段应用在边民互市贸易管理中,搭建智能化的信息管理平台,和跨境电商平台进行关联。由此一来,国外的卖家就能借助电子平台来展示丰富多元的货品信息,为塔城边民的网络购物提供便捷的服务。在用户下单后,可根据实际情况选择自提或由区内物流安排统一的配送,这对于互市贸易的规范化建设与发展有着积极的作用。与此同时,作为国内的消费者,也能借助平台来浏览相关的货品信息,然后在网上提交意愿订单,让塔城边民协助购买,最后利用跨境电商的国内段物流配送系统来将货品完好无损地交付给消费者。

(3)强化边民指导与管理。一方面,就现有的边民身份认证和管理机制进行优化调整,适当增加边民的数量,进而突出进口价格的竞争优势。另一方面,政府应根据实际情况组建专项工作小组,为边民的商品选购和网上操作提供科学精确的指导和咨询服务。

(4)构建多级市场。对国内其他地区的成功互市贸易实践经验进行参考和借鉴,构建出适合边境地区贸易发展的多级市场模式。其中,主要由一级市场、加工区和次级市场组成。一级市场指的就是互市市场,可以为边民互助组提供所要购进的产品;加工区,按照规定缴纳税款后可从该区采购各种各样的加工原料,根据本地工业和产业的发展特色和结构来完成产品加工;次级市场可提供所需的购进产品,或是将加工后的产品分销给国内其他地区的市场,享受一定的增值税抵扣优惠。

4. 出口:利用区位优势和产业特色

(1)输出优势产品。塔城可立足产业特色,开展 9610 和 9710 业务,输出本地的特色优势农产品、轻工制成品和农副加工产品。

(2)发挥区位优势,承接沿线跨境电商运单。就塔城而言,其现阶段和中欧卡航等企业建立了稳定的合作关系,构建了一体化的跨境电商公路运输专线,为跨境电商贸易的发展打下了坚实的基础。其中,相关货物的运送主要由 TIR(国际公路运输公约)卡车负责,起于巴克图口岸,畅通无阻地到达哈萨克斯坦、吉尔吉斯斯坦等边境国家。这一运输路线既安全又可靠,还无需支出更高的运费成本,能够切实满足跨境电商的货品运输需求,在增加运单和扩大流量等方面发挥着不可替代的重要作用。

(3)发挥靠近邻国市场的优势,建立边境仓。塔城是我国与哈萨克斯坦等周边国家的接壤地,在地理位置上有着得天独厚的竞争优势,是建立边境仓的不二之选。与海外仓相比,边境仓的各项成本都相对较低,也无需承担较大的储货风险。货物自边境起出口到国外,通过邮政运输来提高实际的清关效率。

5. 适度政策创新

塔城应基于现有的资源来开发试验区,在政策和制度上尝试进行创新和变革,进一步缩小和综试区之间的差距。

(1)财税管理方面。对在试验区内注册的企业,可适当下调其应收所得税率;延续"无票免税"的策略和模式,为那些合规合法的交易订单提供免征增值税的优惠服务。

(2)招商待遇方面。就试验区内正常经营的企业,可基于现行的招商政策来增加一些实用性较强的优惠服务,在水、土地或电力等资源方面给予适当的优惠,或是为其提供专业的人才支持。

(3)外汇结算方面。塔城应在辖区范围内开展货币兑换业务,为互贸结算提供便利。对于那些在当地落户经营的跨境电商企业或个人,可允许其按照相关规定和要求来开设个人外汇结算账户,并在额度限制等方面适当放宽标准。

(4)跨境电商综合服务平台方面。塔城地区应尝试效仿"异地平台"的跨境电商运作模式,与当地的跨境电商综试区建立长效稳定的合作关系,通过业务对接来实现收益的共享,促进塔城地区与其他地区的跨境电商业务的协同发展。跨境电商综合服务平台的搭建和运维需要消耗大量的资源和资金,也导致不同地区想要自建平台面临诸多难题,甚至还会出现重复建设等其他问题,使得平台建设和运营的成本持续增加。异地平台的交互和联通,能够显著降低平台创建和运维的成本,还能有效提高各项资源的使用效率。

(三)中期

1. 强化产业引导,助力"通道经济"落地

站在边境地区的立场来说,应注重产业的发展,在此基础上发挥跨境电商的功能和作用。

首先,边境地区需深入了解当地的产业基础,准确把握自身在开展跨境电商业务方面所具备的优势,号召本地的加工企业和贸易企业共同参与跨境电商的建设与发展,为本地企业的数字化、信息化和国际化发展提供新的思路和方向,打造极具特色的龙头企业,树立影响力颇高的标志品牌形象。

其次,边境地区应采取措施来体现平台在要素整合和利用等方面的优势,募集国内和国际资金,引入先进的技术手段,吸收专业的优秀人才,通过产业聚集来为跨境电商产业在当地的培育和发展提供有力的支持与保障。

最后,应为东部优势产业向本地区的倾斜做好充分的准备,让东部地区的中下游产业链扎根在边境地区,为本地工业体系的建立健全提供助力,吸收更多的优质资本,融合先进的高新技术和发展理念,借鉴丰富的成功经验。

2. 建设跨境电商产业园,丰富跨境电商生态圈

一方面,要尽快在当地建设现代化的产业园,整合目前掌握的资源和资金,将物流配送、产品质量检验、跨境交易以及企业孵化等密切关联在一起,发挥强大的产业集聚效应。

另一方面,注重国内外的招商引资。边境地区应就目前的招商引资服务体系进行优化和改进,面向入驻园区的企业可为其提供各个方面的补贴扶持服务,让更多的贸易商、网点或品牌商等市场主体入驻园区,从而创建出涉及多元内容、形态和层次的边境跨境电商生态圈。

3. 积极创造政策优势

(1)"要政策"。是指根据实际情况向政府部门提出申报跨境电商综试区的申请。

结合当前的试验区设立和运营情况可知,通常都会深入贯彻落实"规模在先、政策在后"的原则和理念,并非"白手起家"。目前,当地已经建设了多个极具特色的边境综试区,以阿拉山口市、满洲里市等地区设立的边境综试区最具代表性。通过对其他边境地区的调研和考察发现,跨境电商的发展水平越低,那么政府为其提供的政策支持越少,进而陷入尴尬的恶性循环。由此可见,边境地区只有满足一定的条件和要求,才能向上级部门主动申报试点。

(2)"创政策"。创不代表越权创造,而是一种从被动转化为主动的发展模式。

边境地区需秉承"物尽其用"的原则来体现自身得天独厚的竞争优势,在此基础上创新政策,满足跨境电商发展对政策的需要。以东兴为例,通过开放人民币的直接兑换等政策给跨境贸易的结算带来了便利,基于各种 App 的开发与运营加快了跨境电商物流智慧化发展的进程;霍尔果斯设计出了名为"空中陆桥"的跨境电商运营模式,能够在"不见面、零接触"的情况下实现货物的进口和出口。

4. 引入流行商业形式,打好跨境电商组合拳

边境地区应注重和互联网平台的战略合作,开发出直播电商或社交电商等新颖的跨境电商服务模式,为边境乡村经济的建设和发展提供助力,满足国外消费者的差异化购物需求,传播极具特色的边境文化,打造别具一格的跨境电商内容社区。

(四)长期

1. 持续强化物流保障能力

一是促进跨境贸易物流的信息化发展。大多数沿边地区在物流信息化发展方面都处于被动,不具备较强的物流信息化发展能力。要想改善这一问题,应从搭建物流网络体系出发,加速边境口岸和道路的信息互动和交流,号召当地企业积极参与其中,基于先进的物流管理技术和理念来提高资源的利用率。

二是推动跨境电商的物流市场化发展,维持良好的市场运作平衡。应向国内先进的物流企业的发展经验进行借鉴,为本地跨境电商的物流市场化建设提供重要的理论指导,鼓励本土物流企业将先进的信息技术应用在物流管理中,建构跨境电商物流发展的新业态。

三是由政府干预市场管理,基于各部门的协同和配合来对现有的跨境电商进出口工作流程进行简化和升级,打造别具一格的跨境物流"单一窗口"管理模式,缩短进出口货物的通关时间,注重与其他国家的战略合作,在必要时可在其他国家设立海外仓。

2.持续优化营商环境

从政务环境的角度来说,边境地区需借鉴东部和中部地区的先进经验。对当前的政务环节进行优化,加快电子政务的实施进程,建立健全各项流程制度,构建系统、便捷的政务系统,持续增强政府的政务服务能力,为跨境电商企业的稳定经营和健康发展创建良好的政务环境。

从市场环境的角度来说,沿边地区需适当放宽对市场发展自由度的约束,号召本地企业积极进取,不断创新。好的市场环境有助于增加知识产权的保护力度,是构建信用体系的关键要素,是吸引外商投资的有效路径。

从要素供给的角度来说,应系统整合各项经营要素,明确不同要素间的供给矛盾,实施减税降费的优惠政策,激活本地资本市场的动力和活力,促进产业政策、土地资源利用和环境保护等各个环节的有机结合,构建一体化的优惠政策制度体系。

3.持续加强人才聚集

一方面,沿边地区需解决跨境电商发展一直以来都存在的人才短缺问题,与本地企业共同建设现代化的人才实训机制,打造智慧化的学习课堂,吸引政府及企业人员前来培训学习,持续提升人才的专业能力和综合素质。

另一方面,吸引优秀人才,适当放宽人才引进的限制,提供针对性的优惠政策,为跨境电商的长效稳定发展提供人才方面的支持与保障。

第五节 跨境电商赋能区域经济发展的路径

现如今,国际贸易的新业态发展形势日益明显,对贸易结构和供需关系的改善提出了新的要求。就目前而言,各种贸易摩擦持续出现,使得跨境电商只有通过优化业态结构才能适应环境的变化,才能创造新的贸易增长点。国内的跨境电商已经步入重要的发展阶段,但各地并未突出明显的区域特色,大有继续走同质化道路的趋势,这对于跨境电商的发展和创新是不利的。

一、我国跨境电商发展的区域政策

区域政策是我国目前发展跨境电商事业的核心战略和指导方针,由国家为跨境电商的发展设立专项的功能区域,为其制定针对性的优惠政策和制度。目前,国内约有105个跨境电商综合试验区,深度贯彻落实"无票免税""简化申报"等一系列的优化政策。其中,符合"跨境电商+保税监管"政策实施要求的海关特殊监管区域约有150个,负责网购保税进口等各项一般业务和核心业务的开展。

二、跨境电商在区域层面的业态特点

跨境电商是一种新兴的外贸业态,强调基于线上平台来开展各项业务,秉承开放性的原则来落实国内外的电商贸易政策。从跨境电商主体的角度来说,一般各有侧重。有的重视风险的预防和控制,有的关注信息的采集和分析,还有的强调商品质量的检验和自身利益的维护等等。笔者基于区域视角来对跨境电商的业态特点展开综合地分析,并指出具体的发展重点和难点。

1. 以实体区域为功能依托

跨境电商的类型和模式多种多样,但任何一种形势都离不开功能区域的辅助和支撑。不管是BB-C的网购保税进口还是"海外仓"的货品贸易,对功能区域有着较高的依赖性。尽管跨境电商的主要业务都在线上完成,但涉及商品实体的运输和配送对线下物流系统仍旧有着很大的依赖[①]。

2. 区域经济条件决定跨境电商供需

跨境电商可打破时间和空间的桎梏来组织完整的贸易链,但同样需要区域经济条件来作为载体。影响货品出口供给量的因素有很多,如商品的质量、数量及是否有特色等。需要明确的一点是,影响跨境电商运营和发展的关键因素有两个:一是企业的异质性,另一个是消费者的偏好[②]。

3. 区域之间存在"先动先赢"的垄断——挤出效应

跨境电商有着极其鲜明的特点和性质,先动区域可通过路径和平台载体的创新来体现各自的品牌优势,获得来自政府的政策支持,进而满足客户的差异化消费需求。而后动区域则在资源和客户等方面处于劣势,只能效仿先动区域的发展模式,虽然可以缩小差距但基本上无法赶超先动区域的发展水平[③]。

[①] 温丽琴,卢进勇,杨敏姣.中国跨境电商物流企业国际竞争力的提升路径:基于ANP-TOPSIS模型的研究[J].经济问题,2019(9):45-52.
[②] 马述忠,梁绮慧,张洪胜.消费者跨境物流信息偏好及其影响因素研究:基于1372家跨境电商企业出口运单数据的统计分析[J].管理世界,2020,36(6):49-64+244.
[③] 郭永泉.跨境电商统计制度研究[J].中国口岸科学技术,2020(2):70-74.

4. 区域贸易数值存在错配可能

跨境电商可基于区域为最小单元来对贸易数值进行整理、统计与分析。不过,跨境电商的数据统计方式和信息获取渠道有着一定的特殊性,经常会出现错配问题。就跨境电商零售进出口模式来讲,其贸易数值通常会归入本地企业的注册地,而不是电商企业。也就是说,跨境电商的数值会发生计入不同地区的常见问题,这对各地区的平台资源竞争产生了正向的影响。

5. 地方政府发挥着重要作用

跨境电商在某种意义上应该描述为一种特殊的市场经济产物,随着市场的发展和环境的变化,跨境电商对环境和政策制度等提出了新的要求,仅仅依靠价格机制是无法同时解决这些问题的。作为政府,应在必要时对跨境电商的发展和运营进行宏观调控[①]。把跨境电商列入 GDP 绩效考核指标体系中,有助于各地政府产生强烈的发展意识和责任意识。就目前而言,跨境电商发展逐渐得到了各地政府的关注和重视,先后制定了一系列的政策制度,并付诸行动。

三、以省级政府为视角发展跨境电商的通用策略

地方政府发展跨境电商,需要运用系统性治理的理念和方法,紧密结合区域条件,统筹规划、量力而行、突出特色、重在成效,形成良性竞争的格局。为此,本节提出一个适用于省级政府[②]的通用策略。

之所以基于省级政府开展研究,是因为在我国地方政府的权级结构中,省级政府具有统筹省域外贸资源的充分事权,能够对跨境电商发展进行全面规划。并且从全国来看,如果定位于省级,则所有区域都具备跨境电商综试区和相关功能区域,发展的可比条件是公平的。同时,省级区域的数据面相对完整,数据标准相对规范,便于测算和计值。

(一)策略需求

通用策略主要为省级政府解决跨境电商认知难、规划难、管理难等问题,确定本省份跨境电商的适宜路径。各省份产业、企业和商品等要素条件千差

---

① 李芳,杨丽华,梁含悦.我国跨境电商与产业集群协同发展的机理与路径研究[J].国际贸易问题,2019(2):68-82.
② 本节所称省级政府,包含各省、自治区、直辖市政府。

万别,因此通用策略是基于变量条件的动态解决方案,主要有三个方面的需求:

(1)预测该省份跨境电商的增长潜力和预期规模。基于跨境电商数据的全国份额配比,以相关经济指标作为参照系,测算该省跨境电商可达到的规模数值,供发展目标参考。

(2)分析该省份跨境电商合适的投入规模和方式。基于该省跨境电商"投入—效益"的数据比,确定投资规模和奖补额度,判断该省投资的必要性以及合适规模,提出最优奖补方式。

(3)规划该省份跨境电商的发展方向和重点措施。基于该省在跨境电商供给和需求两侧的倾向性和特色性,判断该省适宜的跨境电商发展路径,结合相关条件,提出该省跨境电商发展的重点措施。

(二)变量条件

通用策略要做到准确可行,需要适应或匹配本省的现有条件,同时与全国相应条件作比较。这些条件都是变量条件,有的以结构化数据方式体现,可以计算结果;有的以非结构化数据方式体现,可以辅助推论。考虑跨境电商的区域特点,需要考察的变量条件有:

(1)本省份和全国的经济类可比数据,反映跨境电商的存量及可变规模。包括:跨境电商数值(目前能以行政记录方式准确统计的是跨境电商零售进出口数值)、生产总值数值(GDP)、外贸进出口值、实物商品网上零售额。

(2)本省份和全国的"投入—效益"数据,反映跨境电商的经济贡献和发展福利,包括跨境电商企业投资额和新增跨境电商数值。

(3)本省份供给需求数据,反映跨境电商的经济环境和优势。基于跨境交易性质、相关数据及外贸进出口的商品类别来分析和推导。

(4)本省份服务体系数据,反映跨境电商通关、物流、金融支付的配套支撑条件。可以从本省份口岸、快递行业、金融机构的相关指标来判断其水平,如整体通关时间、单件包裹入省到投递完成时间、单次金融支付到账时间。

(5)本省份政务商务信息化数据,反映跨境电商的信息平台发展空间。可以从本省份已有平台情况来判断其水平,如国际贸易"单一窗口"覆盖率、本省份自建电商平台使用率。

(6)本省份功能区域数据,反映跨境电商的特定模式可行性。主要包括跨境电商综试区、海关特殊监管区域、自提店、国际邮件交换站等的覆盖率和利用率。

(7)本省份外贸新业态数据,反映跨境电商的多业态融合可能性。包括市场采购集聚区资质、外贸综合服务企业数量①。

(三)策略设计

1.测算跨境电商发展规模

对任何经济事物进行预测都是有难度的,尤其是区域跨境电商数值容易受到企业主体跨省流动的影响,存在不确定因素。但是全国跨境电商数值在统一市场下相对稳定。在全国数值的大盘子里,各省份的跨境电商都有一个份额占比,这一份额与该省份的 GDP、外贸进出口值、实物商品网上零售额的份额占比有着强相关性。如果跨境电商份额低于其他经济指标份额,说明该省份落后于应有水平,其差距空间即为可发展规模;如果跨境电商份额高于其他经济指标份额,说明该省份现有水平较高,可以维持或参照最高指标份额作为可发展规模。假设全国跨境电商增幅不出现波动,那么可以取多年的年平均增长率,结合份额差,测算出本省份若干年后的具体数值。

基于此思路,本节采用以下两个算式:

跨境电商份额差=(GDP 全国占比+外贸进出口值全国占比+实物商品网上零售额全国占比)÷3-跨境电商数值全国占比。

跨境电商发展规模(具体数值)=跨境电商新增数值+当前跨境电商数值=跨境电商全国数值×(1+年平均增长率)^{年份}×跨境电商份额差+当前跨境电商数值。

2.分析跨境电商合适的投入方式

省级政府对跨境电商的投入主要有两类:一是新增投资,二是财政奖补。前者作为跨境电商企业的资源投入,主要有引进省外企业、新增本省份企业、现有企业转型扩容等方式;后者作为对跨境电商企业经营绩效的激励或者经营成本的弥补,主要有奖励和补贴方式。两类都需要妥善规划,在充足投入的同时保证投入效益,不能浪费宝贵的资金资源。为了衡量效益,本节建立一组跨境电商"效益/投入"的比值参数,即在同一单位下,新增跨境电商企业投资

---

① 市场采购和外贸综合服务企业都是外贸新业态。前者是指国外采购商或其代理商在境内认定的市场集聚区采购商品、单票报关单商品货值 15 万美元以下并在采购地办理出口商品通关手续的贸易方式。后者是指外贸经营企业接受国内外客户委托,依法签订综合服务合同(协议),依托综合服务信息平台,代为办理外贸全流程业务的贸易方式。

额和当期新增跨境电商数值的比值①。比照预测的跨境电商发展规模,可以判断该省份是否需要再增加投资以及需要增加多少投资。还可以对照全国或本身数据,判断意向企业的投入效益水平,如果水平暂时性不高,则需要通过奖励或补贴的方式提升意向企业积极性。具体的分析过程如下:

(1)跨境电商新增投资=跨境电商新增数值÷本省效益/投入比值÷年份-当前跨境电商投资。

(2)如果跨境电商新增投资的数值为负,则新增投资的必要性不大。

(3)如果跨境电商新增投资的数值为正,则有必要参照此额度增加投资。此为保底投资额,如再后续投资,应高于该额度。如本省份效益/投入比值高于全国效益/投入比值,投资的主要方式为新增本省份企业、现有企业转型扩容;如低于全国,投资的主要方式为引进省外高效益企业。

(4)跨境电商财政奖补=意向企业当期跨境电商数值×(全国或本省份效益/投入比值-意向企业效益/投入比值)。

(5)如果跨境电商财政奖补的数值为负,则财政奖补的必要性不大。

(6)如果跨境电商财政奖补的数值为正,则有必要参照此额度,结合财政资金宽裕度和政策许可度,实施财政奖补。奖补应尽量做到"奖增""奖额""前补",即奖励数值增长而非下跌、奖励贸易额而非单量、补贴企业前期建设投入费用而非后续账面费用,使奖有所得、补有所用。

3. 规划跨境电商的发展方向和重点措施。

各地尤其是后动区域应当差异化发展跨境电商,避免陷入"模仿—挤出—模仿"的怪圈。在这方面,需要紧密结合本地的经济条件,找出适合本身发展的路子。跨境电商的经济条件分为两大类:一是市场条件,包括产业、企业、商品、消费者等因素,反映自身在供给和需求两侧带来跨境电商的优势(潜力),可以通过外贸进出口结构进行分析,得出适合的发展路径;二是配套条件,包括平台、物流、支付、功能区域、新业态载体等因素,反映发展跨境电商的必需环境,得出应当落实的重点措施。

(1)跨境电商的市场条件和对应路径。本节将直角坐标系和雷达图叠加,

---

① 跨境电商效益/投入比值在数据充分且结构清晰的情况下,是可以计算取得的。现实中的数据资源难点在于目前我国跨境电商并未实现全口径统计,新增跨境电商数值如果经由报关单统计,则不完整,若由贸易调查统计,则不准确。现实中的计算技术难点在于新增跨境电商企业投资额和新增跨境电商数值的取得有先有后,且有波动,较难厘清其对应关系和分摊关系。随着大数据在跨境电商领域的深入运用,数据的完整性和结构化程度提升,比值将更为准确。

设计了一个双轴四向的图示模型,用于分析一省份跨境电商供需结构及类型模式,如图6-3所示。其原理是:在跨境电商交易中,外贸出口反映供给水平,外贸进口反映需求水平;若消费品进出口有优势,则适合C终端类型模式;若非消费品进出口有优势,则适合B终端类型模式。为便于分析,本节参照我国进出口关税税则(统计目录),将22个商品类分为消费品和非消费品两大类,除开第五类(矿产品)的1到15类以及第20类(杂项制品)作为消费品大类,包括动植物产品、食品、化工品、塑料、皮、木、纺织、金属制品等,其他类商品作为非消费品大类,包括矿产品、机器、车辆等①。

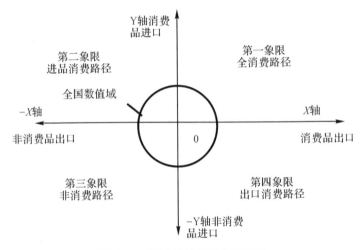

图6-3 区域跨境电商分析模型

在模型中,X轴表示消费品出口,记录其外贸出口占比数值;$-X$轴表示非消费品出口,记录其外贸出口占比数值;Y轴表示消费品进口,记录其外贸进口占比数值;$-Y$轴表示非消费品进口,记录其外贸进口占比数值。各轴以全国数值为参照值,本省份数值与其比较,如在值域范围外,表示该数值有优势,否则相反。由此得出四个象限,对应四个发展路径。第一象限(X,Y)是全消费路径,适合发展B-C、C-C类型,重点是零售进出口模式;第二象限$(-X,Y)$是进口消费路径,适合发展进口B-C、出口B-B类型,重点是网购保税进口模式;第三象限$(-X,-Y)$是非消费路径,适合发展全部B-B类型,扶持

---

① 这一分类是基于税则(统计目录)的类来划分的,颗粒度较大,有些商品存在差异包含关系,比如矿产品中的食盐、机器中的家电属于消费品,而化工品中的化肥、金属制品中的钢筋属于非消费品。如果按章甚至本国子目来划分,大类的划分会更准确,但其统计数值不予公开且计算极为烦琐。考虑本节此段的用意是确定跨境电商合适的类型模式,目前的数据颗粒度是可信够用的。

企业间贸易;第四象限$(X,-Y)$是出口消费路径,适合发展出口 B-C、进口 B-B 类型,重点是"海外仓"出口模式。

分析某省份跨境电商时,其"超值"部分位于哪个象限,就说明适合哪种发展路径,就应重点发展相应类型模式。

(2)跨境电商的配套条件和重点措施。对应上述跨境电商四个象限、四条发展路径及类型模式,分析各类配套条件。如果有配套条件不能满足发展需求,则是应当重点加强的领域。

对于全消费路径,所需配套条件甚多,包括规模化的采购备货仓储体系、快捷化的分拨寄递体系、小额支付和结算体系、质量产权追溯体系、退换货保障体系等,对各类功能区域也有很高需求。其中,最关键的条件是网上信息化平台,包括展示销售支付功能的交易平台,信息申报验证功能的监管平台,信息传输交互功能的服务平台。省级政府如采取全消费路径,需要优先建设功能全、集成度高的平台,以平台为核心组建进出口零售网络。

对于进口消费路径,所需配套条件除了平台、物流、支付等服务体系,对功能区域特别是海关特殊监管区域有着刚性需求。现阶段,只有借助综合保税区等,才能完成货物到物品的状态切换以及监管征税的集中处置。省级政府如采取进口消费路径,需要优先申建或用好本地的综合保税区。同时,针对国内消费市场,可以引入直播带货、场景体验等新方式,或发展线上线下混合模式,基于自提店实现"线上看单、线下购物"功能,适合以旅游消费为重要产业的省域。

对于非消费路径,是配套条件需求最小的发展策略。因其主导的 B-B 类型与一般贸易没有太大区别,省级政府可以依托传统外贸的既有条件进行推动。B-B 类型对本地平台没有太大依赖,可以借助其他省份的共用型平台完成交易。当然,如果本地有较多优质的外贸综合服务企业,集成办理各环节外贸业务,可以最大程度提升 B-B 类型效率。对于出口消费路径,所需配套条件除了平台、物流、支付等服务体系,对"海外仓"有着很大需求。

该路径面向国外消费市场,就近组织分拨和零售是最合适路径。省级政府如采取出口消费路径,需要以建设"海外仓"为重点,在重点市场国家形成仓储实体体系以及配套信息平台。同时,还可以和市场采购实现业态融合,借由市场采购方式向外国采购者批发出口商品,适合具有或拟申建市场采购资质的省域。

四、以 H 省为例对通用策略的实际应用

H 省是我国内陆大省,具有重要的经济地位和鲜明的经济特点,其机械制造、汽车、高新科技产业有比较优势,农业生产、服务行业、交通物流等条件也较好。H 省 GDP 在全国各省排名在前 7 名,总量超过 4 万亿元,属于经济大省,但其外贸进出口值仅排名 20 位之后,外向度较低。H 省跨境电商起步晚,发展慢,属于后动区域,虽然较前期有大幅增长,但仍然处于 10 亿元的低位水平,相关功能区域和各类条件参差不齐,没有"海外仓"出口业务。H 省有强烈的跨境电商发展意愿,省级政府工作报告中提出要完善跨境电商产业生态链,推动各层级、各部门、各主体落实并力争成效。本节依据区域化通用策略,为 H 省发展跨境电商进行设计规划,以此验证可行性和针对性。

(一)H 省跨境电商预期发展规模

按照通用策略的思路和算式,预测 H 省 2025 年达到的跨境电商数值。数据采集自 2019 年全国和 H 省国民经济和社会发展统计公报以及相关通报。

(1)H 省跨境电商份额差=(2019 年 GDP 全国占比+外贸进出口值全国占比+实物商品网上零售额全国占比)÷3-跨境电商数值全国占比=(4.6%+1.2%+2.8%)÷3-0.68%=2.19%

(2)H 省跨境电商数值差(亿元)=2019 年跨境电商全国数值×2.19%=1 862×2.19%=40.7(亿元)

(3)H 省 2025 年跨境电商数值(亿元)=2019 年跨境电商全国数值×(1+近三年平均增长率)^6×跨境电商份额差+当前跨境电商数值=1 862×(1+57%)^6×2.19%+12.7=610.7+12.7=623.4(亿元)

通过以上测算,可知 H 省目前有 2.19% 的份额差,较正常水平存在 40.7 亿元的差值,后续发展空间巨大。在充分发展情况下,预测 H 省 2025 年跨境电商数值应达到 623.4 亿元,较 2019 年水平(12.7 亿元)大增约 48 倍。此数值可以定位为 H 省的发展目标。

(二)H 省跨境电商投入方式

按照通用策略的思路和算式,分析 H 省在 2025 年之前新增投资、财政奖补的可行性及额度。数据采集自相关通报及贸易调查。

(1)H 省跨境电商新增投资(亿元)=跨境电商新增数值÷本省效益/投

入比值÷年份－当前跨境电商投资额＝610.7÷0.43÷6－8.7＝236.7－8.7＝228(亿元)。

H省要实现预期的跨境电商零售进出口规模,需要至少新增投资228亿元。考虑到H省既有投资额与之相差巨大,本省挖潜的空间有限,应当重点考虑从省外引进大企业。

(2)选择H省新开展跨境电商业务的B企业作为意向企业,分析对其给予财政奖补的可行性及具体额度。

跨境电商财政奖补(万元)＝B企业当期跨境电商数值×(本省效益/投入比值－B企业效益/投入比值)＝931×(0.43－931/2000)＝931×(0.43－0.47)＝－37(万元)

数值结果为负,说明B企业收益水平较高,目前尚无需给予财政奖补。

(三)H省跨境电商发展方向和重点

按照通用策略的思路和模型,为H省提出合适的跨境电商规划。数据采集自全国及H省贸易商品分类统计公报。

1. H省跨境电商的市场条件和对应路径

经计算,2019年全国出口消费品和非消费品的外贸出口占比分别为49.6%和50.4%,进口消费品和非消费品的外贸进口占比分别为42.6%和57.4%;同期,H省出口消费品和非消费品的外贸占比分别为52.8%和47.2%,进口消费品和非消费品的外贸进口占比分别为20.1%和79.9%(见图6-4)。

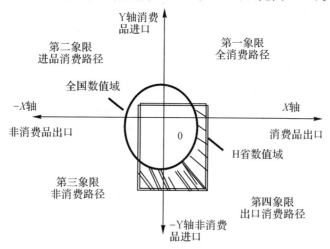

图6-4 H省跨境电商分析模型

将H省和全国数据对比可见,H省外贸进口偏重非消费品,需求侧有明显的去消费倾向;而外贸出口偏重消费品,供给侧的消费供给能力强。由图示模型可见,H省"超值"部分多位于第四象限。因此,H省最适合出口消费路径,可重点发展"海外仓"出口模式,兼带发展B-B进出口类型和零售出口模式。

2. H省跨境电商的配套条件和重点措施

H省按照出口消费路径发展跨境电商,所对应的配套条件整体上滞后。目前,H省尚未开展"海外仓"出口,没有实质运行的"海外仓",零售出口规模也很小,相应的出口型采购链和供应链还不完善。这也说明了H省跨境电商前期发展不好的原因,没有突出自身特点,发展类型模式不匹配。因此,可以提出H省发展跨境电商相关的措施建议:

一是重点建设和运营"海外仓"。通过商务、融资、信保等支持手段,引进和推动一批电商企业"走出去",统筹用好亚马逊物流、第三方海外仓等对接载体,实现供应链和销售网的本地化、即时化运作。选仓上应充分考虑市场濒近、仓储条件、客户流量等因素,选品上将大件重件、非邮产品、品牌商品、低值快消品纳入范围。整合采购集货、境外展示、物流运输、分拨配送、售后保障、延伸服务功能,提升海外市场竞争能力,以"海外仓"为节点向"买全球、卖全球"发展。

二是建好用活各类配套条件。在自建平台成本高的情况下,可以借助国内外成型的B-C、B-B网上平台,完成出口贸易拓展和供应链维护。用好自贸试验区的引资优势和综合保税区仓储备货的功能,发展区域出口模式。加强口岸营商环境建设,推动跨境电商与跨境物流协同发展[①],提升进出口B-B业物流效率和通关时效。

三是与市场采购进行业态融合。H省恰好是内地少有的具备市场采购资质的省份,应当用好这一优势。创新和打通供需适配渠道,使本省供应商品能在市场采购集聚区实地或线上展示并销售。国外采购商在实地或平台交易并取得货权,委托当地电商企业(卖方)代理办理快速出口手续,以此带动出口贸易量。

---

① 张夏恒,张荣刚.跨境电商与跨境物流复合系统协同模型构建与应用研究[J].管理世界,2018,34(12):190-191.

第七章　数字经济时代背景下跨境电商发展

第一节　我国跨境电商企业受数字贸易壁垒的影响

现阶段数字贸易壁垒是国际上数字贸易治理及经济治理领域的重要课题。随着第四次工业革命的到来,区块链、大数据、物联网等信息技术推动了各国经济的快速发展,并带动了产业集群的发展和重组。信息化技术让数字产品和服务成为21世纪人们备受欢迎和主动接受的主体内容,也让社会发展趋向多样化。数字化产品和服务让各国之间为了占领市场竞争产品优势,希望能在国际经济市场中拥有更多的份额,在这种激烈的竞争环境下,让信息化技术不断升级,也让全球贸易规则不断建立完善、我国的对外贸易份额不断增加。在当前数字贸易竞争日益激烈的环境下,占领高科技市场,是进入数字化贸易环境的基础。为此,我们需要建立完善的国际数字贸易规则,针对跨境贸易的活动进行监管力度的加大,同时应积极应对贸易保护主义的趋势,推动建立更加开放和包容的全球数字经济治理体系,促进数字贸易的繁荣和可持续发展。

一、数字贸易壁垒对我国跨境电商企业的影响

数字贸易是指通过AI、云计算、大数据等技术推动数字化贸易的生产,从而让数字化服务和技术开拓更大的经济市场,产生新型的贸易活动。目前,数字贸易作为国际贸易活动的主要对象,应当与传统的贸易内容进行融合。跨境电商是电子商务产品出入各国产生的经济活动,不同国家的客户可以在微商平台上来选择自己中意的产品的过程。伴随着国际经济水平的不断提升,

跨境电商作为主要的贸易形式已经被各国的经济主体所竞争,并且成为国际经济市场必不可少的主体。在数字贸易的背景下,我国跨境电商企业面临机遇与挑战并存的局面。一方面,数字贸易的快速发展为我国跨境电商企业提供了广阔的市场空间和发展机遇;另一方面,贸易保护主义、网络安全等问题也给我国跨境电商企业带来了诸多挑战。因此,我国跨境电商企业需要适应数字经济时代的发展趋势,不断提高自身的技术水平和服务质量,积极拓展国际市场。同时,政府也应该制定相关政策和规定,加强对跨境电商企业的监管和管理,保证市场的公平竞争和网络安全。只有这样,才能够推动我国跨境电商企业实现可持续发展并在全球数字贸易中占据重要地位。

(一)数字贸易带给跨境电商的机遇

数字贸易在跨境电商贸易市场中具有主流地位,也是全球贸易发展的主要方向。数字贸易能够让贸易活动进行的更稳定、更安全,让消费者享受到更多样化的服务,也能够降低贸易成本。首先,数字贸易利用互联网技术来实现信息共享,从而降低销售成本。通过在线平台,买家和卖家可以迅速找到彼此,并进行交流、洽谈和完成交易。这消除了传统贸易中的地域限制,使得跨境贸易变得更加便捷和高效。其次,数字贸易借助于数字营销和智慧物流等措施,为商品和服务的交付提供了更加便捷、快速和安全的方式。通过精确的广告投放和个性化推荐,消费者可以更容易地找到符合自己需求的产品,并进行购买。而智慧物流系统、海外仓等解决方案能够提供快速可靠的物流运输和仓储服务,保证商品的及时送达。

(二)跨境电商中数字贸易壁垒的形式

数字贸易壁垒是数字贸易在经济活动中遇到的问题,包括网络技术、数据安全、隐私等,影响了数字贸易的进展,让国际客户在交易过程中出现问题。

随着数字技术的迅速发展,数字贸易已成为全球贸易的新趋势。然而,传统贸易壁垒无法有效规制数字贸易,因此一些国家采取了类似传统贸易壁垒的措施,试图建立数字贸易壁垒,以保护本国产业和国家利益。数字贸易壁垒是指国际之间商品在交易过程中产生的阻碍,这种阻碍是人为产生的。这些限制可能包括关税、进口配额、技术标准等,被划分为关税堡垒和非关税堡垒。数字贸易壁垒的目的是限制外国数字公司的市场准入、限制外国数字产品和服务在本国市场上的销售和使用,以保护本国公司和产业的发展。因此,建立数字贸易壁垒需要考虑到国际贸易规则的限制和影响,以及数字经济的快速发展和变化。各国应该通过加强国际合作和协商,共同推动数字贸易的自由化和便利化,实现数字经济的可持续发展。

1. 数字贸易关税壁垒

关税堡垒包括产品税和服务税。产品税的实施主要是为了提高交易成本,从而让本国的收入增加,带动国内经济的发展;服务税主要是针对数字化广告、跨境贸易等活动产生的收入进行征税,从而让国际贸易过程中税收不公平的现象得到更正,实现利益最大化。实施数字贸易关税壁垒确实可能在眼前时间推动本国经济的发展,但同时也会增加数字服务和产品成本,从而造成国内消费利益的流失。长期来看,这种做法也不利于本国产业竞争力的发展。因此,针对数字贸易的税收政策需要谨慎制定,以平衡国家利益、企业利益和消费者利益,促进数字经济的可持续健康发展。

2. 数字贸易非关税壁垒

数字贸易非关税壁垒包括市场准入限制、知识产权限制等。市场准入限制是指不符合国内贸易规定的跨境产品不允许进入国内市场。受到国家贸易规则的阻碍,消费者需求的产品服务不能满足,数字贸易非关税壁垒还会引发贸易争端和国际紧张关系,破坏全球贸易体系的稳定性和可预测性。

在当今数字化时代,跨境电商所涉及的交易数据承载着消费者、企业、经济金融以及国家安全等关键信息,因此数据被视为一种珍贵的资源。各国政府将数字治理和数据保护作为主要的监管工作来进行执行,并对数字贸易中的数据出境、隐私保护等方面建立完善的监管制度。跨境电商企业在这一背景下需要遵守相关规定,在确保数据的准确性、完整性和安全性的同时,维护各方合理的数据权益。为实现这一目标,企业应当加强数据管理与保护,采取有效的技术和管理措施,以确保数据的保密、完整和可靠。另外,企业还应该加强与消费者的沟通和互动,明确数据使用的目的和方式,从而保护消费者的隐私和个人信息。

知识产权保护是各国之间为了避免知识产权限制产生的贸易影响所制定的一系列措施,包括计算机、数字产品、专利等贸易领域,极大地影响了数字化在国际经济环境上的发展。如果没有制定针对性的知识产权保护措施,国家在数字贸易过程中的产权所有权无法得到安全保障,从而导致市场竞争力下降,减少市场份额,影响了本国的经济发展。然而,过度强调知识产权保护也可能阻碍数字贸易的发展。过于严格的知识产权保护体系可能导致创新成本提高,限制了信息的自由流动和共享,阻碍了技术进步和经济增长。因此,在制定知识产权保护政策时,需要平衡各方利益,确保合理的知识产权保护,同时促进数字贸易的发展和创新。知识产权保护对于数字贸易的可持续性和繁荣至关重要。合理而有效的知识产权保护措施可以保护企业的合法权益,激励创新和创造力,促进数字经济的发展。然而,需要在保护知识产权的同时,也要平衡各方的利益,确保知识产权保护政策的适度与公正。

(三)主要贸易国家实施数字贸易壁垒的现状及特点

不同国家的数字贸易发展受到多方面因素的影响,导致发展不均衡,因此国际上并没有统一的数字贸易体系。美国与欧盟之间早期在全球数字贸易规则的研究上产生不同的分歧,在国际上形成了美式模板与欧式模板两个板块。

美国数字贸易的发展具有以下几个特点:首先,美国的数字贸易规模大。美国是全球最大的数字经济体之一,数字贸易在其经济中占据重要地位。美国的互联网渗透率较高,数字产品和服务的消费规模庞大。其次,美国的数字贸易发展起步早,拥有先进的技术和商业模式创新能力。早期的互联网公司,如谷歌、亚马逊、Facebook等在美国兴起,并成为全球领先的数字贸易企业。再次,美国的数字贸易涵盖范围广。美国的数字贸易涵盖了多个领域,包括数字音乐、数字视频产品、ICT产品等。美国的数字贸易企业在全球范围内具有广泛的影响力和市场份额。美国早期针对数字贸易规则的问题进行课题研究,并制定出一套初始的美式数字贸易规则,并于多边贸易进行协商和谈判。美国通过参与TPP、TTIP、美加墨协定等协定,推动了符合其数字贸易利益的规则建设,并形成了一套"美式模板"。此外,美国的数字贸易规则具有排他性,有意识地将一些国家排除在外。例如,美国在印太经济框架(IPEF)中排斥了中国,希望构建由美国主导的数字贸易联盟。这些特点共同促进了美国数字贸易的发展,使其在全球数字经济中处于领先地位。

欧盟作为一个经济总量庞大、市场潜力巨大的地区,其数字贸易发展却相对滞后。其中的原因可以总结为以下几点:首先,欧盟内27个国家的数字贸易发展水平不均衡,没有统一的数字贸易规则来进行约束,导致不能聚集成类似于美国的大型跨国互联网企业。此外,欧盟相对保守的互联网政策和文化也是制约数字贸易发展的因素之一。其次,欧盟对数据安全和隐私保护方面十分重视,针对隐私安全、数据自主权等制定了有效的安保措施,这些措施也导致数字贸易发展受限。欧盟数字贸易发展滞后的原因主要包括市场分散、缺乏统一市场、保守的互联网政策和文化以及严格的数据安全规定。因此,欧盟需要进一步加强内部市场一体化进程,同时在数据安全保护和合规方面寻求更加灵活和包容的发展路径,以释放数字贸易的巨大潜力。

随着数字贸易的发展,欧盟在数字治理领域不断加强其监管框架建设,并积极推进数字贸易规则的国际化进程。欧盟通过一系列法律和政策文件,如《通用数据保护条例》《数字市场法》和《数字服务法》,形成了以欧盟为中心的国际贸易规则体系。欧盟在数字治理方面的努力主要集中在三个方面:重视数据跨境自由流动、个人数据隐私与数据安全。为此,欧盟不断推出新的政策和法律措施,以确保在数字贸易领域的公平竞争和民众数据保护。除了内部监管之外,欧盟还积极推动与其他国家和地区的数字贸易合作。欧盟通过签订FTA、TTIP、TISA等双边及多边贸易协定,让中小型数字企业能够得到快速的提升。同时,欧盟也乐见各国在数字贸易领域实行开放、透明、公平的市场环境,并愿意与其他国家共同推进国际数字贸易规则的建设。

二、数字贸易壁垒背景下我国跨境电商企业的发展途径

我国对外数字贸易发展最主要的经济主体是跨境电商,也是推动我国经济建设的主力。但是现阶段全球数字贸易壁垒上升,限制了产品和服务在国际市场中的流通,导致我国跨境电商经济面临危机。在数字经济发展的大环境下,如何让跨境电商经济谋得一席之位,是当前研究的重要课题。

(一)构建完善的数字监管与数字治理体系

数字贸易的发展起步晚,相关的法律法规并没有建立完善,我国可以推动数字贸易规则的建立,为在国际市场中占据核心竞争优势奠定基础。

要提升我国数字经济发展水平,我们需要完善数字监管和治理体系,推动数字化转型和创新,加强数字技术人才培养和科研创新。这样才能为数字贸易的创新发展提供有力的制度保障。

(二)积极发展新兴关键数字技术和服务,推动传统产业数字化转型

首先,发展新型数字化技术,进行产业合理布局。由于我国的市场空间大,基础设施基本具备,先进的数字化技术我们都在进行研究与开发,互联网和信息技术的发展同时带动了经济市场的进步,实现数字化产业链和生态经

济体系的发展。

其次,推动传统产业与服务贸易的数字化产业转型。传统产业要想持续发展,转型数字化是必然的。数字化产业转型能够提高生产效率、降低人工成本、占领核心市场。另外,通过数字化技术还能够拓宽产业覆盖领域,比如动漫、音乐等数字产业,实现集群式发展。

最后,加强自主研发,突破技术。现阶段我国数字经济发展中核心技术并不能完全掌握,导致数字化发展受到限制。通过自主研发,我们可以实现工业软件、操作系统、半导体芯片等领域的技术突破,从而减少对外部技术的依赖,提升我国在数字经济领域的核心竞争力。这不仅有利于维护国家安全和信息主权,也能够推动数字经济的高质量发展,为我国在全球数字经济竞争中赢得更大的话语权和影响力。

(三)推动数字贸易规则"中国模式"的发展

目前,全球数字贸易规则体系尚待进一步完善。近年来,我国相继颁布了《中华人民共和国电子商务法》《中华人民共和国个人信息保护法》以及《中华人民共和国知识产权法》等法律法规,这些法律法规在数字贸易规则领域提供了一定程度的保障。然而,在整个数字贸易规则体系的建设中,仍然存在系统性的表达问题。

1.集中政产学研多方联动,提高我国在国际数字贸易规则中的参与度

需要注意的是,数字贸易规则的制定和完善是一个复杂而长期的过程。在全球范围内,各国都在积极探索数字经济发展的路径,并努力构建适应时代需求的规则框架。我国的法律法规是为了适应数字经济时代的发展而制定的,但在与其他国家和地区开展数字贸易时,仍然需要更加明确和具体的规则指导。加强国际合作,推动全球数字贸易规则的协调与统一是十分重要的。我国积极参与国际组织和多边机制的合作,与各国共同推动数字贸易规则的制定和完善。同时,我国还通过双边贸易协议、自贸区建设等方式,积极开展数字贸易合作,为我国数字经济发展提供更加稳定和可预期的法律环境。

2.积极参与国际数字贸易标准及规则的制定

现阶段国际数字贸易领域中,占据主导地位的仍是美国和欧盟,我国在数字经济领域的核心观点难以立足,诉求难以被采纳。然而,在这种情况下,我国可以采取一系列策略来应对:我国应为数字经济的发展提供稳定开放的贸

易规则。通过完善国内法律法规体系，加强知识产权保护，保障个人信息安全和数据安全，以及促进电子商务的规范发展，为数字经济提供可靠的法律环境。同时，积极参与国际贸易谈判，推动建立全球数字贸易规则的公平性和包容性，确保我国在数字经济中的利益得到充分保护。

3.加快数字贸易示范区的建设

通过数字贸易示范区的制度创新和改革试点，我国可以积累经验和推动数字贸易的可持续发展。在数字贸易示范区内，可以集中资源进行数字贸易领域的技术研究和创新。这包括推动新技术的应用，如人工智能、区块链等，以提高数字贸易的自动化程度和智能化水平。同时，还可以开展数字贸易领域的标准制定工作，推动建立统一的数字贸易标准体系，以促进数字贸易的互操作性和全球化发展。

(四)加强基础设施建设，改善物流环境

在跨境电商的发展中，还会受到物流设施的发展限制。为了提高基础设施建设，降低物流成本，可以与物流企业达成合作，让国内的物流企业能够进军国际，与国际运输平台达成长期合作，促进中小型企业的货物流动。

(五)加强知识产权保护，提高品牌影响力

在跨境贸易之前，企业有必要深入了解电子商务理论知识，并对主要的电子商务运营模式有充分的了解，选择适合企业发展的经营模式。中小型企业在第一次电商交易时，应当与成熟的电商平台进行合作，根据客户的需求开展交易，也能够帮助企业更好地适应跨境电商市场的竞争环境，提升企业在国际市场上的竞争力，实现长期稳定的发展。企业还需要注重品牌建设。通过积极推进品牌建设，企业可以在竞争激烈的市场中树立自己的独特形象，并提高消费者对其产品和服务的认知度和信任度。

(六)培养专业化的数字贸易人才

随着数字贸易时代的来临，跨境电商的发展对人才的需求逐渐增加。但是现阶段不同跨境贸易环境中对人才的需求不同，导致人才数量不饱和，限制了跨境电商行业的发展。为了解决这一问题，政府、高校、企业之间应当协同进行人才培养工作。政府在跨境电商人才培养方面可以制定相关政策，并提供必要的资源和支持。政府可以通过推动教育改革、加大资金投入等方式,鼓励高校和科研机构加强与企业的合作,提供实践机会和项目支持,以培养更多具备跨境电商专业知识和技能的人才。企业也应该承担起人才培养和招聘的责任。企业可以通过设置专门的培训计划、提供实习机会和岗位培训等方式,帮助员工提升跨境电商相关的专业技能和实践经验。同时,积极开展人才招聘活动,吸引更多有潜力和热情的人才加入跨境电商行业。高等院校在跨境电商人才培养方面也发挥着重要作用。高校可以开设相关课程和专业,培养学生对跨境电商的理论和实践能力。此外,高校还可以与企业合作,提供实践机会和项目支持,让学生能够接触到真实的跨境电商环境,并锻炼解决实际问题的能力。

(七)科学应用区块链技术

1.利用区块链技术建立跨境物流全程追踪体系

通过区块链技术将国内的生产、零售、物流企业综合在一起,形成产业链,实现跨境电商的公开化、公正化,客户能够通过线上平台及时了解商品信息,也能为商品提供安全保障。

2.利用区块链技术建立高品溯源体系

传统的跨境电商并不能实现高品运输的透明化,因此对商品的管理存在问题。随着数字化技术的不断更新和升级,出口高品的信息能够通过线上平台录入数据库中,消费者能够及时查询,也方便监管部门对出口商品的管理。

3.利用区块链技术解决跨境支付难题

利用区块链技术实现商品的跨境流通和信息共享,实现高品交易的公开化和透明化,促进买方履行合约和及时支付。双方都能够清晰地了解交易的进展情况,从而更好地进行协商和沟通。此外,由于区块链技术可以实现跨境支付的快速处理,使得跨境支付更加效率化,降低了交易成本,促进了国际贸易的发展。

当前,全球数字经济发展迅猛,但数字贸易治理仍需完善,数字贸易壁垒加剧,对我国跨境电商企业造成影响。应通过加强数字贸易治理建设,推动自由化和便利化,提升企业技术创新能力和服务水平以应对国际市场挑战。加强跨境电商人才培养和交流合作也是非常重要的。通过培养专业人才,提高企业的管理水平和国际化经营能力,有助于企业更好地适应和应对国际市场的挑战。通过推动自由化和便利化,提升企业技术创新能力和服务水平,我们可以更好地适应和应对国际市场的挑战,实现数字经济的可持续发展。

第二节 数字经济时代背景下跨境电商供应链优化

由于网络信息技术的不断升级,数字贸易4.0时代快速来到我们身边,数字化和全球化逐渐成为发展的必经途径。在新的时期,经济增长点慢慢向以跨境电商行业为主的新业态模式倾斜。

我国跨境电商的快速推进,以及相关政策体系的逐步健全,此类企业的供应链服务要求也在不断提升。跨境电商供应链运营强调,信息取得、商品开发和采购、商品销售和流通等,要在世界范围内展开。在当前的形势下,我国跨境电商企业需积极改进商业模式,全面应用先进的信息技术和产业链中的企业进行集成,创建数字化运作模式,从而对供应链运营进行充分优化。

一、跨境电商供应链优化的概念

跨境电商企业供应链的一面是客户,另一面是品牌,还包括批发商、报关、物流、零售商、总代、海关以及经销商等中间环节。这些环节十分复杂,为了改进供应链运营,企业需精简一部分中间环节,摒弃一些效率不佳的环节,只有这样才能提升工作效率。首先,企业还需细致分析在什么地方采购商品,要确保这些商品是正品;其次,购入商品后,要通过哪家公司来运送,才能确保这些商品的安全,确保商品不会被调换;然后,思考放在哪个仓库,如何确保货物不会被损坏、不受潮发霉,发货时应交给谁运输,如何确保商品交给客户时依旧处于保质期内等,稍有不慎这些环节就有可能出现问题。因此,企业在优化供应链时,需重视各个环节,它们对供应链运营效率具有十分深远的影响。相关企业进行供应链优化,就是企业进一步强化与市场的信息共享、资源交易等,充分整合内部的信息以及技术等优势,从而积极提升自身的竞争实力,一直和顾客、供应商等保持紧密的联系。

从20世纪开始,随着科技的快速演变,经济形势出现了显著改变,全球化态势越来越近,跨境电商要努力应对各种挑战,比如,产品生命周期缩短、竞争越来越激烈、客户对产品及服务的要求不断提升、品类数量显著增加以及消费需求越来越多元等。任何一家跨境电商企业都不可能有营销以及生产的所有资源，为了实现可持续发展，需整合重要资源，构建自身的竞争优势。通过深入分析跨境电商企业的供应链架构发现，较之传统电商企业，其供应链架构更加扁平化，周期也短，拥有多种供应链运营模式，如普通性出口、特定区域特性的出口、直邮属性的出口等。并且，跨境电商企业还面临着各种考验，如自身品牌没有突出优势、合作机制不完善、缺乏良好的实践能力、供应链信息资源和信息应用能力欠佳、供应链技术创新与开发水平较低等，亟须创建科学的供应链协调机制，解决信息不对称问题，创建标准的、高质量的供应链服务平台。

跨境电商供应链比较繁杂，关联的环节很多。在采购商品的过程中，货品来源组织不佳，交易各方之间有信息误差，无论是物流推迟，还是信息不对称，都会对供应链顺利运营造成不利的影响。所以，对跨境电商供应链提出了严格的要求，其需高效、科学、合理。在优化供应链的同时，对顾客需求进行及时响应，压缩反应时间，这对提升企业的供应效率非常有利。供应链优化，大致是借助现代企业管理观念，通过互联网技术等，将重点企业当作协调方，顺应顾客的要求，形成通畅的信息流、物流以及资金流等，对相关因素进行协调，从而展开有效的规划。

在此境遇下，可以这样理解供应链优化：让链条中的各个合作成员进行密切交流与合作，从而增强合作及协调能力；倡导展开有关能力提升的供应链活动，科学组织这些活动，并重视提供一些设备、信息等有效支撑。链条中的不同环节，与各个业务流程相对应，主要包含管理库存、协调计划、物流、估测销量以及开发新产品等。诚然，从跨境电商的角度来看，在两个国家的沟通中，各环节可能更繁杂，是否可以通过相关流程、开展一系列业务高效完成任务，这对供应链能不能构建突出优势，具有重要影响。将传统电商和跨境电商放在一起对比，通过分析发现，因为网络的覆盖范围很广，其供应链相关流程也比较复杂，所以，对跨境电商供应链的运营效率提出了严格要求，以前的单一线状网络，逐渐向多对多的网络结构转变。

但不得不说，电商技术的广泛使用，显著提升了各个企业的协作速度，特别是改进运营流程、信息共享等层面。同时，借助IT技术的优势，企业在链条中的不同流程上，与顾客、合作方都能够分享相关信息，无论是库存、营销管理，还是产品开发等，每一个环节的效率都有了明显提升，并且，可以借助客户信息的迅速收集与保存，及时分析这些信息，从而增强企业分析信息的能力，促进供应链稳步、顺利发展。

二、跨境电商供应链优化的基础理论

(一)协同理论

20世纪70年代,研究学者哈肯创新性地提出了协同理论,该理论的核心思想表明,不同的特点和特征之间存在着明显的差异系统,处于相同空间的个体,会相互影响,也有相互合作的可能。在系统空间中,如果各项功能可以得到正常发挥,即便原来子系统处于复杂的、无序的运行状态,也会在发展中逐渐朝着有序的方向转变,最终构建协同结构。在当前发展背景下,网络技术水平进一步提高,在不同行业中得到应用,把协同理论作为指导理论,可以发现社会中的各个领域,存在非常显著的应用性特征,有利于跨境电商供应链的合理优化。举例说明,跨境电商的协同涉及不同的参与主体,不单单是个人,企业以及其他组织都包含其中,需要借助互联网技术,制定协同发展计划,具体包括生产规划、研发计划、营销策略、支付方式等,这些也是构成供应链的重要部分,对电子商务活动的开展会产生直接影响。在不同环节中都包含着协同,比如,信息共享、数据利用等。从供应链环节展开分析,包含不同的参与主体,制造商、生产者、分销商、消费者等,这些主体之间为了达成共同的利益目标,需要选择协同合作,来实现优势互补,获得经济利益的最优化。除此之外,还可以满足不同类型客户的差异化、个性化需求,维护良好的客户关系。

把协同理论作为重要的指导理论,以此来深入分析供应链优化的必要性和重要性。在跨境电商快速发展的背景下,企业需要重视供应链的优化,加强供应链上不同主体之间的协作,来实现共同利益目标。在具体执行的过程中,企业需要选择合适的组织管理方式,促进供应链的交互协同发展,动态分析供应链的发展,实现供应链资源的有效整合与利用。纵向一体化和供应链优化存在差异,前者主要是从上下游企业的角度展开,要求进行纵向合并,会涉及供应链有关的知识产权问题。而后者就是要求加强供应链不同主体之间的合作,以此来形成共同的合作意向,从而达到良好的激励效果。除此之外,实现信息的合理利用,为环节功能的发挥创造有利条件,实现操作环节的合理调整,达到良好的资源整合效果。需要各个环节形成良好的配合关系,达到良好的衔接效果,发挥供应链核心功能,从整体上增强竞争实力。

在经济全球化、一体化发展的今天,市场竞争环境日益激烈,消费者的需求也呈现多样化的发展趋势,进而影响到市场竞争方向和具体运行模式,低成本竞争已经成为过去,当前竞争的重心放在提高时间效率上。在这种竞争环境下,跨境电商响应速度不仅会直接影响到企业的核心竞争实力,还受到供应链运行效率的影响。从本质上来看,快速响应能力要求跨境电商在具体实施过程中,密切关注环境的变化,及时做出反应,以此来抓住发展机遇。而跨境电商的快速响应能力与企业的协商合作行为有直接关系,从企业供应链上可以得到充分体现,供应链各个构成环节,只有重视信息共享,才能够达到缩短供应链前期的目的,这样就可以减轻企业库存压力,加快商品的周转速度,提高服务质量水平,增强企业的综合竞争实力。如果能够实现供应链各环节的高效协同,就能够更好地满足不同客户的差异化需求,提高客户满意度水平。

除此之外,跨境电商企业需要充分发挥信息技术的优势,加强客户关系维护和管理,根据订单情况,及时发现存在的问题,并采取措施应对解决,减少企业面临的经济损失。跨境电商企业需要合理控制交货量,否则会增加企业成本,会影响企业正常经营活动的开展。供应链各个主体需要不断增强风险意识,提高运营管理能力,积极承担责任,保障产品和服务质量,以求得到客户的满意。

协同理论的核心思想就是要落实协同合作,能够最大限度地实现供应链价值创造目标,在各个环节落实协同管理工作,及时识别可能存在的风险和问题,采取有效措施,来解决问题。除此之外,还需要精准获取投资回报率数据信息,提高资源的整合利用效率,不断完善基础设施,为企业竞争实力的增强奠定基础。

跨境电商供应链运行过程中,容易受到不确定性因素的影响,导致经营主体的利益受损。供应链运行的安全性很关键,在实际工作中,涉及不同的环节,出现的问题比较复杂,比如,产品预测错误、货物延迟交付、设备故障、订单取消等。这些问题使得企业需要加大库存,来避免突发问题造成的经济损失,但是库存的设置怎样才合理,怎样进行有效管理?这是企业比较关心的问题。外部市场的环境处于动态变化中,企业只有增强应对能力,提高数据信息在供应链的共享效率,才能够帮助企业做出正确的生产决策,把库存控制在合理范围内,避免遭受较大损失。

很多企业热衷产品和技术研发,主要是因为此种行为可以为企业带来可观的经济利益。所以,企业在产品和技术研发的过程中,会出现超额资本投资的问题,企业期望能够投入更多的人力、物力和财力,来获得较高的投资回报率,但实际上,新产品研发需要花费大量的时间,随着时间的推移,整个产品研发难度也会大大增加。尤其是一些结构复杂、技术要求高的产品,研发难度会更大,如果某个环节出现差错,可能会导致失败,企业承受较大的风险。想要降低风险发生的可能性,企业之间需要进行有效的协同合作,实现数据信息的合理共享与使用,实现资源的优化配置,充分发挥各自的优势,达到良好的成本控制效果,扩大经济利益获取空间,增强企业的核心竞争实力。

想要达到供应链优化目的,需要不同主体参与其中,各自发挥自身的优势,实现优势互补。生产企业、制造商、分销商、消费者等主体之间需要加强合作,削弱信息不对称造成的影响,形成良好的协同合作关系。对于企业而言,想要达成优化供应链的目标,需要有一个强有力的领导者,制定合理的管理方案,不仅要关注自己的发展,也需要关注供应链其他主体的发展情况,与供应链各个环节的主体进行有效沟通,形成良好的协同合作关系。只有保证供应链各个环节主体的协同发展,才能够达到良好的一体化发展目标。跨境电商企业同样如此,借助协同合作发挥信息技术的优势,创新管理模式,增强管理能力,促进企业的良性循环发展。除此之外,对企业员工也提出了更高的要求,员工需要提高自身素质水平,做到与时俱进,提高技术使用能力,为企业创新发展提供重要人才资源。

供应链上实现不同主体的协同合作,可以增强企业的反应能力,一旦发生问题,可以快速进行信息共享,加强各环节主体的沟通交流,找到问题形成的原因,并及时采取措施应对解决。供应链各个环节主体可以借助网络通信工具,提高信息数据的利用效率,把异常事件及时反馈给对应的环节主体,选择合理的处理方式,减少损失。因此,在异常事件处理上,需要利用好各环节主体的协同合作关系,加快异常问题的响应速度,达到供应链优化目标。

(二)交易成本理论

国外研究学者科斯是交易成本理论的提出者,他认为,在交易活动实施过程中,需要确保双方建立在自愿平等的关系之上,并提出明确的交易条件。想要成功达成交易,需要确保提出的价格双方都可以接受,并把这个价格写到合作协议中,来约束双方的行为。交易双方是否按照约定履行合同很关键,以上所提到的达成交易的一系列行为中产生的费用就是交易成本。交易成本具体包含信息获取成本、协议成本、订约成本、监督成本等。信息获取成本就是交易过程中,双方获取产品信息所支付的成本;协议成本是双方通过协商、洽谈等方式确定协议内容所花费的成本;订约成本是交易双方签订合同所要支付的成本。

  跨境电商在开展跨境贸易的过程中,也会形成不同的交易成本。为了更好地了解产品,确定交易价格,双方需要搜集产品信息,就形成了信息获取成本。交易双方为了达成合作,会进行一系列的协商和洽谈,在这个过程中就形成了供应商协议成本。双方为了确保持续交易目标的达成,会进行谈判,在此过程中就会形成订约成本。不同订单上的产品需求不同,企业需要提前采购或者下单后采购,在这个过程中就会形成商品采购成本;跨境贸易活动开展过程中,物流运输是一个大问题,选择何种运输方式,运输时间等都会影响到配送成本。产品或服务出现问题,企业需要为客户提供售后服务,从而形成了售后服务成本。售后服务成本会显著影响企业的竞争实力。交易成本的形成原因并不唯一,跨境电商在实际运行的过程中,会遇到更为复杂的环境,可能会陷入市场失灵的困境,扰乱正常的交易活动,无法顺利完成合作。在交易中,会有不同的主体参与其中,合作事宜的完成需要不同的人来完成,人容易受到主观情绪、环境等因素的影响,想要实现利益最大化却容易受到阻碍因素的影响。投机主义对交易成本的影响也较为显著,一些参与者为了达成自身的利益目标,可能会采取一些违法违规的行为,这实际上侵害了另一方的利益,导致双方关系破裂,监督成本会因此提高。市场处于动态发展中,本身就包含复杂的因素,这些因素存在着不确定性,会对交易活动产生影响。交易双方需要对此引起重视,降低突发事件发生的可能性,提高交易成功率,但是也会增加签约成本和难度。在市场交易中,资源和信息的不流通问题较为常见,交易双方掌握的信息不同,会影响到双方的交易公平性,掌握更多信息的一方会更加主动,抢占优势资源。跨境贸易交易存在较大的不确定性,无法精准预测可能发生的问题,交易双方为了促成交易,会签订契约,进而增加了整体成本。

(三)价值链模型理论

  迈克尔·波特提出了经典的价值链模型理论,得到广泛推广和使用,该理论的提出最早和企业战略管理有关。随着企业的现代化发展,该理论在指导企业价值链优化上也发挥着重要参考作用。迈克尔.波特认为,在分析企业经营状况的时候,不能局限于企业内部的发展,外部环境对企业发展也会产生影响,对企业价值链进行分析很有必要。所谓的企业价值链,就是企业生产、销售、交付以及维护产品的流程,计算企业的价值总和,要使用消费者意愿价格乘以对应的数量,得到的结果再进行加总处理。从竞争的维度分析,消费者愿意付出的产品价格就是价值。企业得到的总价值超过各种成本总和,剩下的就是利润。

价值链理论可以很好地指导跨境电商供应链的优化管理。在经济全球化背景下,企业之间的竞争日益激烈,想要提高企业的核心竞争实力,就需要提供具有吸引力的产品以及优质的服务。跨境电商企业需要重视供应链的优化,积极打造高效的供应链,以此来不断增强核心竞争力。

供应链与价值链的形成背景不同,有着不同的定义。但是从具体的探讨范围上看,两者并没有明显的差异。价值链重点研究的是价值创造方式和过程,供应链则重点突出产品供给。管理价值链把价值链理论作为重要的理论依据,集中对企业主流业务进行解释,企业活动过程就是价值被创造和增值的过程,逐渐形成了特殊的链状结构。在价值链优化管理的过程中,需要考虑企业选择的协作方式和方法,重点落实到成本控制上,达到改善经营效果的目的,不能从某个环节进行落实,而是促成不同环节之间的协同,从整体上提高运营效率。价值链管理具有显著的整体性特征,可以让企业动态管理不同的环节,为业务活动的开展创造有利条件,把制定的计划快速落实到具体工作环节中,来提高绩效水平,整体效果的改善才是关键。实现各个环节业务活动和流程的高效衔接,增强组织和自我管理能力,以便及时解决存在的各种问题,企业得以建立系统化的价值流通链。如果企业拥有高效价值链,可以大大加快信息流通速度,为信息共享创造条件,合理控制库存数量,提高物流运输效率,降低成本,增强订单处理能力。如果仅仅从某个环节着手,而不是从全局出发,就无法达到良好的价值链优化效果。

企业供应链优化的关键在于通过选择不同的工具和方法,加强供应链不同主体之间的协同合作,提高信息以及关键资源的共享效率,从而快速地响应存在的异常问题,并及时采取措施进行妥善解决,降低风险发生的可能性,减少企业承受的经济损失。在这个过程中,组织目标得到进一步优化,供应链各个环节的参与主体之间加强沟通和交流,以此来从整体上提高企业的供应链绩效水平,积极应对外部环境的波动变化,增强核心竞争实力。总而言之,供应链优化并非仅仅局限在生产环节,在采购环节、销售环节、售后等环节都涉及,企业通过供应链优化,能够制定科学高效的管理计划,采取合理的组织方法,以整体发展目标为导向,来加强不同主体之间的协同合作,实现信息流、资金流、商品流的有效协同,了解不同客户的需求,优化产品与服务,为客户提供优质的产品与服务,提高客户满意度,实现产品价值的最大转化,形成一个高度整体优化目标。

在日益激烈的竞争环境中,大多数企业会把时间和精力放在竞争对手上。这些竞争对手的供应商和用户群体都存在较大的相似性,为了获取更多的优质客户,提高市场占有率,企业之间进行了激烈的竞争,甚至采取不当竞争方式,破坏市场有序的竞争环境,不利于企业长期发展目标的实现。从本质上来看,企业之间的竞争归根结底就是供应链的竞争,主要聚集在供应链自身价值的竞争上。对企业而言,需要做到与时俱进,形成正确的价值链思想,与供应商形成长期稳定的合作关系,了解客户的真实偏好与消费需求,为其提供优质的产品与服务,积极维护良好的客户关系,形成良好的客户价值链。企业可以把价值链理论作为重要指导理论,为企业供应链优化提供重要参考,指明正确的方向。企业在供应链优化的过程中,需要充分发挥价值链思想的作用,选择合适的途径和方式,达到供应链优化目标。供应链价值目标的实现与供应链各个构成环节都有密切关系,包括不同的实施流程,如果价值不高或者无法实现价值转化目标,就需要进行有效调整和处理。除此之外,可以利用价值工程计算方式,获取供应链不同节点和流程可能产生的价值情况,采取科学有效的措施,注重整体价值目标的实现。需要密切关注客户需求变化,对客户消费偏好进行深入挖掘,把客户的需求放在重要位置,优化产品,提高服务质量,提高客户满意度水平,以此来优化企业供应链,可以极大增强企业的核心竞争实力。

根据价值链理论的核心思想,企业需要关注供应链管理活动,实现供应链不同节点的价值,优化具体工作流程,最大限度地保留较高价值的活动,取消或者外包价值不高的业务活动。价值链管理会直接影响到供应链不同主体协同合作效果,加强资金流、信息流等方面的交流和共享,实现资源的优化配置,提高整体绩效水平。在跨境电商运营过程中,企业应当充分发挥价值链理论的指导作用,为供应链优化指明正确的方向,最大限度地保留价值高的业务活动,提高价值转化效率,从整体上增强企业的核心竞争力,从而获取更多的市场份额,在市场竞争中占据主动地位。

三、跨境电商供应链优化的发展趋势

对于跨境电商的供应链优化而言,其未来的发展态势主要如下:第一,可以降低库存,由此显著减少成本支出,主要涉及配送成本与生产成本。第二,期待对顾客形成正向影响,逐步提升客户忠诚度。第三,给予决策信息,有利

于决策者制定有效方案,以应对各环节的风险,调整库存,提出有效的采购措施,对投资结构进行调整,从而达到减少成本支出的目的,降低风险,以创造可观收益。第四,进一步增强企业之间的互动,从而实现双赢。第五,让上游与下游进行紧密协作,对生产商、供应商等主体进行技术协调,精简信息流通的渠道,让市场呈现的需求信息,可以及时在供应链中传递,为不同环节的决策者提供可靠支持,让整个环节实现供需平衡。供应链优化,就是企业改进运营流程、不断调整自己的决策部署,积极优化各个环节的效率,使客户选购的商品在适宜的时间,从适宜的地点根据客户要求,同时,耗费最小的成本运送至买家所在地区。从而对供应链进行改进,让跨境电商的优势更突出:

(1)逐步减少采购成本。电商企业在优化供应链的同时,需关注的是,设法和供应商构建密切关系,利用网络电商科技,借助自动采购,发挥良好的商业作用。换句话说,即能够显著减少交易各方的资本、人力成本等。并且,在应用该采购模式的过程中,企业可以对自身的一系列采购方式进行调整与改进,构建健全的采购制度,或者集中向供应商采购相关商品,借助批量采购的形式,取得相应折扣,以减少成本支出。

(2)不断降低库存量。在物流层面,跨境电商属于重要一环,即要积极贯通上下游之间的交流渠道,在电商体系的加持下,借助销售情况来确定产品,通过生产情况制定供给量,从而促进物流有序、稳步运行,这样有利于管理库存,对库存进行优化。同时,倘若企业能够借助网络,引导顾客在线上下订单,那么,企业生产运营流程会更加高效,这样对减少库存成本具有积极作用。

(3)显著压缩周转时间。跨境电商能够建立性能良好的电商系统,与客户、供应商交流与互动,有助于提升客户与企业之间、企业和供应商之间的交流,优化服务品质,同时,还能够展开直接交易,显著压缩了周转流程,效率提升得非常明显。比如,波音公司的零部件来自供应商,他们采购的大部分零部件是供应给客户公司的,为了精简周转程序,波音公司建立了专门的电商网站,该网站可以帮助其客户与供应商交流,从而为客户公司提供其所需的零部件产品,这就是该网站的核心功能。

(4)不断拓展市场机会。跨境电商借助电商体系,和隐藏的顾客交流、互动,从而达成相应的商务关系,与传统供应链比较来看,这样的供应链辐射了大部分市场,范围更大,同时,有助于减少各方的交易成本,提升各方的盈利积极性。

四、跨境电商供应链优化策略分析

(一)加快数字化技术在企业供应链运营各环节的应用

现阶段,大部分跨境电商企业在管理供应链时,都倾向于信息化系统以及数据平台。比如,合理应用区块链技术,能够优化成员企业之间的信息传递,提升工作效率,减少交易活动中的收集信息的费用;云计算平台有助于企业充分发掘大数据,对信息进行保存与研究;人工智能与无线传感网络技术等,可以帮助相关企业创建数字化运营环境等,从而为数字贸易形势下供应链技术的进步提供有力支撑,助力企业构建自身优势,不断优化供应链管理。

1. 跨境采购与供应环节的数字化优化

在跨境采购和供应层面渗透大数据技术,借助大数据剖析,有利于促使企业构建推拉融合的供应链采购模式。对当前的供应方式进行优化,缩减订单处理流程,减少工作人员操作错误的概率;有利于企业制定有效的采购方案,充分减少采购成本,压缩采购周期,与其他企业互联互通信息,减少合作期间由于不确定因素导致的风险危机,从而提升运转效率,为采购和供应环节提供有效保障。

2. 跨境运营环节的数字化优化

在跨境运营层面灵活使用大数据技术,不断健全相关企业的物流仓储、跨境结算、采购供应以及营销等环节,推动企业进行全方位运营网络发展。比如,跨境电商企业借助大数据技术,充分估测市场,提出可行性强的采购计划;企业通过大数据系统,深入分析客户的消费频率与消费时间等信息,探究顾客的历史购买记录以及浏览网页的痕迹等;同时,依照分析的结果,不断优化交易信息平台的各个功能,从而为客户提供高品质的服务,促进企业营销推广工作稳步、顺利展开。

3. 跨境物流仓储环节的数字化优化

企业的营销、采购以及生产等环节,要依托跨境物流来展开。在跨境物流整个运营体系中,选取人工智能与大数据,有利于推动供应链物流协调、统一发展,充分了解商品流通信息,化解物流运输中出现的各种问题,不断优化配送工作效率。比如,相关企业建立TMS物流运输管理系统、创建物流信息共享平台以及 WMS 仓储管理系统,应用境外仓,对各方物流资源进行优化整合,把仓储等业务转给专业水平更高的公司来做,企业自己则努力做好管理与监督工作,让跨境物流越来越规范,由此推动供应链信息化建设。

4.跨境售后服务环节的数字化优化

在跨境电商供应链运行流程中,售后是非常重要的一个环节。在售后环节,卖家要向买家提供换货、退货等服务。电商企业在大数据技术的帮助下,创建有效的 CMS、CRM 系统,对售后服务体系结构进行不断优化,从而提高顾客的满意度与客户黏性。比如,企业可以围绕自己的业务现状,从顾客特点出发,设计 CMS 客户关系管理系统,创建专门的数据库,有效划分顾客,对其进行科学管理,有助于推出高品质服务。对平台线上客服模块进行积极优化,认真对待顾客提出的问题,并进行迅速响应,制定可操作的应对策略。

(二)加强企业内外部供应链协同发展与管理

为了对跨境电商供应链运营进行积极改进,企业需和链条中的其他企业共享信息,进行密切合作。首先,企业应建立规范的供应链管理体系,管理好自己的数据信息,以期为供应链管理带来有效依据,确保企业内部和谐、统一。其次,进一步强化各个成员企业的信息共享,创建有利于信息快速流通的渠道,建立可靠的集成供应链系统,确保各个企业顺利进行协作,快速处理成员企业的反馈信息,统一管理合作企业的相关信息。

(三)加快培养"T"型数字化供应链管理人才

数字化供应链管理人才,即不仅拥有良好的信息化技术应用能力,还具有一定的供应链管理才能的经验丰富、素质良好的优秀人才团队。第一,高等院校的人才培养策略,需兼顾数字贸易 4.0 的具体背景,向社会输出更多能力出众、专业水平高的"T"型人才,基于培育优秀的供应链管理人才,提升人才的实践能力与灵活应用信息技术的能力。第二,企业需重视人员培训工作,创建互动平台,把当前的供应链管理人才,培养成掌握智能技术、熟悉物联网技术的综合型人才,从而为供应链数字化运营发展奠定人才基础。

(四)建立跨境物流供应链服务质量管控体系

大部分跨境电商企业都将平台运营商放在重要位置,表示卖家企业的基本目标,就是卖货,而物流却没有得到应有的关注,他们通常把跨境物流整体方案的制定以及运行,委托给跨境物流服务集成商,倘若该集成商不能提供良好的服务,比如,时效性不佳、运输慢等,那么,将会影响到国外客户的消费体验,抑制境外终端用户的消费积极性,后续还可能会让电商企业陷入纠纷的泥潭,对客户的满意度造成不利影响。同时,还需重视管理物流企业的服务,管控集成商的服务品质,比如,通过深入考察合作企业的运营情况与资质,选取有良好责任意识、服务水平高的集成商,提出科学的绩效管理方案,创建合理的服务质量管理体系,从而对供应链质量进行积极优化。

(五)建立跨境电商供应链运营优化的实施保障体系

企业在改进供应链运营的过程中,需通过有效的方案与策略,确保优化后具有积极成效。第一,为了充分优化供应链核心环节,如监督管理库存备货、跨境选品和采购、配送与订单处理等环节,应当构建合理的 SCM 流程制度,对供应链管理与运营进行充分规制,防止中断与爆仓等现象出现。第二,跨境电商交易流程的首要环节是产品开发,为了开发出与市场发展态势相匹配的、潜力巨大的产品类型,企业应当和供应商进行密切交流,达成合作关系,同时,重视供应商的新方案,充分了解他们的新产品,如此才能掌握有效信息,所以,需密切关注集成管理,建立健全的供应商评估机制与开发机制,与其构建稳定的、和谐的、长期的、有利于实现共赢的合作关系。第三,需灵活使用信息共享与数据分析平台,创建科学的绩效评估体系,以及供应链管理体系,通过监测,来预防供应链运营风险危机,从而对供应链运营效率进行不断优化。

积极改善跨境电商供应链运营,需要持续展开,这是一个长期的、坚持不懈的过程。在新的时代背景下,人们对企业信息共享与合作提出了严格的要求,并且对企业管理信息的要求也在不断提升。企业需与智能技术、大数据等技术有机融合,围绕当前的处境,积极改进供应链运行。同时,还需及时改进数字化运营方式,以期为供应链中各个成员企业的协作创造良好时机,不断改进供应链运营效率,提升资源的利用率,从而为最终消费者提供周到、细致的服务。与此同时,在优化供应链运营的过程中,还需要各个成员企业的积极参与,管理人员要密切关注数字化运营优化的推行过程,充分贯彻各个政策与方案,以增强企业的管理能力,构建自己的优势,增强自身实力,以便在竞争中取得有利地位。

第三节　数字经济时代背景下跨境电商企业竞争力提升

一、竞争优势

竞争优势是一种企业所具有的特质,只有当其竞争力达到一定程度,我们才可以说企业拥有竞争优势。

对企业竞争力的研究,主要代表人物是迈克尔·波特。迈克尔·波特主要探讨了外部环境对竞争力的影响。迈克尔·波特的国家竞争优势的核心思想或者说是理念为"钻石模型",也就是资源(包括人力资源、自然资源、技术资源等)、需求条件(即顾客对产品或者服务的需求程度)、相关产业和支持产业(即与其相关产业或者可以为其提供支撑作用的产业有没有产业集群现象,可以为本行业提供好处)、企业战略(即企业的组织管理结构)这四个要素是最主要及根本的,另外辅之外部机会和政府,从而形成相互关联、依赖、影响的完整体系。迈克尔·波特还认为竞争才是一个国家经济发展的动力,有了良性竞争,才会有行业的进步。然而竞争不是源于舒适和有利的环境,更不是政府所给予的补贴、保护和优惠措施,而是来自环境中的压力和挑战。由于波特在其理论中认为所有企业都是同质的,而我们知道不同的企业之间存在异质性,即在资源、知识、能力等方面存在差异,故学者对波特的理论进行了补充,从企业内部资源禀赋差异的角度来分析企业竞争力。

对于竞争优势的理解,我国学者金碚将企业竞争力定义为在市场竞争中,企业所独具的,且可以比其他企业更高效为消费者提供服务和产品的能力,企业而且可以因此获利和提高自身综合素质。目前,对企业竞争力的概念在学术界已经有了一个基本统一的意见,也就是认为企业竞争力对企业成长和发展来说有极其重要的作用,在一定程度上甚至决定了企业的生存发展,因此对企业竞争力研究是一个非常值得各界高度重视的研究领域。

二、核心竞争力

核心竞争力是企业所特有的,其他企业无法模仿的学习、协调、整合的能力。核心竞争力是一种资源,这种资源可以为企业带来比较竞争方面的优势,核心竞争力可以让企业在市场竞争中凸显出一定的优势,由此带来企业的产品和价值一定程度上的提升。

三、跨境电商企业竞争力影响因素

1. 跨境电商企业竞争力环境影响因素

跨境电商企业的商业活动源于动态的环境要求,特别是跨国贸易的货物和服务,以及一切变革中任何一方的相关环境因素都会直接或间接地影响企业的商业活动。因此,跨境电商企业应当重视对外部环境的分析与研究,不断提升自身的适应能力与抵抗力。宏观环境上影响跨境电商企业市场活动的主要因素包括政治因素、法律环境因素、经济因素、科技因素、社会文化因素、竞争因素、自然因素等。

(1)环境因素。其主要是指方向、政策、环境政策等,通过人口政策、产业政策、价格政策、税收政策、关税、进口、出口限制、外汇限制政策和汇率等政府及其运输经营活动,将产生重大影响。

(2)法律环境因素。商业环境是影响跨境电商企业经营活动的重要因素。这些问题主要涉及国家宏观经济运行条件,投资规模和结构以及对跨境电商企业影响重大的信贷规模和结构。

(3)科技因素。跨境电商企业的主要影响是促进交易,支付,物流数字经济快速发展,促进跨境电商发展。

(4)社会文化因素。跨境电商交易中的社会文化差异体现在不同国家风俗、语言、艺术、道德宗教等各方面,不同文化背景下的人们的购买行为及需求都各不相同。因此会对企业跨境电商活动产生较大影响。

2. 跨境电商企业竞争力人力资源因素

人才是每个企业生存发展的主要因素。面对日益激烈的竞争,人才竞争已经成为企业整体竞争力的重要组成部分,确保和发挥优秀人才优势已经成为国际电子商务企业主要关注的问题之一。

企业的决策需要高素质的人才。作为企业的核心,企业的决策不再是企业负责人作出的,企业的管理也不再是企业负责人的经验所保证的。面对迅速变化的市场机遇和强大的竞争对手,企业必须集中管理人员的知识,引进先进的技术设备,作出科学决策。

企业的员工需要高素质人才。未来跨境电商企业发展越来越依靠技术的进步和发展来提高跨境交易效率、优化支付手段、构建跨境电商交易全球信用体系等。

3. 跨境电商企业竞争力经营管理能力影响因素

在众多生产产品多而杂,竞争力在多个领域拓展的企业中,企业的资源、规模方面的优势直接决定着企业能够保持自己在这一领域独特的竞争力,而企业资源、规模方面的实力又在很大程度上取决于企业的管理因素。企业的经营管理能力,最直接地从企业产品生产研发、运营机制、成本控制、营销等方面影响企业的竞争力。

4. 跨境电商企业竞争力数字经济影响因素

无论是跨境电商市场竞争激烈的欧美国家,或者是待开发的存在各种机遇、潜力的小国家,数字经济越来越受到平台和卖家的青睐。如果可以在细分市场中立足或者在消费者差异中找到机会,和消费者建立良好的沟通,满足消费者差异化需求,数字化时代下,跨境电商企业的突破性对于最终 GDP 会起到关键作用。

越来越多的消费者开始通过跨境电商渠道选购自己所需物品,这也催生了一个快速发展的跨境电商服务产业链。包括亚马逊、eBaY、Wish、速卖通等网站平台,国际邮政、快递、海外仓储等物流企业,PayPal、AlipaY 等支付企业以及中国的一达通等面向中小企业做外贸综合服务的企业。跨境电商凭借着其数字化优势,已经开始发挥出其可以带动整个国际贸易转型升级的动力效应。

在中国市场这个独特的数字经济消费环境下,国内消费者高度依赖移动端,现实消费生活和数字经济生活已经融为了一体。消费者需求受到多种线上消费模式的影响。随着购买行为的差异化不断显现,消费者的消费路径和个性化、差异化变得更加多元化和难以捕捉,因此对于跨境电商的平台和品牌来说,"线上+线下"的互动和协调发展也变得格外必要。新的市场主体、新的营销方式和新的渠道模式正在重塑传统进口消费市场。大数据与人工智能等新技术帮助企业规避了人为的判断,提供更精确的数据分析,获知消费者需求,真正实现跨境电商在运营、产品上的改善。

数字技术不仅大大地促进了数字经济增长,还让跨境电商的发展迎来了新的机遇。数字技术的加快发展,其与经济、社会各领域相互渗透融合,使得国际贸易被这种发展模式深刻改变,从世界范围内看,数字经济的推动有助于让跨境电商驱动经济增长、培育新市场和新的经济增长点、提高劳动生产率。

云计算、大数据、人工智能等技术在数字经济的广泛运用对跨境贸易的生产环节、服务环节、支付环节、物流环节等大有裨益,大幅提升了效率,从而让跨境电子商务更加蓬勃发展。

通过上述数字经济背景下跨境电商企业影响因素分析,本书总结跨境电商企业竞争力的影响因素主要有环境、资源、能力、知识及数字经济的发展。这五个方面由内到外逐层形成了一个企业的竞争力:知识处在最里层,它是决定企业竞争力的最本质与深刻的因素;能力特别是核心能力是内在原因;资源是赢得竞争优势的基础;环境处于最外层,作为外在因素影响着企业竞争力;数字经济则是跨境电商行业发展的推动力。

四、数字经济时代跨境电商企业提升竞争力路径

(一)数据化精准提升产品竞争力

(1)在电商行业,有竞争力的产品就是企业的生命。所谓有竞争力的产品,通常有两类:一种是独占性货源优势,即人无我有,人有我优,获取同类货源的渠道有明显的价格优势;另一种是产品的差异性优势,即区别于同行的品牌定位和产品风格所衍生出的消费氛围,给消费者带来归属感。这两者都强调产品价格、质量的稳定。其中独占性货源是企业竞争优势的重要来源,但通常较难获得,而通过充分的市场调研,做好品牌定位,逐渐积累忠实的客户群体,则是企业,尤其是初创企业的生存之道。

(2)做好产品差异化的过程,也是企业品牌逐渐成长、丰富内涵的过程。产品雷同,就需要在品牌建设方面下足功夫。首先,动听的品牌故事,往往能够触动消费者,使其感同身受,产生信任。其次,店铺风格、产品调性统一和谐,体现专而精的品质感。由于多数企业的品牌成熟度和市场影响力较弱,在选品时,尤其对于服装服饰等快消品行业,仍然需要严格依照数据,锁定市场风向和消费者喜好,在此基础上再进行品牌差异化包装。

(3)周到细致的客服服务,使客户宾至如归。如可使用 RFM 模型(通过一个客户的近期购买行为、购买的总体频率以及花了多少钱三项指标来描述该客户的价值状况)筛选出重点客户,定期发放关怀信和优惠券等;梳理客户评价,挖掘产品和服务提升空间,增加品牌附加值等。综上,可达到增强客户黏性、避免产品同质化的恶性竞争、提升企业产品竞争力的效果,为后期产品自主设计、研发奠定基础。

（二）数据化精细管理提升供应链竞争力

当前跨境电商行业竞争日趋激烈，经营环境中社会、政治、文化、信息等因素持续变化，使企业预测市场需求和快速反应的难度加大。跨境电商企业必须加快构建可靠、成本可控的供应体系，并优化技术，科学管理，从供给侧形成企业的核心竞争力和应对市场风险的能力。而随着信息技术的发展，供应链已发展为与互联网、物联网深度融合的智慧型供应链。企业可以按如下步骤，有计划地、分阶段地构建本企业的供应链。

1. 供应链初步形成阶段

跨境电商企业通常具备四个特征，即企业初创、产品贴牌、团队初建、与供货渠道关系疏浅。从供应链角度来说，在初期订单量不稳定的情况下，很难与供应商达成深入合作，于是采购成本最低化成了许多的企业的首选，但必须把保证产品质量和保持良好服务作为底线，即在成本可控的条件下，尽量选择产品和服务比较稳定的供应商供货。与此同时，与供应商保持经常性联系，及时了解产品库存、产能及新品开发情况，并认识到与供货商并非简单的上下游采购关系，而是可能的长期合作伙伴关系。总之，在众多的供应商中寻找志同道合的合作伙伴，充分调动低成本供应链的效能，为突破由产品贴牌到自主研发的瓶颈做好准备。

2. 供应链精细化管理阶段

这一阶段的企业，订单量已有大幅提升，人员和营业收入也较为稳定，企业应注意尽早改变初期与上下游企业简单粗暴的沟通模式，定期投入专人、专项资金和设备强化企业的信息化建设，以系统、数据加强对供应链进行精细化管理，紧密联系上下游企业，做好库存和供应商管控，从而实现供应链的专业效能，提高流动资金利用效率。

3. 供应链智慧升级阶段

此时的供应链已初步实现信息流、物流、资金流三流一体，并向着"由供应链中的下游提供需求预测来制定上游的供应计划"，即由需求来驱动供应链运行的理想状态转化。这就需要跨境电商企业在核心业务板块通过供应链向上或向下延伸寻找合作伙伴，形成资源共享、利益共享、风险共担的优质供应链模式，纵向拓深供应链，促进供应链的智慧升级。但在上下联合，信息等资源共享的过程中,需注意合作伙伴需实力相当、地位平等,否则易出现大企业抢占话语权,操控整个供应链的局面,造成供应链效益最大化难以实现。

(三)以人为本,提升团队战斗力

很多初创企业由于控制成本的需要和企业未来发展尚不明朗,在人员投入方面并无具体规划,甚至单枪匹马一人独挡多面,但很快就会发现分身乏术,从多方面掣肘了企业的精细化运营和发展,也容易使创业者丧失斗志,很难坚持下去。因此,有明确发展目标的跨境电商企业,应重视来自人力资源的生产力。以在第三方平台开设店铺为例,即使在资金有限的情况下,至少也需配备美工、客服、仓管等岗位,专业化分工,提高团队运作效率。正确制定企业经营目标,做好人力资源规划,配置合理的岗位人员,是成为企业获取竞争优势的有效路径。

而团队建设非常考验企业者管理水平,可以说"把企业最核心的创业团队管理好,保持团队稳定并形成战斗力,是企业在人力资源管理方面的核心任务。"[1]对此,我们可以从如下几方面把握:一是团队人员应对企业的远景目标和经营理念达成共识,并吸纳有共同志向的新人,以形成和谐共进的团队氛围,并最终发展成长期的企业文化。二是注重员工个人能力的培养,通过轮岗、专业技能培训等方式多方面提升团队人员业务能力,使员工与企业一同成长,增强员工的归属感和价值感。三是通过合理的收入分配和灵活的激励机制,提高员工的工作热情,促进人才梯队的形成。

当前,针对企业的税收优惠等利好政策频出,广大跨境电商企业在数字贸易大环境下,克服困境,抓住机遇,制定符合自身的经营策略,发展潜力将巨大。

---

[1] 陈万思,魏住兴,周卿钰.小微企业创业团队冲突管理问题及应对策略[J].人才资源开发,2019(3):68-69.

结 束 语

就目前而言,全球经济逐渐趋于一体化发展,加之网络信息技术的兴起与应用,使得我国的跨境电商行业开始进入萌芽发展时期,并经过多年的实践和发展逐渐演变为我国外贸的新业态。随着数字经济时代的到来,跨境电商这一新兴行业展现出了良好的发展前景。回顾我国跨境电商行业的发展历史和现状,虽然在短时间内取得了一定的成绩,但面临日益激烈的国际市场竞争环境,仍旧暴露了一些问题。在笔者看来,我国跨境电商行业在当前经济环境中应找准适合自己的发展路径。

1.加强国际合作,进行多元化布局

在当前形势背景下,作为国内的跨境电商企业,需主动与国外企业进行合作,强化相互间的战略合作和整体布局。一方面,我国需在国家政策的制定与实施方面掌握一定的话语权,在一些重要国际合作项目中发表意见和看法,最大限度消除跨境电商的壁垒,尽快搭建适合跨境电商发展的国际规范和制度体系,持续增强我国的对外贸易能力。另一方面,深度落实多元化布局方案。我国的跨境电商企业应将业务重心放在相对稳定的市场中,避免企业的日常运营和管理受到影响。此外,应尝试根据客户的实际需求来为其提供差异化的商品购买服务,增强客户黏性,提高客户忠诚度和满意度。

2.完善物流体系建设

随着数字化时代的到来,跨境电商行业要想实现持续稳定的发展,需跟随数字技术的发展步伐,和政府部门建立良好的合作关系,与各市场主体一起打破跨境物流的发展边界,真正做到降本增效,实现各方的协同发展和合作共赢。作为政府,应根据用户需求适当优化网上服务窗口模式,搭建数字化、系统化的政务服务平台,为跨境电商的通关提供便捷的服务;作为物流企业,应积极参与海外仓储物流服务平台的创建和运营,消除影响货物跟踪和配送的负面因素。将先进的云计算和大数据技术引入到跨境电商贸易领域,充分利用已知的地理信息来简化物流配送的过程,在减少配送时间的同时,最大限度降低物流成本。此外,政府应该对有意向发展跨境物流业务的企业提供政策和制度等方面的支持,号召企业把最新的信息技术和管理理念应用在跨境电商的业务开展中,进一步提升跨国物流的运输效率。最后,基于以上措施和方案来构建一体化的跨境电商综合服务平台,整合不同企业的信息、方法、资源和技术等要素,为我国跨境物流体系的构建与完善提供重要的依据。

3. 完善监管体系

首先,对现行的法律法规和政策制度进行完善。数据立法工作的顺序开展,离不开各项标准规则的支持和辅助。只有不断完善新业态的知识产权保护制度,才能在保障国家安全和能力建设等方面发挥制度的作用和功能。其次,适当调整市场的准入门槛和要求。作为相关部门,需尽快组建专项的工作组,负责在整体上监督和管理跨境电商企业的经营和发展,明确企业申请的标准和细则,有效降低不良商家的占比,为消费者的合法权益提供有力的保障。再次,对现有的监管模式作出优化调整。将先进的数字技术和手段应用在跨境电商数字贸易的监管中,实现监管的创新和变革。最后,对某些违法或违规行为实施严厉的处罚,肃清跨境电商的运营环境,有效保障消费者和市场主体的合法利益,杜绝一切形式的不良行为,为跨境电商行业的健康稳定发展创建和谐、公正和开放的环境,为跨境电商与国际市场的接轨和融合奠定基础。

4. 打造"数字化+品牌"模式

站在中国跨境电商企业的立场来讲,想要与国际市场接轨,首先要做的就是形成强烈的品牌意识,塑造良好的品牌形象。作为中小型企业,应采取"独立站"的经营策略来整合自身掌握的数字资源,打造别具一格的"品牌独立站",为消费者提供差异化的营销服务,促进品牌营销业务的有序开展。随着数字经济时代的到来,跨境电商企业需将先进的大数据和云计算等技术应用到日常经营和管理中,注重新产品和新服务的研发与创造,满足消费者的个性化服务需求。

5. 加强专业人才的培养

人才是推动跨境电商健康持续发展的先决条件。学校需结合跨境电商行业的发展趋势和特点来调整人才培养目标和决策,组建一支高水平、高质量、专业性的导师队伍,通过研究和讨论预测和分析行业的发展趋势和方向,进而确定最优的人才培养目标和计划,通过理论与实践教学的有机结合,来提高学生的综合素质和专业能力,为跨境电商行业的长效稳定发展输送优秀的专业人才。在条件允许的情况下,企业应组织专业的导师来对新加入公司的人才实施岗位培训,以此来增强员工胜任岗位的能力,培养员工的职业素养和专业技能。

参 考 文 献

[1] 初丹.我国跨境电商平台发展存在的问题与路径探讨[J].才智,2024(4):189-192.

[2] 王梦然.打造跨境电商产业带,巩固外贸基本盘[N].新华日报,2024-01-26(012).

[3] 林琛.基于跨境电商环境下的国际物流模式探讨[J].商展经济,2024(2):28-31.

[4] 林晓怡,申志轩,庄惠明.跨境电商改革对城市创业活力的影响及其机制:基于跨境电商综合试验区的考察[J].湖南农业大学学报(社会科学版),2024,25(1):91-102.

[5] 井乐.双循环视域下我国跨境电商"新零售"发展探索[J].商业经济研究,2024(2):150-153.

[6] 田晨.跨境电商物流企业运营绩效评价及改进策略研究[J].物流科技,2024,47(2):52-56.

[7] 郭剑平."全托管"模式成跨境电商新选择[N].泉州晚报,2024-01-18(008).

[8] 李向红.区块链驱动跨境电商供应链协同共生管理创新[J].江苏商论,2024(2):55-58.

[9] 段佳文.我国跨境电商研究热点与前沿的可视化分析[J].北方经贸,2024(1):61-65.

[10] 缪鹤兵,张义丽.中小出口跨境电商企业知识产权问题研究[J].北方经贸,2024(1):94-97.

[11] 阮俊霖.区块链技术在我国跨境电商中的创新与应用[J].北方经贸,2024(1):127-131.

[12] 金焕,沙蓓蓓.跨境电商背景下跨境物流服务质量对客户关系管理模式的影响因素研究[J].物流工程与管理,2024,46(1):87-89.

[13] 吴军.跨境电商物流、冷链物流将是2024年发展亮点[N].河南商报,2024-01-09(A04).

[14] 产文涛,尹明露.浅析跨境电商小额贸易发展瓶颈与应对策略[J].商场现代化,2024(1):36-38.

[15] 洪剑儒.跨境电商:稳外贸"轻骑兵"再显"加速度"[N].国际商报,2024-01-05(001).

[16] 夏德建.跨境电商海外仓研究述评[J].物流科技,2024,47(1):86-90.

[17] 刘舟.跨境电商:外贸的一匹黑马[J].小康,2024(1):49.

[18] 陈建松.跨境电商供应链与价值链协调运作研究[J].时代经贸,2023,20(12):47-50.

[19] 郦瞻,田镯.跨境电商品牌的整合营销策略分析:以Shein为例[J].对外经贸,2023(12):79-81.

[20] 殷纾,崔嘉,余春阳.虚拟仿真技术应用于跨境电商专业实训教学的探索与研究[J].工业技术与职业教育,2023,21(6):53-57.

[21] 陈清萍.跨境电商提升我国出口韧性:机制与实证[J].江淮论坛,2023(6):103-113.

[22] 杜海涛.助力跨境电商新业态高质量发展[N].人民日报海外版,2023-12-22(008).

[23] 王曼.数字化、综试区助跨境电商保持强劲增势[N].中国贸易报,2023-12-21(001).

[24] 贾榕.跨境电商打开增量空间[N].中国纺织报,2023-12-20(002).

[25] 杨颖.跨境电商对企业出口产品转换的影响分析[J].商业经济研究,2023(24):161-164.

[26] 常河山.跨境电商,要在供应链多元化布局中赢得未来[N].现代物流报,2023-12-18(A02).

[27] 吕柏松.跨境电商背景下国际物流现状及对策研究[J].中国包装,2023,43(12):69-74.

[28] 蔡慧云.RCEP对中国跨境电商发展的影响机理分析[J].北方经贸,2023(12):33-37.

[29] 赵振华.跨境电商企业供应链管理优化研究[J].物流科技,2023,46(24):105-108.

[30] 周嘉舟.跨境电商助力服务贸易加速发展的内在机制、面临的问题与对策建议[J].中国物价,2023(12):68-71.

[31] 李迅,陈好,钟翼.我国跨境电商发展探析[J].合作经济与科技,2024

(1):73-75.

[32] 李娟,崔冉,王伟.第三方物流企业主导供应链金融价值创造机制探析[J].财会月刊,2023,44(21):117-123.

[33] 李琼芬.基于 RCEP 背景下云南自贸区跨境物流供应链优化路径探析[J].内蒙古科技与经济,2023(19):59-65.

[34] 杨颖.跨境电商对企业出口产品转换的影响分析[J].商业经济研究,2023(24):161-164.

[35] 常河山.跨境电商,要在供应链多元化布局中赢得未来[N].现代物流报,2023-12-18(A02).

[36] 吕柏松.跨境电商背景下国际物流现状及对策研究[J].中国包装,2023,43(12):69-74.

[37] 蔡慧云.RCEP 对中国跨境电商发展的影响机理分析[J].北方经贸,2023(12):33-37.

[38] 赵振华.跨境电商企业供应链管理优化研究[J].物流科技,2023,46(24):105-108.

[39] 周嘉舟.跨境电商助力服务贸易加速发展的内在机制、面临的问题与对策建议[J].中国物价,2023(12):68-71.

[40] 李迅,陈好,钟翼.我国跨境电商发展探析[J].合作经济与科技,2024(1):73-75.

[41] 王伟,易宏,杨慧敏,等.跨境电商对中国外向型制造业企业出口效率的影响机制研究[J].中国商论,2023(23):44-48.

[42] 王森,王阳.基于电商销售模式的平台物流和第三方物流选择策略研究[J].中国商论,2023(23):117-120.

[43] 胡青云.浅谈现代电子信息技术在第三方物流中的应用[J].中国储运,2023(12):78-79.

[44] 葛立国.国际第三方物流企业的发展启示[J].铁路采购与物流,2023,18(11):32-34.

[45] 施天珠.第三方物流行业涉税风险思考[J].物流科技,2023,46(22):72-75.

[46] 陈姝雨.浅议我国第三方物流存在的法律问题与完善对策[J].物流科技,2023,46(20):35-37.